Großer Lernwortschatz Deutsch-Afghanisch / Paschtu

für Deutsch als Fremdsprache (DaF)

afghanistik verlag
Social Business Verlag

Kabul | Peschawar | Quetta | Tehran | Hamburg

Großer Lernwortschatz
Deutsch-Afghanisch / Paschtu
für Deutsch als Fremdsprache (DaF)

Übersetzt von

Baura Haqiqat
Farid Zadran
Muska Haqiqat

von
Noor Nazrabi

Bibliografische Information der Deutschen Nationalbibliothek
Die Deutsche Nationalbibliothek verzeichnet diese Publikation in der Deutschen Nationalbibliografie; detaillierte bibliografische Daten sind im Internet über http://dnb.d-nb.de abrufbar.

© 2016 Noor Nazrabi
Der Autor ist zu erreichen: noor.nazrabi@afghanistikverlag.de

Afghanistik Verlag - Social Business Verlag

Afghanistik Verlag Produktinfos und Shop: www.afghanistikverlag.de
E-Mail: info@afghanistikverlag.de

Hinweise und Anregungen, für die wir jederzeit dankbar sind, richten Sie mit Seitenangaben und Band-Nummer an: korrektur@afghanistikverlag.de

Alle Rechte vorbehalten. | . حق چاپ و تقلید محفوظ است

Das Werk, einschließlich aller seiner Teile, ist urheberrechtlich geschützt. Jede Verwertung ist ohne Zustimmung des Verlages und des Autors unzulässig. Dies gilt insbesondere für die elektronische oder sonstige Vervielfältigung, Übersetzung, Verbreitung und öffentliche Zugänglichmachung. Dies gilt auch für Intranets von Firmen, Schulen und sonstigen Bildungseinrichtungen.

Übersetzung   Bara Haqiqat, Farid Zadran, Muska Haqiqat
Korrekturat   Baura Haqiqat

ISBN 978-3-945348-28-4
Printed in Germany.

VORWORT

Der großer Lernwortschatz Deutsch-Afghanisch / Paschtu ist für Deutsch als Fremdsprache konzipiert. Es bietet Ihnen in 23 Kapiteln, 150 Unterkapiteln und 210 Themenbereichen die Möglichkeit, Ihren Wortschatz systematisch und umfassend nach Themenbereichen zu erweitern.

Themen und Schwerpunkte
Die Auswahl der Themen erleichtert nicht deutschsprachige Lernende sich mit den wichtigsten Wörtern auseinanderzusetzen und gezielt für bestimmte Situationen einzusetzen.

Sichere und korrekte Aussprache
Die Transliteration der deutschen Aussprache auf Paschtu erleichtert Ihnen die richtige Aussprache. Das Buch ist für das Selbststudium geeignet und kann ebenso in Integrationskursen eingesetzt werden.

Grundgrammtik der deutschen Sprache
Um neben den Vokabeln ebenfalls die Grundgrammatik zu erlernen, widmet sich der zweite Abschnitt von der Artikeldeklination bis hin zur Sammlung wichtigster Verben und Adjektiven.

Deutsch-Paschtu und Paschtu-Deutsch Register
Mit dem Deutsch - Paschtu Register können Sie gezielt Vokabeln nachschlagen,und die Bedeutung und Aussprache dazu finden.

Hamburg, Juli 2016

Baura Haqiqat, Farid Haqiqat, Muska Haqiqat & Noor Nazrabi

INHALTSVERZEICHNIS

	Vorwort	پیشګفتار	3
	Deutsches Alphabet und die Aussprache	د الماني د ژبې الفبا او تلفظ يې	14
	Deutsche Buchstabiertabelle		16
1	**DER MENSCH UND WESEN**		
1. 1	Persönliche Angaben	شخصي معلومات	19
1. 2	Äußere Erscheinungen	ظاهيري ښکارندوينه	20
1. 3	Eigenschaften und Charaktere	صفات او شخصيت	21
1. 4	Lebenseinstellung	ژوندانه مفکوره	22
1. 5	Positive Eigenschaften	د انسانانو مثبت خاصيت	23
1. 6	Negative Eigenschaften	د انسانانو منفي خاصيت	24
2	**LEBENSABSCHNITTE**		
2. 1	Geburt bis Jugend	د ژوند مفکوره	26
2. 2	Die mittleren Jahre	د ژوندانه متوسطي مرحلي	27
2. 3	Sterben und Tod	مړ کېدل او مرګ	28
3	**DER MENSCHLICHE KÖRPER**		
3. 1	Körperteile	د بدن برخ	30
3. 2	Körperteile	د بدن برخي	31
3. 3	Organe	د انسان د بدن اعضاوي	32
3. 4	Sinne und Wahrnehmungen	احساس او ادراک	33
4	**BEZIEHUNG UND GESELLSCHAFT**		
4. 1	Familie	کورنی	35
4. 2	Partnerschaft und Ehe	دوستي او واده	36

6

INHALTSVERZEICHNIS

4	BEZIEHUNG UND GESELLSCHAFT		
4.3	Freundschaft	دوستي	37
4.4	Soziale Kontakte	اجتماعي اړیکي	38
4.5	Soziale Netzwerke (Facebook)	د فیسبوک ټولنیزه شبکه	39
4.6	Computer	کمپیوټر	40

5	PSYCHE, GEIST UND VERHALTEN		
5.1	Gefühlswelten	د احساساتو او هیجاناتو نړی	42
5.2	Negative Gefühle	منفي احساسات	43
5.3	Positive Gefühle	مثبت احساسات	44
5.4	Denken und Gedanken	فکر کول او خیالات	45
5.5	Fähigkeit und Fertigkeiten	پیاوړتیا او مهارت	46
5.6	Glaube und Religion	دین او ایمان	47
5.7	Philosophie	د انسانانو اجتماعي فلسفه	48

6	AKTIVITÄTEN UND HANDLUNGEN		
6.1	Handlungen und Aktivitäten	اقدام او ورځني فعالیتونه	50
6.2	Handlungen und Aktionen	اقدامات او عملیات	51
6.3	Diskussion und Austausch	بحث او خبري اتري	52
6.4	Informieren und Wissen	پوهه او اطلاعات	53
6.5	Streit und Auseinandersetzungen	جنګ او جدل	54
6.6	Allgemeine Tätigkeiten	عمومي فعالیتونه	55
6.7	Einstellungen	ژوندانه	56
6.8	Erlauben und Verbieten	اجازه او ممانعت	57

INHALTSVERZEICHNIS

7	**BILDUNGSWESEN UND ERZIEHUNG**		
7.1	Bildung Allgemein	عمومي ښوونه او روزنه	59
7.2	Lehren, Lernen und Verstehen	زده کړه، سبق او درک	60
7.3	In der Schule	په ښوونځي کي	61
7.4	In der Klasse	په صنف کي	62
7.5	Schulfächer	درسي موضوعګاني	63
7.6	Studium	تحصيل	64
7.7	Studiengänge	مسلکي څانګه	65

8	**STAAT, GESELLSCHAFT UND POLITIK**		
8.1	Das politische System Afghanistans	د افغانستان سياسي نظام	67
8.2	Regierungsformen	د دولت ډولونه	68
8.3	Verfassung	اساسي قانون او صلاحيتونه	69
8.4	Ministerien	وزارت خاني	70
8.5	Politik und Gesellschaft	سياست او ټولنه	71
8.6	Justizwesen	عدلي نظام او سيستم	72
8.7	Politische Begriffe	سياسي مفاهيم	73
8.8	Provinzen	ولاياتي	74

9	**KUNST, KULTUR UND LITERATUR**		
9.1	Literatur	ادبيات	76
9.2	Malerei und Bildhauerei	رسامي او مجسمه سازي	77
9.3	Musik und Tanz	ميوسيقي او نڅا	78
9.4	Theater und Kino	تياتراو سينما	79
9.5	Kulturelle Veranstaltungen	مذهبي او فرهنګي مراسم	80

INHALTSVERZEICHNIS

10	ARBEITSWELTEN UND BERUFSLEBEN		
10. 1	Berufe	شغل	82
10. 2	Im Büro	په دفترکي	83
10. 3	Geschäftsleben	تجارت	84
10. 4	Tätigkeit auf der Arbeit	د کار فعالیتونه	85
10. 5	Handel und Gewerbe	تجارت او صنعت	86

11	ARBEITSWELTEN UND BERUFSLEBEN		
11. 1	Wirtschaft I	اقتصاد	88
11. 2	Landwirtschaft	زراعت	89
11. 3	Industrie	صنعت	90
11. 4	Handwerk	کسب	91
11. 5	Bergbau	د معدنونه راویستنه	92

12	FINANZEN UND FORSCHUNG		
12. 1	Finanzen	مالي چاري	94
12. 2	Bankwesen	بانکداري	95
12. 3	Entwicklung	د صنعت پرمختګ	96
12. 4	Wirtschaft II	عمومي اقتصاد	97

13	MEDIEN UND PRESSEWESEN		
13. 1	Nachschlagwerke	فرهنګ او لغتنامه	99
13. 2	Bücher	کتابونه	100
13. 3	Presse	ورځپانه لیکنه	101
13. 4	Post und Versand	پست او لیږنه	102
13. 5	Fax und Telefon	فکس او تیلفون	103
13. 6	Fernsehen und Radio	تلویزیون او رادیو	104

INHALTSVERZEICHNIS

14	ALLGEMEINE BEGRIFFLICHKEITEN UND ANGABEN		
14. 1	Länge, Umfang und Größe	اوږدوالی، پراخوالی او لوړوالی	106
14. 2	Himmelsrichtungen und Jahreszeiten	اصلي لوري(سمتونه) او د کال څلور فصلونه	107
14. 3	Farben	رنګ	108
14. 4	Kardinalzahlen	اصلي عددونه	109
14. 5	Ordinalzahlen	ترتیبي عددونه	110
14. 6	Tages- und Uhrzeiten	ورځي او ساعتونه	111
14. 7	Zeiteinteilung	مهال او د هغه ویش	112

15	GESELLSCHAFT UND POLITIK		
15. 1	Außenpolitik und Internationale Beziehungen	بهرنی سیاست او نړیوالې اړیکي	114
15. 2	Wahlen	ټاکنې	115
15. 3	Frieden	سوله	116
15. 4	Militär und Krieg	اردو او جنګ	117
15. 5	Terrorismus	تروریزم(ډار اچوونه)	118
15. 6	Kriminalität	جنایت	119
15. 7	Sicherheit und Überwachung	امنیت او څارنه	120

16	ERNÄHRUNG, ESSEN UND TRINKEN		
16. 1	Gemüse	سبزي	122
16. 2	Obst	میوه	123
16. 3	Trockenfrüchte	وچه میوه	124
16. 4	Gewürze und Kräuter	مسالې او طبي بوټي	125
16. 5	Essen und Zubereitung	خواړه او د هغې د جوړولو کړن لاره	126
16. 6	Essen und Zubereitung	خواړه او د هغې د جوړولو کړن لاره	127

INHALTSVERZEICHNIS

17	TIERWELTEN		
17.1	Tiere in der freien Wildbahn	ځنګلي (وحشي) ژوي/ ځناور	129
17.2	Nutztiere	کټور ژوي/ ځناور	130
17.3	Kriechtiere	خزندې	131
17.4	Vögel	الوتونکي	132
17.5	Insekten	چاب	133

18	LANDSCHAFT UND NATUR		
18.1	Landschaft	منظره	135
18.2	Im Wald	په ځنګل کې	136
18.3	Materialien	کاري مواد	137
18.4	Schmucksteine	غمي	138
18.5	Umweltschutz	چاپېریال ساتنه	139

19	GESUNDHEIT UND KRANKHEITEN		
19.1	Gesundheit im Allgemein	تولیزپروغتیا	141
19.2	Krankheiten	ناروغي	142
19.3	Unfälle und Verletzungen	پېښې او زيانونه	143
19.4	Beim Arzt	د ډاکټر سره	144
19.5	Im Krankenhaus	په روغتون کې	145
19.6	Körperpflege	د بدن د پاکول	146
19.7	Kosmetik	سینګار او ښکلوالی	147

INHALTSVERZEICHNIS

20	ERDE, KLIMA UND NATUREREIGNISSE		
20. 1	Wetter	هوا	149
20. 2	Klima	د هوا حلات	150
20. 3	Naturereignisse	طبیعي پیښې	151

21	WOHNUNG UND HAUSHALT		
21. 1	Zimmer und Wohnbereiche	کوټه او کور	153
21. 2	Kücheneinrichtung	د پخلنځي توکي	154
21. 3	Tätigkeiten in der Küche	د پخلنځي اسباب	155

22	KLEIDUNG		
22. 1	Allgemeines	ټولیز	157
22. 2	Kleidungsarten	دکالیوډولونه	158
22. 3	Schuharten und Materialen	دبوټانوډولونه	159
22. 4	Schmuck und Accessoires	کاڼه او سینګارتوکي	160

23	REISEN UND TOURISTIK		
23. 1	Flughafen	هوایي ډګر	162
23. 2	Bahn	اورګاډی	163
23. 3	Sehenswürdigkeiten	زړه را ښکوونکي اثار	164
23. 4	Auf der Reise	په سفر کې	165

24	KURZGRAMMATIK (Teilweise in Dari)		
24. 1	Bestimmter Artikel	صرف و گردان آرتیک	167
24. 2	Unbestimmter Artikel	آرتیکل‌های نامعلوم	167
24. 3	Unbestimmter negativer Artikel	معلوم نفی آرتیکل „kein"	167
24. 4	Kaususzeichen	دنیا آرتیکل	168

INHALTSVERZEICHNIS

24 KURZGRAMMATIK (Teilweise in Dari)

24.5	Relativpronomen	ضمایر نسبی	168
24.6	Fragepronomen	ضمایر استفهامی	168
24.7	Demonstrativpronomen	ضمیرهای اشاره	169
24.8	Bestimmte Personalpronomen	ضمایر شخصی	169
24.9	Lokale Präpositionen	حرف اضافه برای مکان	170
24.10	Präpositionen mit Akkusativ	حروف اضافه در حالتِ مفعولی باواسطه	170
24.11	Präpositionen mit Dativ	حروف اضافه در حالت مفعو لی	170
24.12	Präpositionen mit Dativ oder Akkusativ	حروف اضافه در حالت) مفعولی Akk و Dat)	171
24.13	Präpositionen mit dem Genitiv	حروف اضافه با اضافه ملکی	172
24.14	Präpositionen	حرف اضافه	172
24.15	Adverbien der Zeit	حروف اضافه با اضافه ملکی	175
24.16	Adverbien des Ortes	قیدهای مکان	175
24.17	Häufigkeitsadverbien	قیدهای تکرار	176
24.18	Adverbien der Art und Weise	قیدهای حالت	177
24.19	Wichtigte Adjektive	صفت مهم	177
24.20	Wichtigte Verben	فعلها مهم و مفید	181
24.21	Grammtikbegriffe	دستور زبان	185

25 ANHANG

25.1	Register Deutsch - Paschtu	دآلماني لغتونو فهرست	187
24.2	Register Paschtu - Deutsch	د پښتو لغتونو فهرست	193

DEUTSCHES ALPHABET UND DIE AUSSPRACHE

	لوی	کوچنی	تلفظ	مثال	تلفظ	تشریح
1	A	a	آ	Anzug	انتسوگ	دريشي
2	B	b	بِ	Bluse	بلوسه	بالاتن
3	C	c	تسِ	Creme	کریمه	کریم
	ch		ش	Chirurgie	شیروگی	
	c		ک	Computer	کمپوتر	کمپیوتر
	ach			acht	اخت	اته
	ich			ich	ایش	زه
4	D	d	د	Diabetes	دیابیتیس	د شکر ناروغي
5	E	e	اِ	Erbse	اربسه	چنې
6	F	f	اِف	Fladenbrot	فلادن بروت	د تنور ډوډۍ
7	G	g	گِ	Granatapfel	گرانات اپفل	انار
8	H	hi	ها	Hemd,	همد	خت
9	I	i	ایی	Inlandpost	ینلاندپوست	کورنی لیږدونه
10	J	j	یوت	Jacke	یاکه	جنپر
11	K	k	کا	Knopf	کنوپف	غونډه
12	L	l	اِل	Laptop	لیپتوپ	لپ تاپ
13	M	m	اِم	Mehl	محل	وړه
14	N	n	اِن	Nagellack	ناگیلاک	د نوکانو رنګ
15	O	o	اُ	Obst	وبست	میوه
16	P	o	پ	Pfirsich	پفیرسیش	شفتالو
17	Q	q	کو	Quitte	بهی	بهی

DEUTSCHES ALPHABET UND DIE AUSSPRACHE

	لوی	کوچنی	تلفظ	مثال	تلفظ	تشریح
19	S	s	اِس	Suppe	زوپه	سوپ
20	T	t	تِ	Topf	توپف	چایناک
21	U	u	او	Unterhose	ونترهوزه	زیر پطلونی
22	V	v	فاو	vorsichtig	فورزیشتیگ	به دقت
23	W	w	و	wichtig	ویشتیگ	مهم
24	X	x	ایکس	Arztpraxis	ارتستپراکسیس	معاینه خانه
25	Y	y	ایپسیلون	Baby	بیبی	طفل
26	Z	z	ست	Zeit	سایت	وقت
27	ß		سی	dreißig	دری زیک	سی

Aussprache von Vokalen A,E,I,O,U		A,E,I,O,U: تلفظ و ترکیب حروف با صدا
	به صورت کوتاه	به صورت کشیده
A, a	hat دارد (هات)	Bad (بآ د) حمام
E, e	Geld پول (گِلد)	Gehen (گِـهِــن) رفتن
I, i	Kind بچه (کیند)	Wir (ویر) ما
O, o	Post پست (پُست)	Lob (لُـــب) تمجید
U, u	Hund سگ (هوند)	Blut (بلوت)خون

Bei Zusammsetzung von Buchstaben entstehen andere Lauten	از ترکیب دو حروف باصدا اصوات جدیدی ساخته می شوند
Mais مآیس (جواری)	صدای "آی" می دهد:
Eis آیس (یخ)	Ei , ei صدای "آی" می دهد:
Haus هآوس (خانه)	Au, au صدای "آو" می دهد:
Teufel(تأیفِل) شیطان	?u, ?u و Eu , eu صدای "آی" می دهد:

DEUTSCHE BUCHSTABIERTABELLE

A	Anton	آنتون
Ä	Ärger	ارگر
B	Berta	برتا
C	Cäsar	تسیزار
Ch	Charlotte	شارلوته
D	Dora	دورا
E	Emil	امیل
F	Friedrich	فریدریش
G	Gustav	گوستاف
H	Heinrich	هاین ریش
I	Ida	یدا
J	Julius	یولیوس
K	Kaufmann	کاوفمان
L	Ludwig	لودویش
M	Martha	مارتا
N	Nordpol	نوردپول
O	Otto	اوتو
Ö	Ökonom	اوکونوم
P	Paula	پاولا
Q	Quelle	قویله
R	Richard	ریچارد
S	Siegfried (gebräuchl.)	زیگ فرید
Sch	Schule	شوله
ß	Eszett	استست

T	**Theodor**	تیو دور
U	**Ulrich**	ول ریش
Ü	**Übermut**	اوبر موت
V	**Viktor**	ویک تور
W	**Wilhelm**	ویل هلم
X	**Xanthippe**	کسانتیپه
Y	**Ypsilon**	یپسیلون
Z	**Zacharias (amtl.)** **Zeppelin (gebräuchl.)**	سپیلین

KAPITEL 1

DER MENSCH UND SEIN WESEN

1. 1 Persönliche Angaben   شخصي معلومات

1. 2 Äußere Erscheinungen   ظاهیري ښکارندوینه

1. 3 Eigenschaften und Charaktere   صفات او شخصیت

1. 4 Lebenseinstellung   ژوندانه مفکوره

1. 5 Positive Eigenschaften   د انسانانو مثبت خاصیت

1. 6 Negative Eigenschaften   د انسانانو منفي خاصیت

1.1 Persönliche Angaben

Mann, der	مَن	سړی
Frau, die	فرَوْ	ښځه
männlich adj.	مَنلِش	نارینه
weiblich adj.	وَیْبلِح	ښځینه
Nationalität, die	نِتیُنَلِتتْ	ملیت
Staatsbürgerschaft, die	شطَاتسبرُ گرشَفت	تابعیت
Herkunft, die	هَارکُنفت	اصلیت
Geschlecht, das	گشلَشت	جنس
Nachname, der	نَاخنَامَ	کورنی نوم
Vorname, der	فُورنَامَ	نوم
Person, die	بَرسُون	نفر
Größe, die	گرُوسَ	اندازه
Geburtsdatum, das	گَبُرتسدَاتُم	د زیږېدنې نیټه
Geburtsort, der	گَبُرتسأُرت	د زیږېدنې ځای
Adresse, die	أَدرِسَّ	آدرس
Telefonnummer, die	تِلِفْنُنمَّر	د ټلفون شمېره
Wohnort, der	وُنأُرت	د اوسېدلو ځای
Beruf, der	برُوف	مسلک

1.2 Äußere Erscheinung

Aussehen, das	أَوْسَّاهَن	ظاهري ښکارېدنه
Figur, die	فِگُور	اندام
fett adj.	فَت	چاغ
äußere adj.	أُيْسَرِ	ظاهر
dünn adj.	دُن	ډنګر
kräftig adj.	كرِفتِگ	قوي
groß adj.	گرُوس	لوی
klein adj.	كلَيْن	کوچنی
Größe, die	گرُوسَ	اندازه
Typ, der	تِيب	نوع
Gesichtsausdruck, der	گِسجتساأوْسدرُك	قيافه
blass adj.	بلَس	ژېړرنګه
beschreiben	بَشرَيبَن	تشريح کول
hellhäutig adj.	هَلهُيْتِگ	روښانه پوستکی
dunkelhäutig adj.	دُنكَلهُيْتِگ	تورپوستکی
Eindruck, der	أَيْندرُك	انګيرنه
hübsch adj.	هُبش	ښايسته
hässlich adj.	هَسلِش	بدرنګه
unattraktiv adj.	أُنأَترَكتِيف	بدشکله

1.3 Eigenschaften und Charaktere

Optimismus, der	خوش بیني
optimistisch adj.	خوش بین
Hoffnung, die	امید
Hoffnungslosigkeit, die	نا امیدي
eifersüchtig adj.	حسد لرل
Eifersucht, die	حسد
verachten	یو چا ته په سپکه سترکه کتل
verantwortungsbewusst	مسولیت پېژندونکي
wünschen	هیله کول
begehren	یوه شي ته ډېر زړه کېدل
sehnen nach	په یو چا پسې خپه
interessant adj.	جالب
ertragen	په ځان تېرول
tolerieren	اجازه ورکول
dulden	زغمل
anbeten	عبادت کول
Drang, der	زور
Stimmung, die	وضع
Verhalten, das	رفتار
gewöhnlich adj.	نورمال

1.4 Lebenseinstellungen

Charakter, der	كَرَكتَر	اخلاق
Pessimist, der	بَسِمِست	بدبين
Optimist, der	أُبتِمِسْت	خوش‌بين
Materialist, der	مَتَرِيَلِست	ماترياليستي
Romantik, die	رُمَنتِك	رومانتيک
Idealist, der	إدَيَلِست	ايدياليست
Heuchler, der	هُيْشلَر	غوړه مال
Hypochonder, der	هِبُكُندَر	خيالي
Perfektionist, der	بَرفَكتسِيُنِست	صحيح کار
Menschenverstand, der	مَنشَنفَرشطَنت	د انسان عقل
Verhalten, das	فَرهَلتَن	رفتار
verhalten	فَرهلتَن	رفتارکول
Fanatiker, der	فَنَاتِكَر	متعصب
Mentalität, die	مَنتَلِتِت	خيال
Atheist, der	أَتَئِست	بی خدايه
sich gewöhnen an	سِح گَوُونَن أَن	عادت کېدل
melancholisch adj.	مَلَنكُولِش	غمجن
Zyniker, der	سِينِكَر	چا ته په سپکه سترگه کتونکی انسان
Pazifist, der	پِسيفست	د جګړې مخالف

1.5 Positive Eigenschaften

Gutherzigkeit, die	گُوتهَرسِگکَیْت	زړه سواندي
Philantrop, der	فِلَنترُوب	انسان دوست
Toleranz, die	تُلَرَنس	رواداري
Mitgefühl, das	مِتگَفُول	زړه خوږي
Hilfsbereitschaft, die	هِلفبَرَیْتشَفت	مرستې ته چمتووالی
Intelligenz, die	إنتَلِگَنس	هوښیاري
Emotion, die	أَمُتسِئُون	احساسات
Offenheit, die	أُفَنهَیت	اجلاص
Loyalität, die	لُیَلِتت	وفاداري
Selbstbewusstsein, das	سَلبستبَوُستسَیْن	په ځان اعتماد
Entschlossenheit, die	أَنتشلُسَّنهَیْت	تصمیم نیوونه
Zuverlässigkeit, die	سُفَرلَسِّگکَیت	باور
Treue, die	ترُیْئَ	وفاداري
Ehrlichkeit, die	أَرلِشکَیْت	صداقت
Fairness, die	فَیْرنَس	انصاف
einfach adj.	أَیْفَح	ساده
nett adj.	نَت	مهربان
Fleiß, der	فلَیْس	زحمت
hilfsbereit adj.	هِلفسبَرَیْت	مرستې ته چمتو
arbeitsam adj.	أَربَیْتسَام	خواري کښ
nachsichtig, die	نَخسِشتِگ	د حوصلې نه ډک
clever adj.	کلَوَر	هوښیار

1.6 Negative Eigenschaften

böse adj.	بُوزَ	بد
faul adj.	فَوْل	تنبل
egozentrisch adj.	أَگُسَنترِش	خود خواه
unordentlich adj.	أُنؤُردَنتلِح	بې نظمه
aggressiv adj.	أَگرِسيف	تهاجم
ruhig adj.	رُهِگ	آرام
Unpünktlichkeit, die	أُنپُنكتلِجكَيت	په خپل اصلي وخت نه رسېدنه
Dummheit, die	دُمهَيْت	بې عقلي
Rücksichtslosigkeit, die	رُكسِجتسلُوسِگكَيت	بې لحاظي
untreu adj.	أُنترُيْ	بی وفا
naiv adj.	نَئِيف	ساده
Unzuverlässigkeit, die	أُنسُفَرلَسِگكَيت	بې اعتمادي
Gemeinheit, die	گَمَينحَيْت	كم عقلي
stur adj.	شتُور	سخت سری
rachsüchtig adj.	رَحسُهتِگ	كسات اخيستل
Opportunist, der	أُبُرتُنِست	موقع شناس انسان
destruktiv adj.	دَستِرُكتِيف	ورانوونكی
eifersüchtig adj.	أَيْفَرسُهتِگ	په حسادت سره
engstirnig adj.	أَنگشتِرنِنگ	تنگ نظره
schüchtern adj.	شُهتَرن	بې جراته
Narzissmus, der	نَرسِسمُس	په ځان مينتوب
radikal adj.	رَدِكَال	افراطي

KAPITEL 2

LEBENSABSCHNITTE

2. 1 Geburt bis Jugend	د ژوند مفکوره
2. 2 Die mittleren Jahre	د ژوندانه متوسطي مرحلي
2. 3 Sterben und Tod	مړ کېدل او مرگ

2.1 Geburt bis Jugend

Kind, das	کِنْد	ماشوم
Erwachsene, der	أَرْوَكْسَنَ	بالغ
Junge, der	يُنْگَ	هلک
Mädchen, das	مَدشَن	نجلی
Mensch, der	مَنش	انسان
Jugend, die	يُوگَند	ځواني
Heranwachsende, der	هَرَنوَكسَندَ	مخ په بالغيدو هلک
Jugendlichen, die	يُوگَندلِهَن	ځوانان
Kindheit, die	كِنْدْهَيْت	ماشومتوب
geboren werden	گبُورِنْ وَرْدَنْ	زیږیدل
wachsen	وَكسَن	غټېدل
aufwachsen	أَوْفْوَكْسَنْ	غټېدل
Pubertät, die	بُوْبَرْتِت	نوی ځوانی
Geburt, die	گبورْت	زیږیدل
kleiner Junge	كلَيْنَرْ يُنْگ	کوچنی هلک
Leben, das	لِبَنْ	ژوند
jung adj.	يُنْگ	ځوان
gebären	گبَارِن	لنگول
Waise, die	وَيْزَ	يتيم
erwachsen adj.	أَرْوَكسَن	بالغ
Schwangerschaft, die	شِوَنْگَرْشَفْت	امیندواری
adoptieren	أَدُبْتِيرِنْ	د بل اولاد خپلول
Jugendlichkeit, die	يُوگَنْدْلِهْكَيْت	ځواني

2.2 Die mittleren Jahre

alt adj.	أَلْت	زوړ
Erwachsener	أَرْوَكسَنَر	د ډېرعمر
Bestimmung, die	بَشتِمُنْگ	سرنوشت
Lebensweise, die	لَبَنْسْوَيْز	د ژوند رقم
senil adj.	زَنِيل	بوډا
mittlere Alter, das	مِتْلَرَ أَلْتَرْ	منځنی عمر
Generation, die	گَنَرَسِيُون	نسل
altern	أَلْتَرْن	زړېدل
erben	أَرْبَن	میراثت اخستیل
Erbschaft, die	أَرْبْشَفْت	میراثت
Wechseljahre, die	وَكسَلْيَارِ	د ښځې د شنډېدو کالونه
in die Rente gehen	إنْ دِي رِنْتَ گَاهَنْ	تقاعد کول
Rentner, der	رِنْتْنَر	متقاعدي
Rente, die	رِنْتَ	تقاعد
Pensionär, der	بَنْزِئِيْر	متقاعد
in die Pension gehen	إنْ دي بَنْزِيُون گَاهَنْ	تقاعد کول
Senior, der	زَنْيُر	مشر
Altersdurchschnitt, der	أَلْتَرْسْدُرشِنِت	مابینی سن

2.3 Sterben und Tod

sterben	شتَرْبَنْ	مړ کېدل
Beerdigung, die	بَأَرْدِگُنْگ	ښخول
Grab, das	گرَاب	قبر
beerdigen	بَأَرْدِگَنْ	ښخول
begraben	بَگرَابَن	ښخول
Leid, das	لَيْد	زحمت
Trauer, die	ترَوْؤَر	غم
Schmerz, der	شمَرْس	درد
sterblich adj.	شتَربلِج	مرګيحاله
Bestattung, die	بَشتَتُنْگ	ښخول
Beileid, das	بَيْلَيْد	خواخوږي
Leichnam, der	لَيشنَام	مړی
Mord, der	مُرْد	قتل
Mörder, der	مُرْدَرْ	قاتل
Grabstein, der	قرَبْشتَيْن	د قبر ډبره
Jenseits, das	يَنْزَيتس	بله دنيا
Friedhof, der	فرِيدْهُوف	هديره
Selbstmord, der	زَلبستمُرْد	ځان وژنه
Totenbett, das	تُوتَنْبَت	د مرګ بستر
als Märtyrer sterben	أَلْس مَرْتُيْرَر شتَرْبَنْ	شهيد کيدل
selbstmord begehen	زَلْبستمُرد بَگاهَنْ	ځان وژل
Lebensende, das	لَابَنسأَنْدَ	د ژوند اخره

KAPITEL 3

DER MENSCHLICHE KÖRPER

3. 1 Körperteile	د بدن برخ
3. 2 Körperteile	د بدن برخي
3. 3 Organe	د انسان د بدن اعضاوي
3. 4 Sinne und Wahrnehmungen	احساس او ادراک

3.1 Körperteile

Augenbraue, die	اوگنبرو، دی	ورځه
Kopfhaar, das	کپفهار، دس	ویښتان
Mund, der	موند، در	خوله
Nase, die	ناز، دی	پزه
Gesicht, das	گسیشت، دس	مخ
Auge, das	اوگ، دس	سترګه
Ohr, das	أُر، دس	غوږ
Zunge, die	زونگ، دي	ژبه
Augenlid, das	اوگنلید، دس	د سترګو بانه
Lippe, die	لِبُّ، دي	شونډه
Stirn, die	شتیرن،	تندی
Gehirn, das	گهیرن، دس	مغز
Hals, der	هالس، در	ستونی
Taille, die	تَیلل، دي	ملا
Hand, die	هند، دیگه	لاس
Bein, das	بین، دس	پښه
Brust, die	بروست،	تی
Zehe, die	زه، دیگه	د پښې ګوته
Wimper, die	ویمپر، دیگه	بانه
Brustwarze, die	بروستورز، دیگه	د تیو سرونه

3.2 Körperteile

Zahn, der	صَان	غاښ
Finger, der	فِنگَر	ګوته
Daumen, der	ضَوْمَن	بټه ګوته
Ellbogen, der	أَلبُوگَن	څنګل
Nagel, der	نَاگَل	نوک
Arm, der	أَرم	لاس
Knie, die	كنِيْ	ځنګون
Fuß, der	فُوس	پښه
Bauch, der	بَوْح	نس
Herz, das	هَرس	زړه
Schultergelenk, das	شُلتَرگَلَنك	اوږه
Rücken, der	رُكَن	ملا
Wirbelsäule, die	وِربَلزُيْلَ	د ملا تیر
Hüfte, die	هُفتَ	سرین
Hals, der	حَلس	غاړه
Rücken, der	رُكَن	شاه
Schulter, die	شُلتَر	اوږه
Hoden, der	هُودَن	خوټه

3.3 Organe

Knochen, der	کنُخِن	هډوکی
Leber, die	لَابَر	ینه
Niere, die	نِیرِ	پښتورگی
Arterie, die	أَرتَارِیَٔ	شا ه رگ
Muskel, der	مُسکَل	عضله
Organ, das	أُرقَان	غړی
Kopf, der	کُبف	سر
Stirnbein, das	شتِرنبَیْن	تندی
Darm, der	دَارم	کولمه
Körper, der	کُربَر	بدن
Lunge, die	لُنگَ	سږی
Leib, der	لَیْب	بدن
Nasenbein, das	نَاسَنبَیْن	ده پزی هډوکی
Magen, der	مَاگَن	معده
Galle, die	قَلَ	تریخی
Speiseröhre, die	شبَیْزَرُورِ	مری

3.4 Sinn und Wahrnehmungen

Sinn, der	زِن	حس
wahrnehmen	وَارنَامَن	حس کول
Sicht, die	زِحت	لیدنه
sichtbar adj.	زِحتبَر	ښکاره
Geräusch, das	گَرُیْش	ږغ
Laut, der	لَوْت	لوړ
Klang, der	کلَنگ	شرنگ
klingen	کِلنگَن	زنگ وهل
Ton, der	تُون	ږغ
Stimme, die	شتِمَّ	آواز
Appetit, der	أَبَتِيت	اشتها
ruhig adj.	رُهِگ	کرار
Geruch, der	گَرُح	بوی
Wohlgeruch, der	وُولگَرُح	ښه بوی
sehen	سَاهَن	لیدل
Parfüm, das	بَرفُوم	عطر
schmecken	شمَكَن	خوند کول
Geschmack, der	گَشمَك	خوند
probieren	برُبِيرِن	خوند کتل
Lärm, der	لَرم	شور ما شور
lärmen	لَرمَن	شور ما شور کول

KAPITEL 4

BEZIEHUNG UND GESELLSCHAFT

4. 1	**Familie**	کو رنی
4. 2	**Partnerschaft und Ehe**	دوستي او واده
4. 3	**Freundschaft**	د و ستي
4. 4	**Soziale Kontakte**	اجتماعي اړيکي
4.5	**Soziale Netzwerke (Facebook)**	د فېسبوک ټولنیزه شبکه
4.6	**Computer**	کمپیوټر

4.1 Familie

Mutter, die	دِي ،مُتَّى	مور
Sohn, der	دِر، سُون	زوی
Tochter, die	دِي تُختَرْ	لور
Vater, der	دِرْ فَاتِر	پلار
Eltern, die	دِي إِلتِرْن	مور او پلار
Bruder, der	دِر بُرُدی	ورور
Schwester, die	دِي, سِچوِسْتَر	خور
Geschwister, die	دِي, كِسْجَوِستر	خور او ورور
Opa, der	دِر أُبا	نیکه
Oma, die	دِر أُما	انا
Großeltern, die	دِي, كُرُسالْتَرْن	انا او بابا
Säugling, das	دَس,سُيْكِلينك	کوچنی
Enkel, der/ Enkelin, die	دِر ،إِنكل دِي,إِنْگِلين	لمسی
Verwandte, die	دِي,فِرْوَنْدتِ	خپل
Neffe, der	دِر,نفُ	وراره
Nichte, die	دِي, نِيشتَ	خورزه
Cousin, der (mütterlicherseits)	دِر, كُوزَنْ	د خاله/ د ماما زوی
Cousine, die (mütterlicherseits)	دِي,كُوسِينُ	د خاله/ د ماما لور
Stamm, der	دِر,شتَمْ	قوم
Tante, die (mütterlicherseits)	دِي,تَانْته	خاله
Tante, die (väterlicherseits)	دِي,تَانته	عمه
Schwiegermutter, die	دِي,شِجويكَرْمُوتَرْ	خواښې
Schwiegervater, der	دِر,شِجويكَرْفتَرْ	خسر

4.2 Partnerschaft und Ehe

verlieben	فَرْلِيبَنْ	په يو چا مينيدل
heiraten	هَيْرَتَنْ	واده کول
Hochzeit, die	دِي,هُخْزَيْت	واده
Ehevertrag, der	دِر، إهَ فَرْتَرَكْ	نکاح خط
Trauung, die	دِي, تَرَوُنْك	نکاح
Ehemann, der	دِر،إهِمَن	مېړه
Ehefrau, die	دِي,إهِيفَرَوْ	ښځه
Bräutigam, der	دِر، بُرُيْتِيگَم	زوم
Braut, die	دِي, بَرَوْت	ناوې
Gattin, die	دِي,گَتِين	مانينه
Beziehung, die	دِي,بزِيُونْك	رابطه
Trennung, die	دِي,تَرَنُّونْك	جلا کېدل
Verlobung, die	دِي,فَرْلُوبُونْك	کوژده
Flitterwochen, die	دِي,فِلِيتِرْفُخُن	د واده اوله مياشت
Witwe, die	دِي,وِيتْوَرْ	کونډه
Verlobungsring, der	دِر،فَرْلُبُونْكُسْرِينْك	د کوژدې ګوته
Geliebte, die	دِي,كلِيبْتَ	محبوبه
Scheidung, die	دِي,شَيْدُونْك	طلاق
Brautgabe, die	دِي,بَرَوْتكَابُ	حق مهر
Trauzeuge, der	دِر،تَرَوْزُيْك	شاهد
Schamgefühl, das	شَامْكِفُول	د شرم احساس

4.3 Freundschaft

Freundschaft, die	دِي,فرُونْدشَفْت	دوستی
versprechen	فَرْشِبْرَخِن	وعده کول
kennenlernen	كنّنلَرْنِنْ	پېژندل
Nachbar, der	دِر،نَخْبَرْ	همسایه
Bekannte, der	دِر،بِكَنْتِ	آشنا
Solidarität, die	دِي,سُلِدَرِدِتْ	يو والي
Hilfe, die	دِي,هِيلْفه	کومک
Respekt, der	دِر،رِسْبَكْت	احترام
Vertrauen, das	دَسْ، فِرْتَرَوَن	اعتماد
Gespräch, das	دَسْ،گِشْبِرِيخ	بحث
Unterhaltung, die	دِي, أونْتَرْهَلْتُونگ	خبري اتري
Leute, die	دِي, لُيْتِ	خلک
Ehrlichkeit, die	دِي,إِرْلِيشْكَيْت	رشتیاوېونکي
schätzen	شَتْزِنْ	په ښه سترګه کتل
vertrauen	فَرْتَرَوِنْ	باور کول
treffen	تَرَفّنْ	سره کتل
verabreden	فَرْأَبْرِدِنْ	وعده کول
Zusammenarbeit, die	دِي,زُسمَّنْأُرْبَيْت	يو ځای کار
freundschaftlich adj.	فرُونْدشَفْتَلِيش	په دوستی
Kontakt, der	دِر،كُنْتَاكْت	تماس
Verhältnis, das	دَسْ، فَرْهِلْتِنِسْ	حالات
Konflikt, der	دِر، كُنْفِليكْت	مخالفت

4.4 Soziale Kontakte

plaudern	بَلَوْدِرْن	خبري اترې کول
Geschwätz, das Plauderei, die	گشوَتس / بلَودَرَيْ	بابولالې
Einheit, die	دِي, أَيْنهَيْت	اتحاد
Brüderlichkeit, die	دِي,بْرُودَرْلِيشْكَيْت	ورورولي
Verbindung, die	دِي,فَرْبِنْدُونْگ	ارتباط
einen Gefallen tun	أينًا گفلَّنْ تُونْ	په يو چا مهرباني کول
amüsieren	دِر،أَمُوسِيرِن	ساعت تېرول
Spaß, der	دِر، شْبَسْ	مسخره
verteidigen	فَرْتَيْدِيگن	دفاع کول
Geheimnis, das	دَسْ، گهَيمِنِيسْ	پټ راز
genießen	گِنِيسَّنْ	خوند اخيستل
Spannung, die	دِي, شبنُّونْگ	تشنج
verlassen	فَرْلَسَّنْ	پرېښول
Freizeit, die	دِي, فَرَيزَيْت	تفريح
förmlich adj.	فِرْمِلِيش	تشريفاتي
gewöhnen	گِونِنْ	آموخته کول
sich blicken lassen	سِيش بِلِگّنْ لاَسَّنْ	نظر کول
leihen	لَيْهِنْ	پور ورکول
empfehlen	إِمْفِلِنْ	توصيه کول
ungezwungen adj.	أُونْگزُفُنْگنْ	په ازاده
spontan adj.	شْبُنْتَنْ	په خپل سر

4.5 Soziale Netzwerke (Facebook)

Soziale Netzwerk, das	شبکه اجتماعی	ټولنيځې شبکه
Email oder Telefon, die, das	ايميل يا تلفن	ايمېل يا ټيليفون
Anmeldung, die	نام‌نويسی	ځان ثبت کولوځای
anmelden adj.	)ثبات نام کردن)ورود	ثپت کول
Freundschaftseinladung, die	درخواست دوستی	ملگرتيا وړاندز
Hauptseite, die	صفحه اصلی	اصلي پاڼه
Neue Nachricht, die	پيام جديد	نوی خبر
suchen adj.	جستجو کردن	لټول
mehr	بيشتر	نور
Nachricht, die	پيام	خبر
über	درباره	په اړه
Arbeit und Ausbildung, die	کار و تحصيلات	دنده / کار او کاري زده کړې
Orte, an denen du gelebt hast, die	جاهای که زندگی کرده‌ايد	ځايونه کومې کې چې ژوند کړی
Familie und Beziehung, die	خانواده و روابط	کورنۍ او اړيکې
Details über dich, die	جزئياتی درباره خودتان	سپړنې ستا په اړه
Lebensereignis, das	رويدادهای زندگی	ژوند پېښې
Freunde, die	دوستان	ملگري
Alle Freunde	دوستان‌همه	ټول ملگري
Neue hinzugefügt	به تازگی افزوده شده	زياته کول
Bilder, die	عکس‌ها	انځورونه
Album, das	آلبوم‌ها	البوم
Rezension, die	نظرات	کتنه

4.5 Computer

Tastatur, die	تاستاتور	کیبرت / لیکونکی
Daten, die	داتن	اطلاعات / اومتوک
löschen	لوشن	پاک / ړنګ کول
Speicher, der	شپایشا	د کمپیوټر حافظه
Drucker, der	دروکا	پرنټر/ چاپکونکی
Rechner, der	ریشنا	کمپیوټر
Computerkenntnis, die	کومپیوتا کینتنیس	کمپیوټر بلدیا
Textverarbeitung, die	تیکست فیراربایتونګ	د کیکنو پروګرام
Markieren, das	مارکیرن	نښه
Programmieren, das	پروګرامیرن	پروګرام کول
Zugang, der	تسوګانګ	ننوتل
Konfiguration, die	کونفیګوراتسیون	سازونه
Bildschirm, der	بیلدشیرم	مونیتور
Hardware, die	هاردوار	هادویر
Laptop, der	لاپتوپ	لپټاپ
Software, die	سوفت وار	سوفتویر
Einschalten, das	اینشالتن	چالانه کول
Ausschalten, das	اوس شالتن	دند کول
Installieren, das	اینستالیرن	انستلېشن
Installation, die	اینستالاتسیون	انستلېشن
Tippen, das	تیپن	لیکل

KAPITEL 5

PYSCHE
GEIST
UND
VERHALTEN

5. 1	Gefühlswelten	د احساساتو او هیجاناتو نړۍ
5. 2	Negative Gefühle	منفي احساسات
5. 3	Positive Gefühle	مثبت احساسات
5. 4	Denken und Gedanken	فکر کول او خیالات
5. 5	Fähigkeit und Fertigkeiten	پیاوړتیا او مهارت
5. 6	Glaube und Religion	دین او ایمان
5. 7	Philosophie	د انسانانو اجتماعي فلسفه

5.1 Gefühlswelten

misstrauen	مِسْتَرَوْوَنْ	بدگمان بودن
Misstrauen, das	مِسْتَرَوْوَنْ	بدگمانی
anständig adj.	أَنْشتَنْدِگ	آبرومند
scharf adj.	شَرْف	تیز
begeistern adj.	بَگَیسترْن	به هیجان آوردن
ernst adj.	أَرْنست	جدی
beneiden	بَنَیْدَنْ	حسودی کردن
mitfühlen	مِتْفُولِنْ	همدردی کردن
ehrlich adj.	آرْلِخ	راستگو
bedenken	بَدَنْکَنْ	در نظر داشتن
Haltung, die	حَلْتُنْگ	نظر فکر
Gefühl, das	گَفُول	احساس
Erregung, die	أَرَاگُنْگ	هیجان
emotional adj.	أَمُسِئُنَال	احساساتی
spannend adj.	شبنَّنَد	هیجان‌انگیز
Bedürfnis, das	بَدُرْفْنِس	احتیاج
Verdacht, der	فِرْضَخْت	شک
gefühllos adj.	گَفُولسلُوس	بی‌عاطفه
gleichgültig adj.	گَلَیْخگُلْتِگ	بی‌تفاوت
desinteressiert adj.	دَسْإِنْتَرِسیئَرْت	بی‌علاقه
Empfindung, die	أَمْفِنْدُنگ	احساس
Bedarf, der	بَضَرف	نیاز

5.2 Negative Gefühle

Horror, der	حُرُر	بيره
entsetzt adj.	أَنتزَتست	حيران
bestürzen	بَشْتُرْسَن	پرېشانول
traurig adj.	ترَوْرِگ	خوابدي
schreien	شرَيْأَن	چيغي وهل
verrückt adj.	فَرُّوكت	ليونی
vermissen	فَرْمِسَّن	يادول
Reue, die	رُيْئَ	پښيماني
Schande, die	شَنْدَ	شرم
enttäuschen	أَنْتُيْشَن	مايوسول
leidtun	لَيْدْتُون	زړه خوږيدل
Kummer, der	كُمَر	غم
fürchten	فُرْختَن	بيريدل
verzweifelt adj.	فَرْسوَيْفَلْت	نا اميده کېدل
Hilflosigkeit, die	هِلفسلُوسِگْگَيْت	ناتواني
beunruhigen	بَئُنْرُهِگَن	په عضاب کول

5.3 Positive Gefühle

Freude, die	فریدَ	خوشحالي
bevorzugen	بَفُورْسُوگَن	غوره ګڼل
bewundern	بَوُنْدَرْن	ستایل
gernhaben	گَرْنحَابَن	ګرانښت
froh adj.	فرُوه	خوشحال
genießen	گنیسَن	خوند اخیستل
lächeln	لَحِلن	مسکا کول
lieben	لِیبَن	ګرانښت
mögen	مُوگَنْ	خوښ لرل
nett adj.	نَت	مهربانه
Genuss, der	گَنُس	جزب سوې
stolz sein	شتُلْس سَیْن	خوند
mit erhobenem Haupt	مِت أَرْهُوبَنَم هَوْبت	ویاړل
zufrieden adj.	سُفرِیدَن	سر لوړي

5.4 Denken und Gedanken

achten	أَحْتَن	پام کول
denken	دَنْكَن	فکر کول
Erinnerung, die	أَرِنْئَرُّگ	خاطره
In Erinnerung rufen	إن أَرِنْئَرُّگ رُوفَن	په یاد راوړل
vergessen	فَرْگَسَّن	له یاده ویستل
scheinen	شَيْنَن	په خیال کي راوړل
glauben	گلَوْبَن	باور لرل
hoffen	هُفَّن	امید واریدل
vermuten	فَرْمُوتَن	گمان کول
wahrscheinlich adj.	وَرْشَيْنلِح	احتمالات
möglich adj.	مُگْلِحْكَيْت	ممکن
unmöglich adj.	أُنْمُگْلِح	ناممکن
vielleicht	فِلَّيَحْت	گوندي
Eindruck, der	أَيْندرُگ	نظر
erwarten	أَرْوَرْتَن	توقع لرل
wiederkennen	وِيدَرْأَرْكَنَّن	بیا پیژندل
Anschein, der	أَنْشَيْن	ظاهر
überlegen	أُوبَرْلَاگَن	خیال کول
Einbildung, die	أَيْنبِلْدُنگ	خیال پلو

5.5 Fähigkeiten und Fertigkeit

Fähigkeit, die	فَاهِگکَیْت	کمال
Fertigkeiten, die	فَرْتِگکَیْتَن	مهارت
fähig adj.	فَاهِگ	توان
kompetent adj.	کُمبَتَنْت	صلاحیت لرونکي
unfähig adj.	أُنفاهِگ	بې توان
begabt adj.	بَقابت	استعداد لرونکی
Anstrengung, die	أَنشتِرنگُنْگ	هلی ځلی
Bemühung, die	بَمُوهُنگ	خواري
zielen	سِیلَن	هدف لرل
Leistung, die	لَیْستُنگ	ګټه
Errungenschaft, die	أَرُنْگَنْشَفت	پرمختک
fortschreiten	فُرْتشِتریْتَن	تېرېدل
bemühen	بَمُوهَن	ځان ته تکلیف ورکول
erreichen	أَرَّیحَن	یو ځای ته لاس رسېدل
motivieren	مُوتِوِیرِن	تشویق کول
aktivieren	أَكْتِوِیرِن	په کار اچول
Entgegnung, die	أَنتگاگْنُنْگ	عکس العمل
entwerfen	أَنْتوَرْفَن	چټل نویس لیکل
gehobenes Haupt	گَهُوبَنَس هَوْبت	په لوړ سر

5.6 Glaube und Religion

Mullah, der	مُلَّه	ملا
Schicksal, das	شِكْزال	قسمت
Sünde, die	زُنْدَ	گناه
Quran, der	كُرَاَن	قرآن شریف
Mekka	مَكَّه	مکه
Minarett, das	مِنَرِت	مناره
Ramadan, der	رَمَضَن	روژه
Pilgerfahrt / Wallfahrt, die	بِلْگَرْفَارْت / وَلْفَارت	حج
Seele, die	زَاَلَ	روح
Hölle, die	هُلَّ	دوږخ
Paradies, das	بَرَدِيس	جنت
Engel, der	أَنگَل	ملایکه
Prophet, der	برُوفَات	پیغمبر
Teufel, der	تَيْفَل	شیطان
Gebet, das	گَبَات	لمونځ
fasten	فَسْتَن	روژه نیول
beten	بَاتَن	لمونځ کول
Moschee, die	مُشَا	ماجت / مسجد
Rosenkranz, der	رُوزَنْكرَنس	تسبیح

5.7 Philosophie

Sinn, der	زِنْ	معنا
Wirklichkeit, die	ویرکلیش کایت	واقعیت
vorstellen	فور شتلن	تصور کول
Vorstellung, die	فُرْشتَلُّنگ	تصور
bewusst adj.	بَوُسْت	آ ګا هانه
Verstand, der	فَرْشطَنض	پوهه
Vernunft, die	فَرْنُنفْت	منطق
vernünftig adj.	فَرْنُنفْتِگ	منطقي
Grund, der	گرُند	دلیل
Motiv, das	مُتِیف	انګېزه
Verständnis, das	فَرْشتَنْدِنس	تفاهم
Zufall, der	سُوفَل	نا ببره
berücksichtigen	بَرُکْزِحْتِگَن	په نظر کي لرل
Wahl, die	وَال	انتخاب
Möglichkeit, die	مَگْلِحْکَیْت	امکانات
Option, die	أُبْسِؤُون	اختیار
Einschätzung, die	أَیْنشَتسُنگ	سنجش
Annahme, die	أَنَّامَ	بر داشت
Vermutung, die	فَرْمُوتُنگ	ګمان

KAPITEL 6

AKTIVITÄTEN UND HANDLUNGEN

6. 1	Handlungen und Aktivitäten	اقدام او ورځني فعاليتونه
6. 2	Handlungen und Aktionen	اقدامات او عمليات
6. 3	Diskussion und Austausch	بحث او خبرې اترې
6. 4	Informieren und Wissen	پوهه او اطلاعات
6. 5	Streit und Auseinandersetzungen	جنګ او جدل
6. 6	Allgemeine Tätigkeiten	عمومي فعاليتونه
6. 7	Einstellungen	ژوندانه
6. 8	Erlauben und Verbieten	اجازه او ممانعت

6.1 Aktivitäten und Handlungen

bemühen	بِمُوهِن	غمخواري کول
Tätigkeit, die	تِتِيكْكَيْت	فعالیت
fortsetzen	فُرْزَتْزَن	تعقیبول
weitermachen	فَيْتَرمَخِن	دوام ورکول
angewiesen	أَنْكِفِسِن	تړ لی
zustimmen	زُشْتِيمَّنْ	موافقه کول
gutheißen	كُوتْهَيْسَن	تایید کول
erhellen	أَرْهِلَّنْ	روښانه کول
Schuld, die	شُلْد	ګناه
unbegabt adj.	أُنْبِكَبْت	نا پوهه
organisieren	أُرْگَنِسِرِنْ	تنظیم کول
planen	بَلَنِنْ	طرحه کول
Plan, der	بَلَنْ	پلان
annehmen	أَنَّمِنْ	قبلول
handeln	هَنْدِلْن	عمل کول
bewirken	بِوِرْكِنْ	اثر کول
verhandeln	فرْهَنْدِلْن	بحث کول
unternehmen	أُنْتَرْنِمِنْ	اقدام کول
bewegen	بِويكِنْ	په حرکت راوستل
wagen	وَكِنْ	جرات کول
begleiten	بِكْلَيْتِنْ	بدرګه کول

6.2 Handlungen und Aktionen

Umgang, der	أُمْكَنْك	رفتار
handeln	هَنْدِلْن	عمل کول
benutzen	بِنُتْزِنْ	استعمالول
verwenden	فَرْوِنْدِنْ	په کار اچول
einschreiten	أَيْنشَرَيْتِنْ	مداخله کول
Zu Ende bringen	زْ أَنْدِ بِرِنكِنْ	سرته رسول
Lage, die (Stimmung)	لَكِ	حالت
Situation, die	زِتُوَتِيُن	وضعیت
verändern	فَرْأَنْدِرْن	تغیر ورکول
verbinden	فَرْبِنْدِنْ	وصلول
Maßnahme, die	مَسْنَمِ	چاره
bereit adj.	بِرَيْت	تیار
(sich) anstrengen	أَنْشَرِنْكِنْ	زحمت کښل
zusagen	زُسَكِنْ	مثبت جواب ورکول
vorbereiten	فرْبِرَيْتِن	تیارول
Vorbereitung, die	فُرْبِرَيْتُنْك	آمادگي
Zweck, der	زِوَكْ	منظور
vollkommen adj.	فُلْكُمَّنْ	پوره
Gelegenheit, die	كِلِكِنْهَيْت	فرصت
Ziel, das	زِلْ	هدف
verfügen	فَرفُكِن	درلودل

6.3 Diskussion und Austausch

Meinung, die	مَيْنُنْك	فکر
Absicht, die	أَبْسِشْت	قصد
Argument, das	أركُمَنْت	دليل
Ratschlag, der	رَتْشَلَكْ	نصيحت
Grund, der	كُرُنْد	علت
Überzeugung, die	أُبَرْزُيْكُنْك	باور
argumentieren	أَرْكُمَنْتِرن	دليل راوړل
erklären	أَرْكلِرنْ	تشريح کول
schildern	شِلْدَرْن	بيان کول
darlegen	دَرلِكن	توضيح کول
vorschlagen	فُرْشَلَكِن	وړانديز کول
Einigung, die	أَيْنِكُنْك	توافق
Einsicht, die	أَيْنسِشْت	خيال
Beispiel, das	بَيْشِبل	مثال
dulden	دُلْدِن	منل
richtig adj.	رِشْتِك	صحيح
offensichtlich adj.	أُفْنسِشْتِلش	روڼ
kritisieren	كِرتِسرَنْ	انتقاد کول
transparent adj.	تَرَنْسبَرَنْت	روښانه
verständlich adj.	فَرْشَتَنْدّلِش	د قبلولو وړ
Empathie, die	أَمْبَتِ	خواخوږي

6.4 Informieren und Wissen

Klartext, der	كَلَرْتَكْس	روښانه لیک
unterstellen	أُنْتَرْشْتِلَّنْ	په یو چا تور لګول
vorwerfen	فُرْفَرْفِنْ	تور لګول
betreffen	بِتَرِفَّنْ	اړه لرل
Standpunkt, der	شْتَندبُنْكت	دریځ
Vorteil, der	فُرتَيْل	فایده
Sorte, die	سُرْتِ	سوګند
Weise, die	وَيْزِ	رقم
Problem, das	بْرُبْلِمْ	مشکل
Entscheidung, die	إِنْشَيْدُنْك	تصمیم
Lösungsweg, der	لُسُكسوِكْ	د حل لاره
eingestehen	أَيْنكِشتِن	اقرار کول
Irrtum, der	إِرْتُم	اشتبا ه
Fehler, der	فِلَ	غلط
Art und Weise, die	أَرْت أُند وَيْزِ	طریقه
Fakt, der + das	فَكْت	واقعیت
Gegenteil, das	كِكَنتَيْل	سرچپه
Information, die	إِنْفُرمَتسِيُون	معلومات
informieren	إِنْفُرْمِرنْ	خبر ورکول
einen Fehler begehen	أَيْنِنْ فِلَ بِكِن	اشتبا ه کول
vermeiden	فَرْمَيْدِن	پرهېز کول
konkretisieren	كُنْكرِتِسِرن	مشخص کول

6.5 Streit und Auseinandersetzung

Streit, der	شَتَرَيْت	اختلاف
Wut, die	وُتْ	خشم
ungerecht adj.	أُنكِرَشْت	ناحقه
unfair adj.	أُنفِرْ	بې انصافه
zornig adj.	زُرْنِك	دردمند
loben	لِبُنْ	صفت کول
beschweren	بِشْوِرِن	شکايت کول
beklagen	بِکْلَکِن	ګله کول
protestieren	بُرُتَسْتِرِن	اعتراض کول
Mahnung, die	مَنُنْك	اخطار
drohen	دُرُهَنْ	تهديدول
ablehnen	أَبِلنَنْ	رد کول
verraten	فَرَّتنْ	خيانت کول
Ausrede, die	أوْسرِدَ	بهانه
Achtgeben	أَخْتكِبَنْ	احتياط
unterbrechen	أُنْتبرَشْنْ	غوغول
anweisen	أَنْوَيْسِنْ	دستور ورکول
befragen	بِفرَكِنْ	پوښتنه کول
beteuern	بِتُيَنْ	تاکيد کول
erfinden	أَرْفِنْدَنْ	اختراع کول
hinweisen	هِنْوَيْسِن	اشاره کول
beleidigen	بِلَيْدِكِن	توهين کول
beantragen	بِأَنترَكَن	تقاضا کول

6.6 Allgemeine Tätigkeiten

Manier, die	مَنِيَ	ادب
verhalten,	فَرْهَلْتِن	وضع کول
Verhalten, das	فَرْهَلْتِن	وضعیت
entscheiden	أَنْتشَيْدِنْ	تصمیم نیول
kaputt machen	كَبُت مَخِنْ	خرابول
warten	وَرْتِنْ	انتظار کول
einschätzen	أَيْنشَتْزِن	حدس وهل
abwägen	أَبْوِگَن	سنجول
bemerken	بِمَرْكِن	متوجه کیدل
schlussfolgern	شُلُسْفُلْگَرْن	نتیجه اخستل
sehen	زِهَن	کتل
anschauen	أَنْشَوَن	کتل
Erstaunen, das	أَرْشَتَوْنِنْ	تعجب
erstaunen	أَرْشَتَوْنِنْ	تعجب کول
benötigen	بِنِتِگَن	ضرورت لرل
mitnehmen	مِتْنِمَنْ	د ځان سره وړل
sammeln	سَمَّلْن	ټولول
probieren	بُرُبِرِن	څکل
genügen	كِنُكِن	پریمانه
wechseln	وَكْسِلْن	تبدیلول
ersetzen	أَرسَتْزِنْ	عوض کول
Bescheid geben	بِشَيْد كِبَنْ	اطلاع ورکول

6.7 Einstellungen

Ego, das	إِكُ	خپل ځان
Egoismus	إِكُوِسْمُسْ	ځان خوښونکی
egoistisch	إِكُوِسْتِشْ	ځانځاني
Defätismus, der	دِفِتِسْمُسْ	پر بري باور نه درلودر
Lösung, die	لُسُنْك	حل
Horizont, der	هُرِزُنْت	د اسمان لمن
Gewohnheit, die	كِفُنهَيْت	عادت
Laune, die	لَوْنِ	خوی
Eigenschaft, die	أيكِنشَفْت	خاصیت
Skepsis, die	سكَبْسِس	شک
Geschicklichkeit, die	كِشِكْلِشْكَيْت	مهارت
doppelgesichtig adj.	دُبُّلكسِشْتِشْ	دوه مخي
optimistisch sein adj.	أُبْتِمِسْتِشْ	خوشبینه ښکاریدل
Gedächtnis, das	كِدَشْتِنِس	حافظه
logisch adj.	لُكِشْ	منطقي
Logik, die	لُكِكْ	منطق
realistisch adj.	رِيَلِسْتِشْ	حقیقي
Elan, der	إِلَنْ	ذوق
Kraft, die	كَرَفْت	قوت
Erwartung, die	أَرْوَتُنْك	توقع

6.8 Erlauben und Verbieten

wünschen	وُنْشَن	ارمان لرل
Anspruch, der	أنشبْرُخْ	ادعا
wollen	وُلًّن	غوښتل
verlangen	فرْلَنْكِنْ	غوښتل
erwarten	أروَتَن	تمه کول
garantieren	كَرَنْتِرَن	ضمانت کول
bitten	بِتَّنْ	آرزو
erlauben	أرْلَوْبِنْ	اجازه ورکول
verhindern	فَرْهِنْدَرْن	مخنيوي
empfehlen	أمفِلِن	توصيه کول
gehorchen	كِهُرْشَن	فرمانبرداري کول
folgen	فُلْكَنْ	څارل
ausführen	أوْسفُرَنْ	اجرا کول
befehlen	بِفِلِنْ	فرمان ورکول
Erlaubnis, die	أرْلَوْبِنِس	اجازه
Pflicht, die	بِفِلِشْت	وظيفه
Gebot, das	كِبُت	حکم
Verbot, das	فَرْبُت	منعه
aushalten	أوسهَلْتَن	زغمل
Befehl, der	بِفِلْ	فرمان

KAPITEL 7

BILDUNGSWESEN UND ERZIEHUNG

7. 1	Bildung Allgemein	عمومي ښونه او روزنه
7. 2	Lehren, Lernen und Verstehen	زده کړه، سبق او درک
7. 3	In der Schule	په ښوونځی کي
7. 4	In der Klasse	په صنف کي
7. 5	Schulfächer	درسی موضوعګاني
7. 6	Studium	تحصيل
7. 7	Studiengänge	مسلکي څانګه

7.1 Bildung Allgemein

Schulpflicht, die	شُولفلِشت،دي	جبری روزنه
Bildung, die	بِلدُنْگ،دي	ښوونه
Berufsausbildung, die	بَرُوفسأَوْسبِلدُنگ	ښوونه ورکونکی
öffentliche Schule, die	أُفَنتلِش شُولَ	دولتي ښوونځی
Privatschule, die	برِوَاتشُولَ	شخصي ښوونځی
ausbilden	أَوْسبِلدَن	ښوونه ورکول
erziehen	أَرسِيهَن	روزنه
Didaktik, die	دِدَكتِك	د ښووني او روزني فن
Bildungspolitik, die	بِلدُنگسبُلِتيك	د سیاست ښوونه
praktisch adj.	برَكتِش	عملي
Selbstdisziplin, die	سَلبستدِسِّبلِين	شخصي انضباط
Eignung, die	أَيْگنُنگ	پیاوړتیا
Disziplin, die	دِسِّبلِين	انضباط
Konzept, das	كُنسَبت	وړاندیز
Thema, das	تِيمَ	موضوع
Studiengebühren, die	شتُودِنَنگبُورِن	د پوهنتون فیس
religiöse Schule, die	رِلِگيوز شُولَ	مدرسه
Akademie, die	أَكَدَمِيْ	آکاډمي
Grad, der	گرَاد	درجه
Dienstgrad, der	دِينستگرَاد	رتبه
Niveau, das	نِوُو	سطح
Bildungsministerium, das	بِلدُنگسمِنستَارِئُم	د ښووني وزارت
Kulturministerium, das	كُلتُورمِنستَارِئُم	د اطلاعاتو او کلتور وزارت

7.2 Lehren, Lernen und verstehen

vertiefen	فَرتیفَن	ږور کول
auswendig lernen	أَوْسوَندِگ لَرنَن	د یاده کول
erklären	أَرکلَارِن	تشریح کول
verstehen	فَرشتَاهَن	پوهېدل
Aufmerksamkeit, die	أَوْفمَرکسصَمکَیْت	توجه
teilnehmen	تَیْلنِمن	برخه اخیستل
rechnen	رشِنن	حسابول
Kenntnis, die	کَنتنِس	پوهه
diktieren	دِکتِیرِن	املا ویل
strikt, streng adj.	شترِکت	سخت ګیر
Ausbildung, die	أَوْسبِلدُنگ	ښوونه
erläutern	أَرلُیْتَرن	تشریح کول
Eifer, die	أَیْفَ	شوق
durchfallen	دُرشفَلَن	ناکامیدل
verbessern	فَربَسَرن	بهتر کیدل
Absage bekommen	أَبصَاگَ بَکُمَن	رد کیدل
Aufmerksamkeit erregen	أَوْفمَرکصَامکَیْت أَرِیگَن	د توجه ګرځېدل
Gedicht lernen	گَدِشت لَرنَن	شعر ویل
Vokabel lernen	وُکَابَل لَرنَن	لغت ویل
etwas verbessern	أَتوَس فَربَسَرن	اصلاح کول
Hausaufgabe, die	هَوْسأَوْفقَابَ	کورنۍ کار
versetzt werden	فَرسَتست وَاردَن	ارتقا کول

7.3 In der Schule

Klasse, die	كلَسَ	صنف
Füller, der	فُلِر	خود رنګ
Bleistift, der	بلَيْشتِفت	پنسل
Tafel, die	طَافَل	تخته
Kreide, die	كرَيْدَ	تباشير
Stuhl, der	شتُول	چوکی
Schwamm, der	شوَم	تخته پاک
Zirkel, der	سِركَل	دايره کښونکي
Aufsatz, der	أوْفصَس	مقاله
Prüfung, die	برُوفُنگ	امتحان
Heft, das	هَفت	کتابچه
Seite, die	زَيْتَ	صفحه
Lineal, das	لِنيَال	خطکش
Stift, der	شتِفت	خودکار
Stunde, die	شتُندَ	ساعت
Notiz, die	نُتِيس	ياداشت
Lehrer, der	لِرَ	ښوونکي
radieren	رَدِيرِن	په پنسل پاک پاکول
Tasche, die	تَشِ	بکس
anwesend adj.	أنوِيزَند	حاضر
abwesend, adj.	أبوِيزَند	غير حاضر

7.4 In der Klasse

Pause, die	بَوْزَ	تفريح
schwänzen	شوِنسَن	غيرحاضري کول
Übung, die	أُوبُنگ	تمرين
Lehrplan, der	لَاربلَان	درسي برنامه
Grundschule, die	گرُندشُولَ	لمړنی ښوونځی
sitzen bleiben	سِتسَن بلَيبَن	ناکام پاته کيدل
Schüler, der	شُولِر	شاگرد
Stufe, die	شتُوفَ	طبقه
Vorschule, die	فُرشُولَ	د آماده گي ښوونځي
Jahrgang, der	يَارقَنگ	هم دوره
Schulleiter, der	شُولَّيْتَر	د ښوونځي مدير
Lehrbuch, das	لَاربُوح	درسي کتاب
Klassenlehrer, der	كلَسَنلِرَ	د صنف نگران
Unterrichtstunde, die	أُنتَرِشتسشتُندَ	درسي ساعت
anwesend sein	أَنوَازَند زَيْن	حاضر
Buchstabe, der	بُوخشطَابَ	حرف
Mitschüler, der	مِتشُولِر	هم صنفي
spicken	شبِگَن	نقل کول
Lektion, die	لَکسِيون	فصل
sich konzentrieren	زِه کُنسَنترِيرِن	تمرکز کول
Gebäude, das	گَبيْدَ	ساختمان
Konzentration, die	كُنسَنترَسئُون	تمرکز

7.5 Schulfächer

Fach, das	فَخ	مضمون
Mathematik, die	مَتمَتِيك	رياضي
Technik, die	تَشنِك	تکنیک
Geschichte, die	گَشِشتَ	تاريخ
Sport, der	شبُورت	ورزش
Religion, die	رِلِگِيون	دين
Sozialwissenschaft, die	زُسِيُلگِيْ	ټولنه پيږندنه
Physik, die	فِزِيك	فيزيک
Zeichnen, das	زيْشنَن	رسم کول
Aufgabe, die	أَوْفقَابَ	دنده
Sprache, die	شبرَاخُ	ژبه
Fremdsprache, die	فرِمدشبرَاخُ	بهرني ژبه
Dari	دَارِ	درى
Paschto	بَشتُ	پښتو
Russisch	رُسِش	روسي
Deutsch	دُيْتش	آلماني
Französisch	فرَنزُوزِش	فرانسوي
Hindi	هِندِ	هندى
Politik, die	بُلِتِيك	سياست
Chemie, die	شَمِيْ	کيميا

7.6 Studium

Technische Hochschule, die	تَهنِشَ خُوهشُولَ	تخنيک فاکولته
Universität, die	أُنِوَرزِتَات	فاکولته
Fakultät, die	فَکُلتَات	فاکولته
Student, der	شتُدَنت	محصل
Stipendium, das	شتِبَندِئُم	تحصيلي بورس
Institut, das	إنستِتُوت	انستيتوت
Abendschule, die	آبَندشُولَ	د شپې ښوونځي
Zulassung, die	سُلَسُنگ	د پوهنتون قبلول
Ablehnung, die	أَبلَانُنگ	رد
bewerben	بَوربَن	داوطلب
Auslandstudium, das	أَوْسلَندشتُودِئُم	په بهر کي تحصيل
Professor, der	برُفَسُر	پروفيسور
Einschreibung, die	أَينشرَيْبُنگ	نوم ليکنه
Seminar, das	زَمِنَار	سمينار
Abschluss, der	أَبشلُس	شهادت نامه
Doktorabschluss	دُکتُرأَبشلُس	د داکترې شهادت نامه
Kurs, der	کُورس	کورس
Anleitung, die	أَنلَيْتُنگ	رهنما
argumentieren	أَرگُمَنتِيرِن	دلايل ويل
Wissenschaft(en), die	وِسَنشَفت(ن)	علوم
Fachausbildung, die	فَحأَوْسبِلدُنگ	مسلکي روزنه

7.7 Studiengänge

Literatur, die	لِترَتُور	ادبيات
Lehramtstudium, das	لَارأَمت	معلمي
Psychologie, die	سِحُلُگِيْ	روحيات پېژندنه
Rechtswissenschaft(en), die	رِحتسوِسَنشَفت(َن)	حقوق علوم
Sozialwissenschaft(en), die	زُسِئَالوِسَنشَفت(َن)	ټولنه پېژندنه
Pädagogik, die	بَدَگُوگِك	د روزنې علوم
Informatik, die	إنفُرمَاتِك	معلوماتي
Medizin, die	مَدِسِين	طبابت
Ingenieurwesen, das	إنجَنِئُيْروَازَن	انجينيري
Architektur, die	أَرحِتَكتُور	مهندسي
Philosophie, die	فِلزُفِيْ	فلسفه
Landwirtschaft, die	لَندوِرتشَفت	کرهنه
Journalistik, die	جُرنَلِستِك	ورځپانه ليکنه
Elektrotechnik, die	أَلكترُتَهنِك	د برېښنا تخنيک
Politikwissenschaft(en), die	بُلِتِيكوِسَنشَفت(َن)	سياسي علوم
Kommunikations-wissenschaft(en), die	كُمُنِكَسِئُونوِسَنشَفت(َن)	د اړيکو علوم
Islamwissenschaft(en), die	إسلَاموِسَنشَفت(َن)	اسلام پېژندنه
Archäologie, die	أَرهَئُلُگِيْ	لرغون پېژندنه
Volkswirtschaft, die	فُلكسوِرتشَفت	ملي اقتصاد
Pharmazie, die	فَرمَسِيْ	دارو سازي

KAPITEL 8

STAAT GESELLSCHAFT UND POLITIK

8. 1	Das politische System Afghanistans	د افغانستان سیاسي نظام
8. 2	Regierungsformen	د دولت ډولونه
8. 3	Verfassung	اساسي قانون او صلاحیتونه
8. 4	Ministerien	وزارت خانې
8. 5	Politik und Gesellschaft	سیاست او ټولنه
8. 6	Justizwesen	عدلی نظام او سیستم
8. 7	Politische Begriffe	سیاسي مفاهیم
8. 8	Provinzen	ولایاتي

8.1 Das politische System

Zentralregierung, die	سَنترَالرِگِيرُنگ	مرکزي دولت
Staatsregierung, die	شطَاتسرِگِيرُنگ	دولت
Regionalregierung, die	رِگِیُنَالرِگِيرُنگ	محلي دولت
Provinzregierung, die	برُونسرِگِيرُنگ	ولايتي دولت
Amtszeit, die	أَمتسصَيت	د خدمت دوره
Koalition, die	كُؤَلِسيُون	ايتلاف
Kabinett, das	كَبِنَت	کابينه
Parlament, das	بَرلَمَنت	ولسي جرگه
Senator, der	زِنَاتُر	سناتور
große Versammlung, die	گرُوس فَرزَملُنگ	لويه جرگه
Minister, der	مِنستَر	وزير
Nomade, der	نُمَادَ	کوچی
Wahlen, die	وَالَن	ټاکنې
Ministerium, das	مِنستَارِئُم	وزارتخانه
Putsch, der	بُتش	کوده تا
Fundamentalismus, der	فُندَمَنطَلِسمُس	بنسټ پاله
Bürgermeister, der	بُرْگَرمَيْستَر	ښاروال
Gouverneur, der	گُورنُور	والي
Flüchtlinge, die	فلُشتلِنگَ	پناه اخيستونکی
Nachbarland, das	نَخْبَرلَند	گاونډی هيواد
Durand-Linie	دُرَند لِنيَ	د ډيورند خط

8.2 Regierungsformen

Demokratie, die	دَمُکرَتِي	ديموكراسي
Republik, die	رِبُبلِيك	جمهوريت
Islamische Republik, die	إسلَامِشَ رِبُبلِيك	اسلامي جمهوري
Volksrepublik, die	فُلکسرِبُبلِيك	د خلق جمهوري
Bundesrepublik, die	بُندَسرِبُبلِيك	فدرالي جمهوري
Regierung, die	رِگِيرُنگ	حکومت
Königreich, das	کُونِگرَيش	سلطنتي مملکت
Emirat, das	إمِرَات	امارات
Besatzung, die (Militär)	بَصَتسُنگ	اشغال گر
Kolonie, die	کُلُنِي	مستعمره
Bundesstaat, der	بُندَسشطَات	ايالتي دولت
Staatschef, der	شطَاتسشَف	د دولت ريس
Kriegsherr, der	کرِيگسهَار	جنگ سالاران
Imperium, das	إمبَارِيُم	امپراتور
Gewaltenteilung, die	گَولتطَنتَيلُنگ	د قواو تفکيک
Nationale Einheitsregierung	نَتسِيُنَالَ أَينهيتسرِگِيرُنگ	د ملي يووالي حکومت
Besetzung, die	بَسَتسُنگ	اشغال
Scharia, die	شَرِئَ	شرعي
Anerkennung, die	أَنَأَرکَنُنگ	پيژندنه
Präsident, der	برِزِدَنت	ريس جمهور
Vizepräsident, der	وِيسَبرِزِدَنت	د ريس جمهور معاون

8.3 Verfassung

Verfassung, die	فر فاسونگ، دی	اساسي قانون
Oberste Gerichtshof, der	وبرسته گریشتس هوف، داس	ستره محکمه
Rechtsprechung, die	رشت شپریشونگگ، دی	د حکم د صادرولو صلاحیت
Einspruch, der	این شپروخ، در	اعتراز
gültig adj.	گولتیگ	معتبر
islamische Recht, das	یسلامیشه رشت، داس	اسلامي حق
Verurteilung, die	فرورتایلونگ، دی	محکومیت
rechtmäßig adj.	رشتماسیگ	قانوني
Erlass, der	یرلاس، در	بخشش
rechtswidrig adj.	رشتس ویدریگ	غیر قانوني
Prozess, der	پروسیس، در	دعوا
Bestechung, die	بیشتیشونگ، دی	رشوت
Richter, der	ریشتر، در	قاضي
Fairness, die	فارنیس، دی	انصاف
Jurist, der	یوریست، در	حقوق دان
Augenzeuge, der	اوگن سویگه، در	عیني شاهد
Justiz, die	یوستیتس، دی	څارنوالي
Amtsgericht, das	امتس گریشت، داس	محکمه

8.4 Ministerien

Ministerium für Handel und Industrie, das	د تجارت او صنایعو وزارت
Ministerium für Landwirtschaft, Bewässerung und Tierzucht, das	د کرهنې اوبو لګولو او مالدارۍ وزارت
Ministerium für Kommunikation und Informationstechnologie, das	د مخابراتو او معلوماتي ټکنالوژۍ وزارت
Verteidigungsministerium, das	د دفاع وزارت
Ministerium für Wirtschaft, das	د اقتصاد وزارت
Ministerium für Finanzen, das	د مالیې وزارت
Ministerium für Auswärtige Angelegenheiten, das	د بهرنیو چارو وزارت
Ministerium für Information und Kultur, das	د اطلاعاتو او فرهنګ وزارت
Innenministerium, das	د کورنیو چارو وزارت
Justizministerium, das	د عدلیې وزارت
Ministerium für Arbeit, Soziales, Märtyrer und Behinderte, das	د کار ټولنیزوچارو شهیدانو او معلولینو وزارت
Ministerium für Minen, das	د معدن وزارت
Gesundheitsministerium, das	د روغتیا وزارت
Ministerium für Flüchtlinge, das	د مهاجرینو او راستنیدونکو وزارت
Ministerium für ländlichen Wiederaufbau und Entwicklung, das	د کلیو د پراختیا او پرمختیا وزارت
Ministerium für Verkehr und Zivilluftfahrt, das	د ترانسپورت او ملکي هوانوردۍ وزارت
Ministerium für Frauen, das	د ښځو د چارو وزارت

8.5 Politik und Gesellschaft

Gesellschaft, die	گیزل شافت، دی	ټولنه
Gemeinschaft, die	گماینشافت، دی	انجمن
Gesellschaftsordnung, die	گیزلشافتس وردنونگ، دی	د ټولني نظام
Innenpolitik, die	یننپولیتیک، دی	کورنی سیاست
Politik, die	پولیتیک، دی	سیاست
Wirtschaftspolitik, die	ویرت شافتس پولیتیک، دی	اقتصادي سیاست
Diplomatie, die	دیپلوماتی، دی	سیاستمدار
politische Aktion, die	پولیتیشه اکتیون، دی	سیاسي اقدامات
politische Macht, die	پولیتیشه ماخت، دی	سیاسي قدرت
Volk, das	فولک، داس	خلک
Bürger, der	بورگر، در	وطندار
Bürgerrecht, das	بورگر رش، داس	د وطنداري حقوق
Meinungsfreiheit, die	ماینونگس فرای هایت، دی	د بیان آزادي
Versammlungsfreiheit, die	فرزاملونگس فرای هایت، دی	د ټولني آزادي
Opposition, die	وپوزیتیون، دی	مخالف
Land, das	لاند، داس	وطن
Staat, der	شتات، در	دولت
Staatswesen, das	شتاتس ویزن، داس	د مملکت نظام
Bund, der	بوند، در	اتحادیه
Ungerechtigkeit, die	ونگیرشتیگگ کایت، دی	بې عدالتي
Zivilgesellschaft, die	سیویل گیزلشافت، دی	مدني ټولنه
unabhängige Staat, der	ونابهانگیگه شتات، در	مستقل مملکت
neutrale Staat, der	نویتراله شتات، در	بې طرفه مملکت

8.6 Justizwesen

Rechtssystem, das	رشتس زیستم، داس	حقوقي نظام
Paragraph, der	پاراگراف، در	ماده
Recht, das	رشت، داس	حقوقي
Vollmacht, die	فول ماخت، دی	وکالت
Vollmacht erteilen	فول ماخت یرتایلن	وکالت خط ورکول
Gesetz, das	گیزتس، داس	قانون
Kläger, der	کلیگر، در	مدعي
entschädigen	ینت شادیگن	تاوان ورکول
Delikt, das	دلیکت، داس	جرم
juristisch adj.	یوریستیش	حقوقي
Urteil, das	ورتایل، داس	حکم
Verbrechen, das	فربرشن، داس	جنایت
ein Verbrechen begehen	این فربرشن بیگهن	جنایت کول
bestechen	بشتیشن	رشوت ورکول
Gericht, das	گریشت، داس	محکمه
Unschuld, die	ونشولد، دی	بې گناه
Beschuldigung, die	بشولدیگونگ، دی	تهمت
Zeuge, der	سویگه، در	شاهد
Gerechtigkeit, die	گیرشتیگ کایت، دی	عدالت
Verteidiger, der	فرتای دیگر، در	مدافع وکیل
bezeugen	بیسویگن	شاهيدي ورکول
Anklage, die	انکلاگه، دی	تهمت

8.7 Politische Begriffe

Mehrheit, die	میر هایت، دی	اکثریت
Antrag, der	انتراگ، در	درخواست
Kandidat, der	کاندیدات، در	کاندید
Gesetz ratifizieren	گیزتس راتی فیسیرن	د قانون تصویبول
Rat, der	رات، در	شورا
Sitz, der	زیتس، در	مقعر
Mandat, das	ماندات، در	وکالت
Rücktritt, der	روکتریت، در	استعفا
Kommission, die	کومیسیون، دی	کمیسیون
Politiker, der	پولیتیکر، دی	سیاست مدار
Unabhängigkeit, die	وناب هانگیگ کایت، دی	استقلال
Protokoll, das	پروتوکول، داس	پروتوکول
Lobbyismus, der	لوبی یسموس، در	لاپي وهل
Lobbyist, der	لوبی یست، در	لاپي وهل
Distrikt, der	دیسترکت، در	لاپي گر
Partei, die	پارتای، دی	حزب
Grenze, die	گرینسه، دی	سرحد

8 STAAT, GESELLSCHAFT UND POLITIK

8.8 Bundesländer in Deutschland

Bundesland	ایالت	Hauptstadt	پایتخت
Baden-Württemberg	بادن-فورتمبیرغ	Stuttgart	شتوتغارت
Bayern	بافاریا	München	میونخ
Berlin	برلین	Berlin	برلین
Brandenburg	براندنبورغ	Potsdam	بوتسدام
Bremen	بریمن	Bremen	بریمن
Hamburg	هامبورغ	Hamburg	هامبورغ
Hessen	هسن	Wiesbaden	فیسبادن
Mecklenburg-Vorpommern	میکلینبورغ-فوربومرن	Schwerin	شفیرین
Niedersachsen	ساکسونیا السفلی	Hannover	هانوفر
Nordrhein-Westfalen	شمال الراین - وستفالیا	Düsseldorf	دوسلدورف
Rheinland-Pfalz	راینلاند - بالاتینات	Mainz	ماینز
Saarland	سارلاند	Saarbrücken	ساربروکن
Sachsen	ساکسونیا	Dresden	دریسدن
Sachsen-Anhalt	سکسونیا-أنهالت	Magdeburg	ماغدبورغ
Schleswig-Holstein	شلیسفغ هولسشتاین	Kiel	کییل
Thüringen	تورنغن	Erfurt	إرفورت

KAPITEL 9

KUNST KULTUR UND LITERATUR

9.1	Literatur	ادبیات
9.2	Malerei und Bildhauerei	رسامي او مجسمه سازي
9.3	Musik und Tanz	میوسیقي او نڅا
9.4	Theater und Kino	تیاتراو سینما
9.5	Kulturelle Veranstaltungen	مذهبي او فرهنگي مراسم

9.1 Literatur

Handlung, die	هاندلونگ، دی	عمل
Schriftsteller, der	شریفت شتیلر، در	لیکونکی
Geschichte, die	گیشیشته، دی	داستان
Tagebuch, das	تاگبوخ، داس	ژوند لیک
Ausgabe, die	اوسگابه، دی	ټوک
Essay, das	یسای، داس	مقاله
Epoche, die	یپوخی، دی	زمانه
Gattung, die	گاتونگ، دی	ډول
Inhaltsverzeichnis, das	ینهالتس فرسایشنیس، داس	فهرست
Sage, die	زاگه، دی	افسانه
Roman, das	رومان، داس	رومان
Person, die	پرسون، دی	کس
Gedicht, das	گدیشت، داس	شعر
Poesie, die	پویزی، دی	شعر ویل
Veröffentlichung, die	فروفنت لیشونگ، دی	نشر
Kurzgeschichte, die	کورس گشیشته، دی	قصه
Text, der	تیکست، در	متن
Titel, der	تیتل، در	عنوان
Vorwort, das	فوراورت، داس	سریزه
Absatz, der	ابزاتس،در	بند

9.2 Malerei und Bildhauerei

Kunst, die	کونست، دی	هنر
Kreativität, die	کریاتیفی تیت، دی	خلاقیت
Farbe, die	فاربه، دی	رنګ
Kunstwerk, das	کونست ویرک، داس	هنري کار
Zeichnung, die	سایشنونګ، دی	تصویر
Zeichner, der	سایشنر، در	رسام
Malerei, die	مالرای، دی	نقاشي
Portrait, das	پورترای، داس	نقاشي خیره
Atelier, das	اتیلیر، داس	نقاشي کارګاه
Pinsel, der	پینزل، در	د ویښتو قلم
Skizze, die	سکیس، دی	وړاندیز
Ausstellung, die	اوس شتلونګ، دی	نما یشګاه
Galerie, die	ګالاری، دی	هنري نما یشګاه
Museum, das	موزیوم، داس	موزیم
Form, die	فورم، دی	خیره
Bilderhauerei, die	بیلد هاور رای،دی	مجسمه جوړول
Skulptur, die	سکولپتور، دی	مجسمه
Mosaik, der	موزایک، داس	موزایک
Sammlung, die	زاملونګ، دی	کلکسیون
Detail, das	دیتایل، داس	جز ییات

9.3 Musik und Tänze

Aufführung, die	اوف فورونګ، دی	نمایش
singen	زینګن	سندري ویل
Gesang, der	ګزانګ، داس	بږغ
komponieren (Teile)	کومپونیرن	جوړول
Konzert, das	کونسرت، داس	کنسرت
aufnehmen	اوف نهمن	ضبط کول
Tanz, der	تانس، در	نڅاه
Musik, die	موزیک، دی	موسیقي
Ton, der	تون،در	سندره
proben	پروبن	تمرین کول
Klavier, das	کلاویر، داس	پیانو
Komposition, die (Lied)	کومپوزیتیون، دی	ترکیب
Note, die	نوته، دی	شمیره
Trommel, die	ترومل، دی	ډول
Melodie, die	میلودی، دی	نغمه
Ouvertüre, die	وفرتوری، دی	مخکي لاسته راوړنه
Flöte, die	فلوته، دی	تولکه
Nationalhymne, die	ناتسیونال هیمنه، دی	ملي سرود
Meister, der	مایستر، در	لار ښود
Rhythmus, der	ریتموس، در	د سندري وزن

9.4 Theater und Kino

Darsteller, der	دارشتلر، در	هنر مند
Dialog, der	دیالوگ، در	محاوره
Mitarbeiter der	میت اربایتر، در	کارکونکی
Preis, der	پرایس، در	قیمت
Schauspieler, der	شاوشپیلر، در	د فیلم هلک
Schauspielerin, die	شاو شپیلرین، دی	د فیلم نجلی
Kino, das	کینو، داس	سینما
Theater, das	تیاتر، داس	تیاتر
Drama, das	دراما، داس	درامه
berühmt adj.	بیرومت	مشهور
Tragödie, die	تراگودی، دی	فاجعه
Regie, die	ریگی، دی	نمایشي مدیریت
Rolle, die	رول، دی	نفش
Hauptrolle, die	هاوپت رول، دی	اصلي رول
Publikum, das	پوبلیکوم، داس	ننداره کوونکی
Szene, die	سینه، دی	عمل
Applaus, der	اپلاوس، در	صحنه
Besucher, der	بیزوخر، در	چاک چاکې کول

9.5 Kulturelle Veranstaltung und Anlässe

Geburtstag, der	گیبورتستاگ، در	د زیږیدلو ورځ
Sitzung, die	زیتسونګ، دی	کښیناسته
Jahrestag, der	یارس تاګ، در	کلیزه
Feier, die	فایر،دی	جشن
Versammlung, die	فرزاملونګ، دی	ټولنه
Zeremonie, die	سرمونی، دی	تشریفات
Konferenz, die	کونفرنس، دی	کښیناستنه
Einladung, die	این لادونګ، دی	دعوت
Präsentation, die	پریزن تاتیون، دی	خبري کول
Veranstaltung, die	فرانشتالتونګ، دی	محفل
Gast, der	ګاست، در	میلمه
einweihen	این وایهن	افتتاح کول
Einweihung, die	این وایهونګ، دی	افتتاح
Show, die	شوو، دی	برنامه
Übergabe, die	وبرګابه، دی	سپارل
Treffen, das	ترفن، داس	لیدل
Begegnung, die	بګیګ نونګ، دی	سلوک
Ball, der	بال، در	د نڅا مجلس
Parade, die	پاراده، دی	مارش
Jubiläum, das	یوبیلاوم، داس	کلیزه
Feiertag, der	فایرتاګ، در	د رخصتي ورځ

KAPITEL 10
ARBEITSWELTEN UND BERUFSLEBEN

10. 1	Berufe	شغل
10. 2	Im Büro	په دفترکي
10. 3	Geschäftsleben	تجارت
10. 4	Tätigkeit auf der Arbeit	د کار فعالیتونه
10. 5	Handel und Gewerbe	تجارت او صنعت

10.1 Berufe

Tagelöhner, der	تاگه لونر، در	روز مزد کارگر
Metzger, der	میتسگگر، در	قصاب
Schäfer, der	شافر، در	شپون
Verkäufer, der	فر کاوفر، در	خرڅونکی
Tischler, der	تیشلر، در	ترکاڼ
Juwelier, der	یو ویلیر، در	د جواهراتو خرڅول
Goldschmied, der	گولد شمید، در	زرگر
Talent, das	تالنت، داس	استعداد
Arbeitslosigkeit, die	اربایتس لوسیگ کایت، دی	وزګاري
Ausdauer, die	اوسداور، دی	تحمل
Ordnung, die	اوردنونگ، دی	ترتیب
Mühe, die	موهی، دی	زحمت
sich bemühen adj.	سیش بیموهن	زحمت ورکول
Bäcker, der	باکر، در	نانوای
Soldat, der	زولدات، در	سرباز

10.2 Im Büro

Gerät, das	گیرات، داس	وسیله
organisieren	ورگانیزیرن	سازمان ورکول
Bürotätigkeit, die	بورو تاتیگگ کایت، دی	د کار دفتر
beschäftigt adj.	بیشافتیگت	مشغول
Abteilung, die	ابتای لونگ، دی	برخه
Abteilungsleiter, der	ابتای لونگس لایتر، در	د برخي ریس
Vertreter, der	فرتریتر، در	نماینده
Vertretung, die	فرتریتونگ، دی	نماینده گی
Organisation, die	اورگانیزاتیون، دی	سازمان
krank sein	کرانک زاین	بیمار کیدل
Markierstift, der	مارکیر شتیفت، در	ښودونکی
Dienstzeit, der	دینست سایت، دی	اداري ساعتونه
Bürogebäude, das	بورو گیباوده، داس	د دفتر بلاک
Büro, das	بورو، داس	دفتر
Kopie, die	کوپی، دی	کاپي
Datei, die	داتای، دی	دوسیه
Briefpapier, das	بریف پاپیر، داس	د لیک کاغذ
Fotokopie, die	فوتو کوپی، دی	فوتو کافي
Termin, der	ترمین، در	وعده
Tippfehler, der	تیپ فیهلر، در	اشتباه تیپول

10.3 Geschäftsleben

konkurrieren	کونکوریرن	رقابت کول
Wettbewerb, der	ویتبیورب، در	رقابت
expandieren	یکسپاندیرن	توسعه ورکول
erweitern	یروایترن	توسعه ورکول
übernehmen	وبر نهمن	په عهده اخیستل
Rechnung, die	ریشنونگ، دی	حساب
Manager, der	ماناجر، در	مدیر
Leiter, der	لایتر، در	ریس
Angestellte, der	انگی شتلتر،در	کارمند
Direktor, der	دیرکتور، در	مدیر
Rabatt, der	رابات، در	تخفیف
Profit, der	پروفیت، در	گټه
Verlust, der	فرلوسر، در	تاوان
Etat, das	یتات، در	بودجه
Dienstleistung, die	دینست لایستونگگ، دی	خدماتي کار
geschäftlich adj.	گیشافتلیش	کاري
Kondition, die	کوندیتیون، دی	شرط
abschätzen	ابشاتسن	حدس وهل
Bestellung, die	بیشتلونگ، دی	فرمایش
Visitenkarte, die	ویزیتن کارته، دی	ویزیت کارت
Warteraum, der	وارت راوم، در	د انتظار خونه

10.4 Tätigkeiten auf der Arbeit

antworten	انت ورتن	پروژه
Projekt, das	پرویکت، داس	تنخوا
Gehalt, der	گیهالت، داس	صرفنظر کول
verzichten	فرسیشتن	په رسمیت پیژندنه
anerkennen	ان یرکنن	دنده
Verpflichtung, die	فرفلیشتونگ، دی	روزگار
Arbeitstag, der	اربایتس تاگ، در	په کار گمارل
einstellen	این شتلن	سپکول
erleichtern	یرلایشترن	گټه اخیستل
benutzen	بینوسن	په کار گمارل
(sich) anstellen	سیش انستیلن	پرمخ تک
Vorgehen, das	فورگگهن، داس	د عمل سبک
verfahren	فرفاهرن	را ټولیدنه
versammeln	فرزاملن	نقش
Funktion, die	فونکتیون، دی	ځاي
Stellung, die	شتلونگ، دی	لاسته راوړنه
Einkommen, das	اینکومن، داس	عمل کول
ausüben	اوس ون، لایتن	هدایت کول
beauftragen	بیاوفتراگن	دنده ورکول
überzeugen	اوبرسویگن	قانع کول
mitarbeiten	میت اربایتن	همکاري کول

10.5 Handel und Gewerbe

Ware, die	اواره، دی	جنس
Gut, das	گوت، داس	مال
Artikel, der	ارتیکل، در	بند
Lieferung, die	لیفرونگ، دی	سپارل
Großhandel, der	گروس هاندل، در	عمده خرڅونه
Beteiligung, die	بی تایلیگونگ، دی	برخه
gründen	گروندن	ایجادول
Ladenbesitzer, der	لادن بزیتسر، در	هټۍ وال
Eigentümer, der	ایگن تومر، در	څښتن
Umsatz, der	اومزاس، در	ګټه
Ermäßigung, die	یرماسیگونگگ، دی	تخفیف
Lieferant, der	لیفرانت، در	د کالیو راوړونکی
Lizenz, die	لیسنز، دی	اجازه
Vertrag, der	فرتراگگ، در	قرارداد
verwalten	فروالتن	مدیریت کول
beaufsichtigen	بیاوف زیشتیگن	څارنه کول
Vertrieb, der	فرتریب، در	خرڅول
Gewinn, der	گیوین، در	عواید
Gewinnanteil, der	گیوین انتایل، در	د عوایدو برخه
Mahnung, die	مانونگگ، دی	یادول
Provision, die	پرو ویزیون، دی	د دلالي پیسې

KAPITEL 11

INDUSTRIE UND WIRTSCHAFT

11. 1	Wirtschaft I	اقتصاد
11. 2	Landwirtschaft	زراعت
11. 3	Industrie	صنعت
11. 4	Handwerk	کسب
11. 5	Bergbau	د معدنونه راویستنه

11.1 Wirtschaft I

Wirtschaft, die	ويرتشافت، دی	اقتصاد
Wachstum, das	واکستوم، داس	پرمختګ
Handel, der	هاندل، در	سوداګري
Handel treiben	هاندل ترایبن	خرڅول
Produzent, der	پرودوسنت، در	تولید کوونکی
Konsument, der	کون زومنت، در	مصرف کوونکی
Markt, der	مارکت، در	بازار
importieren	یمپورتیرن	وارد کول
exportieren	یکسپورتیرن	صادر کول
Import, der	یمپورت، در	داخلیدل
Export, der	یکسپورت، در	صادرات
Handelsgesellschaft, die	هاندلس ګیزلشافت، دی	عرضه کوونکی
Marktwirtschaft, die	مارکت ویرتشافت، دی	آزاد بازار
beliefern	بیلیفرن	لیږل
Nachfrage, die	ناخفراګه، دی	تقاضا
kosten	کوستن	قیمت لرل
Angebot, das	انګیبوت، داس	عرضه
Knappheit, die	کناپ هایت، دی	کم یافته
Unternehmen, das	اونتر نهمن، داس	شرکت
Geschäft, das	ګیشافت، داس	هټی
Angebot und Nachfrage	انګبوت اوند ناخفراګه	عرضه او تقاضا

11.2 Landwirtschaft

mähen	ماهن	رېبل
Wiese, die	ویزه، دی	چمن
düngen	دونگن	پارو ورکول
Agrar, das	اگرار، داس	بزگري
Landwirtschaft, die	لاند ویرتشافت، دی	کرهنه
Bauer, der	باور، در	بزگر
Viehzucht, die	فی سوخت	څاروی ساتنه
Vieh, das	دی،فی، داس	څاروي
züchten	سوشتن	روزنه ورکول
aufziehen	اوف سیهن	کشول
Herde, die	هرده، دی	رمه
Stall, der	شتال، در	غوجل
Weide, die	وایده، دی	څر ځاي
Brunnen, der	برونن، در	کوهی
Samen, der	زامن، در	تخم
Korn, das	کورن، داس	دانه
bewässern	بیواسرن	د اوبو لګول
fruchtbar adj.	فروختبار	حاصل خېزه
anbauen (Pflanzen)	انباون (فلانسن)	کرهنه کول
säen	زاهین	کښت
ernten	یرنتن	رېبل
Getreide, das	گیترایده، داس	غله
Spaten, der	شپاتن، در	بېل

11.3 Industrie

Industrie, die	يندوسترى، دى	صنعت
industriell adj.	يندوستريل	صنعتي
Herstellung, die	هرشتيلونگ، دى	جوړونکی
Metallindustrie, die	ميتال يندوسترى، دى	فلزي صنايع
herstellen	هرشتيلن	جوړول
Hersteller, der	هرشتيلر، در	توليد کول
Massenproduktion, die	ماسن پرودوکتيون، دى	ګڼ شمير توليد
Industrieanlage, die	يندوستريانلاگه، دى	کارخانه
Produktionsstätte, die	پروده‌کتيونس شتاته، دى	د توليد ځاي
Maschinen, die	ماشينن، دى	ماشين
automatisch adj.	اوتوماتيش	په خپل سر کارکول
manuell adj.	مانويل	لاسي کار
Vorgang, der	فورگانگ، در	جريان
Arbeiter, der	ارбايتر، در	کارگر
montieren	مونتيرن	صنعتي سيمه
Industriegebiet, das	يندوسترى گيبيت، داس	آزمويلي
qualifiziert adj.	قوالى فيسيرت	د کارخانې کارکونکی
Fabrikarbeiter, der	فابريک ارбايتر، در	کار گاه
Betrieb, der	بتريب، در	مديريت
Management, das	ماناجمينت، داس	صنعتي کول

11.4 Handwerk

reparieren	ریپاریرن	ترمیم کول
Teil, das	تایل، داس	پرزه
Bau, der	باو، در	تمرین
Ersatzteile, die	یرزاتس تایله، دی	اضافه پرزه
Schnur, die	شنور، دی	بند
Seil, das	زایل، داس	طناب
Draht, der	درات، در	سیم
Nagel, die	ناگل، در	میخ
Leiter, die	لایتر، در	زینه
Hammer, der	هامر، در	چکش
Schraubenzieher, der	شراوبن سیهر، در	پیچکش
Bohrer, der	بوهرر، در	برمه
Zange, die	سانگه، دی	انبور
Bohnermaschine, die	بوهر ماشینه،دی	برقي برمه
Säge, die	زاگه، دی	اره
Werkstatt, die	ویرکشتات، دی	ترمبم گاه
Handwerker, der	هاندویرکر، در	لاسي هنري کار
installieren	ینستالیرن	ځای پر ځای کول
Tischler, der	تیشلر، در	ترکاڼ
Bauarbeiter, der	باو اربایتر، در	ساختماني کارکر
Instandhaltung, die	ینستاند هالتونگ، دی	ترمیمول
montieren	مونتیرن	نصب کول

11.5 Bergbau

Rohstoff, der	روهشتوف، در	اومه مواد
Bergbau, der	برگ باو، در	د معدن کار
Stahlwerk, das	شتال ویرک، داس	د اوسپني کارگاه
Bodenschatz, der	بودن شاتس، در	معدني منابع
Ressourcen, die	ریسور سن، د ی	منبع
Holzkohle, die	هولس کوله، دی	د لرگیو سکاره
Aluminium, das	الو مینیوم، داس	المومیم
Blei, das	بلای، داس	سرب
Kohle, die	کوله، دی	سکاره
Steinkohle, die	شتاین کوله، دی	د ډبروسکاره
Eisen, das	ایزن، داس	اوسپنه
Erdgas, das	یرد گاز، داس	طبعي غاز
Erdöl, das	یرد ول، داس	نفت
Gold, das	گولد، داس	سره زر
Kalk, der	کالک، در	آهک
Kupfer, das	کوپفر، داس	مس
Messing, das	میسینگ، داس	برنج
Eisen, das	ایزن، داس	اومه اوسپنه
Silber, das	زیلبر، داس	سپین زر
Schwefel, der	شویفل، در	گوگړ
Ofen, der	اوفن، در	بخاری

KAPITEL 12

FINANZEN UND FORSCHUNG

12. 1 Finanzen
12. 2 Bankwesen
12. 3 Entwicklung
12. 4 Wirtschaft II

مالي چاري
بانکداري
د صنعت پرمختګ
عمومي اقتصاد

12.1 Finanzen

Finanzen, die	فینانسن، دی	مالي چاري
Kredit, der	کردیتی، در	قرضه
Schulden, die	شولدن، دی	پور
Schulden haben	شولدن هابن	پور لرل
Bank, die	بانک، دی	بانک
Betrag, der	فبیتراگ، در	منبع
Vermögen, das	فرموگن، داس	ثروت
vermieten	فرمیتن	په کریه ورکول
verleihen	فرلایهن	قرض ورکول
Währung, die	واهرونگ، دی	پیسې
sparen	شپارن	صرفه جوي کول
Kapital, das	کاپیتال، داس	پانګه
Zins, der	سینس، در	ګټه
Überweisung, die	اوبر وایزونګ، دی	حواله
Preis, der	پرایس، در	نرخ
Aktie, die	اکتیه، دی	برخه
Spekulation, die	شپیکولاتیون، دی	تحلیلول
Börse, die	بورزه، دی	د اسهامو بازار
Steuer, die	شتویر، دی	مالیات
Steuerhinterziehung, die	شتویر هینترسیهونګ، دی	د مالیي ورکولو نه تیښته
investieren	ین وستیرن	پانګه اچوونه
Investition, die	ین ویس تیتیون، دی	پانګه په ګټه اچوونه

12 FINANZEN, FORSCHUNG UND ENTWICKLUNG

12.2 Bankwesen

unterschreiben	اونترشراین	دسخط کول
Bankangestellte, der	بانک انگشتلتر، در	د بانک کارکونکی
Konto, das	کونتو، داس	بانکي شمیره
Sparkonto, das	شپار کونتو، داس	د پس انداز حساب
Konto eröffnen	کونتو یروفنن	افتتاح کول
einzahlen	اینسالن	تادیه کول
Geld abheben	گلد ابهین	د پیسو اخیستنه
auflösen (Konto)	اوف لوزن (کونتو)	د حساب حل کول
zunehmen	سونهمن	ډېرېدل
Darlehen, das	دارلهن، داس	قرض
Kondition, die	کوندیتیون، دی	لار ښودنه
Rate, die	راته، دی	لنډ مهال
kurzfristig adj.	کورس فریستیگ	اوږد مهال
langfristig adj.	لانگ فریستیگ	بیمه
Versicherung, die	فرزیشرونگ، دی	پیسې اخیستل
kassieren	کاسیرن	خالص
Netto	نیتو	نا خالص
Brutto	بروتو	فسخ کول
kündigen	کوندیگن	پیسې مصرف کول
Geld ausgeben	گیلد اوس گین	خزاندار
Schatzmeister, der	شاتس مایستر، در	خزانه‌دار

12.3 Entwicklung

Technologie, die	تشنولوگی، دی	**تکنالوږی**
Technik, die	تشنیک، دی	**تخنیک**
Experte, der	یکس پرته، در	**متخصص**
Bedienungs-anleitung, die	بدینونگس انلایتونگ، دی	**د لارښوني نه ګټه پورته کول**
Fachmann, der	فاخمان، در	**کار پوه**
Fortschritt, der	فورت شریت، در	**پرمختګ**
Erprobung, die	یرپروبونگ، دی	**آزمایش**
Leistung, die	لایستونگ، دی	**عمل کړنه**
Labor, das	لابور، داس	**لابراتوار**
Verfahren, das	فر فارن، داس	**د عمل طریقه**
Design, das	دیساین، داس	**وړاندیز**
Entwurf, der	ینت وورف، در	**سریزه لیکنه**
Konstruktion, die	کونستروک تیون، دی	**ساخت او ساز**
erfinden	یرفیندن	**اختراع کول**
Erfindung, die	یرفیندونگگ، دی	**اختراع**
Forschung, die	فورشونگ، دی	**څېړنه**
elektrisch adj.	یلیکتریش	**بریښناي**
magnetisch adj.	ماگ نیتیش	**آهن ربايي**
Wissenschaftler, der	ویسنشافتلر،در	**پوهيالي**
fachkundig adj.	فاخکوندیگ	**د فن خاوند**
wissenschaftlich adj.	ویسن شافتلیش	**عملي**

12.4 Wirtschaft II

fruchtbar adj.	فروختبار	وحشتناک
Arbeitsmethode, die	اربايتس ميتهود، دی	د کار طريقه
Sektor, der	زکتور، در	خصوصي کوونه
Privatisierung, die	پريواتيزيرونگ، دی	ملي کوونه
Verstaatlichung, die	فرشتاتليشونگ، دی	بهرنی سوداگري
Außenhandel, der	اوسن هاندل، در	داخلي سوداگري
Binnenhandel, der	بينن هاندل، در	سوداگريزه توافقنامه
Handelsvertrag, der	هاندلس فرتراگ، در	سوداگريز برخه وال
Handelspartner, der	هاندلس پارتنر، در	توليد
Herstellung, die	هرشتلونگ، دی	نړی وال بازار
Weltmarkt, der	ويلت مارکت، در	اعتصاب
Streik, die	شترايک، در	گمرک
Zoll, der	سول، در	د توليد وسيله
Wirtschaftspolitik, die	ويرت شافتس پوليتيک، دی	ماليات
Produktionsmittel, das	پرودوکتيونس ميتل، دی	د توليد وسيله
Steuer, die	شتوير، دی	ماليات

KAPITEL 13

MEDIEN KOMMUNIKATION UND PRESSEWESEN

13. 1	Nachschlagwerke	فرهنګ او لغتنامه
13. 2	Bücher	کتابونه
13. 3	Presse	ورځپاڼه لیکنه
13. 4	Post und Versand	پست او لیږنه
13. 5	Fax und Telefon	فکس او تیلفون
13. 6	Fernsehen und Radio	تلویزیون او رادیو

13.1 Nachschlagwerke

Wörterbuch, das	اورتر بوخ، داس	د لغتونو فرهنګ
publizieren	پوبليسيرن	انتشار کول
Bücherei, die	بوشر رای، دی	کتابتون
Buchhandlung, die	بوخ هاندلونګ، دی	کتاب پلورنځی
Buch, das	بوخ، داس	کتاب
Sachbuch, das	زاخ بوخ، داس	موضوعي کتاب
Buchhändler, der	بوخ هاندلر، در	کتاب خرڅونکی
Antiquariat, das	انتی قواريات، داس	د پخوانيو کتابونو پلورنه
Einband, das	اينباند، داس	د کتاب ټوک
Taschenbuch, das	تاشن بوخ، داس	جيبې کتاب
Index, der	يندیکس، در	فهرست
Wörterregister, das	اورتر ريګيستر، داس	د لغتونو فهرست
Überblick, der	اوبربليک، در	عمومي کتنه
Auflage, die	اوفلاګه، دی	چاپ
Korrekturlesen, das	کوريکتور ليزن، داس	غلطي نيول
Druckfehler, der	دروک فهلر، در	غلط چاپ
Druckerei, die	دروکرای، دی	چاپخانه
rezensieren	ريسن سيون	نقد کول
Zusammenfassung, die	سوزامن فاسونګ، دی	لنډه خلاصه
Verlag, der	فرلاګ، در	انتشاري
Flugblatt, das	فلوګ بلات، داس	شپې پاڼه
Buchbinder, der	بوخ بيندر، در	کتاب خرڅونکی

13.2 Bücher

geistiges Eigentum	گایستیگس ایگنتوم	فکري مالیکیت
Verleger, der	فرلیگر، در	نشر کونی
Exemplar, das	یکسمپلار، داس	نمونه
Urheberrecht, das	اورهیبر ریښت، داس	د طبع او نشر حق
handschriftlich, adj.	هاندشریفت لیش	خطي
Abkürzung, die	ابکورسونگګ، دی	اختصار
Vorwort, das	فور اورت، داس	وړاندوینه
Einleitung, die	این لایتونګ، دی	سریزه
Inhaltsverzeichnis, das	ینهالتس فرسایش نیس، داس	د مطالبو فهرست
Buchseite, die	بوخ زایته، دی	صفحه
Kapitel, das	کاپیتل، داس	فصل
Fußnote, die	فوس نوته، دی	پانویس
Anhang, der	انهانګ، در	تړلی
Autor, der	اوتور، در	لیکونکی
Leser, der	لیزر، در	لوستونکی
Manuskript, das	مانوس کریپت، داس	لاس لیکنه
Übersetzen, das	اوبر زیسن، داس	ژباړنه
bearbeiten	بی ارباتن	پر یو خه شی کارکول
Zitat, das	سیتات، داس	نقل قول

13.3 Presse

Pressefreiheit, die	پریسه فرایهایت، دی	د رسنیو آزادي
Tageszeitung, die	تاگس سایتونگ، دی	ورځپاڼه
Zeitschrift, die	سایت شریفت، دی	مجله
Illustrierte, die	یلوس تریرته، دی	مجله
Bericht, der	بریشت، در	گذارش
Nachricht, die	ناخ ریشت، دی	خبر / پیغام
Interview, das	ینترفیو، داس	مصاحبه
Kommentar, das	کومنتار، داس	نظریه
Nummer, die	نومر، دی	شمیره
Journalist, der	جورنالیست، در	خبرنگار
Aktualität, die	اکتوالیتات، دی	تازه
Gegenwart, die	گیگن وارت, دی	اوسنیی
Titelseite, die	تیتل زایته، دی	اوله صفحه
Schlagzeile, die	شلاگ سایله، دی	سریزه
Herausgeber, der	هیراوس گیبر، در	ناشر
Werbung, die	ویربونگ، دی	اعلان
Anzeige, die	انسایگه، دی	اطلاعیه
Zensur, die	سنزور، دی	سانسور
Prospekt, das	پروس پکت، داس	وراندوینه

13.4 Post und Versand

Briefträger, der	بریف تراګر، در	لیک رسونکي
Postamt, das	پوست امت، داس	پوسته خانه
Postkarte, die	پوست کارته، دی	پوستکارت
antworten	انت ورتن	جواب ورکول
Briefkasten, der	بریف کاستن، در	پوستي صندوق
Brief, der	بریف، در	لیک
Post, die	پوست، دی	پست
Postfach, das	پوست فاخ، داس	پوستي صندوق
Postgebühren, die	پوست ګیبورن، دی	ده پستي نرخ
Inlandpost, die	ینلاند پوست، دی	کورنی لیږدونه
Päckchen, das	پاکشن، داس	کوچنی پستي بسته
zustellen	سوشتلن	سپارل
Luftpost, die	لوفت پوست، دی	هواي پست
Poststempel, der	پوست شتیمپل، در	د پست مهر
Postleitzahl, die	پوست لایت سال، دی	پستي کود
Absender, der	ابزندر، در	لیږونکی
Empfänger, der	یمفانګر، در	اخیستونکی
Eilsendung, die	ایل زیندونګ، دی	عاجل لیږل
Briefumschlag, der	بریف ومشلاګ، در	د لیک پاکټ
Briefmarke, die	بریف مارکه، دی	د لیک د لیږد پستي قیمت
Porto, das	پورتو، داس	پستي قیمت

13.5 Fax und Telefon

telefonieren	تلفونیرن	ټلفون کول
Funktion, die	ونکتیون، دی	دنده
faxen	فاکسن	فکس کول
Telefonkarte, die	تلفون کارته، دی	د ټلفون کارت
dringend adj.	درینگگند	ضروري
Ferngespräch, das	فرن گشپریش، داس	ده لیرې ځاي ټلفون
Klingelton, der	کلینگل تون، داس	د ټلفون زنګ
auflegen	اوف لگن	د ټلفون ګوشقه ایښودل
Telefon, das	تلفون، داس	ټلفون
anrufen	انروفن	زنګ وهل
besetzt adj.	بیزست	مصروف
Telefonbuch, das	تلفون بوخ، داس	د تلفون دفتر
Telefonauskunft, die	تلفون اوسکونفت	د ټلفون اطلاعات
Vorwahlnummer, die	فوروال نومر	د ټلفون کود
Mobiltelefon (Handy)	موبیل تلفون(هاندی)	لاسي تلفون
Leitung, die	لایتونگ، دی	سیم
national adj.	ناسیونال	ملي
international adj.	ینتر ناسیونال	نړیوال

13.6 Fernsehen und Radio

Fernseher, der	فرن زهر، در	تلويزيون
Kanal, der	کانال، در	کانال
Programm, das	پروگرام، داس	برنامه
Kameramann, der	کامرا مان، در	فیلم اخیستونکی
ausstrahlen (Sendung)	اوس شترالن (زندونگ)	پخش کول
zuschauen	سو شاون	کتل
Medien, die	مديهن، دی	رسانه
Einfluss, der	اينفلوس، در	تاثير
Massenmedien, die	ماسن مديهن، دی	ټولنيزي رسني
berichten	بريشتن	ګذارش ورکول
Sprecher, der	شپريش، در	خبري ويونکی
Radio, das	راديو، داس	راديو
Zuschauer, der	سوشاور، در	ليدونکی
Zuhörer, der	سوهورر، در	اورېدونکی
Antenne, die	انتينه، دی	آنتن
Propaganda, die	پروپاگاندا، دی	تبليغات
Dokumentarfilm, der	دوکومنتار فيلم، در	مستند فيلم
Kindersendung, die	کيندر زندونگ، دی	د کوچنيانو برنامه
Komödie, die	کومودیه، دی	کميدي
Wiederholung, die	ويدرهولونګ، دی	تکراري
Fernsehfilm, der	فرنزه مفيلم.در	فيلم
Moderator, der	موداراتور، در	نطاق
publizieren	پوپليسيرن	نشر کونکی

KAPITEL 14

ALLGEMEINE BEGRIFFLICHKEITEN UND ANGABEN

14. 1	Länge, Umfang und Größe	اوږدوالی، پراخوالی او لوړوالی
14. 2	Himmelsrichtungen und Jahreszeiten	اصلي لوري(سمتونه) او د کال څلور فصلونه
14. 3	Farben	رنګ
14. 4	Kardinalzahlen	اصلي عددونه
14. 5	Ordinalzahlen	ترتيبي عددونه
14. 6	Tages- und Uhrzeiten	ورځې او ساعتونه
14. 7	Zeiteinteilung	مهال او د هغه وېش

14.1 Länge, Umfang und Größe

Breite, die	دي برايْتهْ	پراخوالی / پلنوالی
Entfernung, die	دي أنتْفارنونغ	واټن
Fläche, die	دي فلاشهْ	مساحت
Gewicht, das	داس غفيشت	وزن
Größe (Umfang), die	(دي غروسهْ) أومفانغ	پراخ
Größe, die (Höhe)	(دي غروسهْ) هُوهَهْ	لوړيا
Höhe, die	دي هُوههْ	جګ
Länge, die	دي لانغهْ	اوږدوالی
Maß, das	داس ماص	اندازه
Menge, die	دي مانغهْ	قدر
Summe, die	دي زومّهْ	ټول / مجموعه
Volumen, das	داس فولومن	حجم
Zahl, die	دي سال	شمير
Prozent, das	داس بروسانت	فيصدی
Teil, das	داس تايل	ويش / ونډه
prozentual adj.	بروسنتُ آل	په سلو کې
Fülle, die	دي فُولّهْ	ډک والی
Höhepunkt, der	دِر هُوها بونكت	لوړتــرينه پــټه ، لوړتــرينه درجه
Dutzend, das	داس دوتْسنت	بنډل/ درجن
Stück, das	داس شتُوك	ټوټه
Hektar, der + das	دِر / داس هَكتار	پنځه جريبه
Quadrat, der	دِر كوادرات	مربع
Kilogramm, das	داس كيلو غرام	کيلو

14. 2 Himmelsrichtungen und Jahreszeiten

Jahreszeit, die	دي يارس سايت	موسم
Frühling, der	دِر فرُولِنغ	پسرلی / سپرلی
Winter, der	دِر فينتر	ژمی
winterlich adj.	فينترليش	د ژمی
Sommer, der	دِر زومّر	اوړی/ دوبې
Herbst, der	دِر هربست	منی
Himmelsrichtung, die	دي هيملس ريشتونغ	د اسمان اړخونه
Norden, der	دِر نوردن	شمال
nördlich adj.	نوردليش	شمالي
Süden, der	دِر زُودن	سهيل
südlich adj.	زُودليش	سهيلي
Südosten, der	دِر زُود أُوستن	سهېل ختيځ
Südwesten, der	دِر زُود فاستن	سهېل لوېديځ
Westen, der	دِر فاستن	لوېديځ
westlich adj.	فاستليش	لوېديځوال/ لوېديځې
Osten, der	دِر أوستن	ختيځ
östlich adj.	أوستليش	ختيځوال/ ختيځې

14.3 Farben

Farbe, die	دي فاربهْ	رنګ
rot adj.	روت	سور
gelb adj.	غلب	ژېړ
dunkel adj.	دونكل	تیاره
hell adj.	هيلّ	روښانه
orange adj.	أورانج	نارنجي
silber adj.	زلبر	سیلوري
violett adj.	فِيوُليت	بانجني
golden adj.	غولدن	زري / زرين
weiss adj.	فايس	سپين
schwarz adj.	شفارس	تور
blau adj.	بلاو	شين،اسماني
grün adj.	غرُوِن	زرغون
rosa-rot adj.	روزا روت	ګلابي
grau adj.	غراو	خړ
dunkelblau adj.	دونكل بلاو	تاریکه شین/ اسمانی
pistaziengrün adj.	بيستاسيَنْ غرُوِن	پستهي زرغون
himmelblau adj.	هيمّل بلاو	اسماني شين
bunt adj.	بونت	رنګه
sandfarben (beige) adj.	زاند فاربن(باج)	کریمی
blass adj.	بلاسّ	کمرنګه
türkis adj.	تُوِركيس	پیروزه
abfärben adj.	أب فاربن	رنګ ورکول
glänzend	غلانساند	ځلانده

14.4 Kardinalzahlen

0	null	نولْ	سفر
1	eins	أينس	يو
2	zwei	سفاي	دوه
3	drei	دراي	درې
4	vier	فير	څلور
5	fünf	فونف	پنځه
6	sechs	زاكس	شپږ
7	sieben	زيبَن	اوه
8	acht	أَخت	اته
9	neun	نويْن	نه
10	zehn	سيْن	لس
11	elf	ألف	يوولس
12	zwölf	سفاولف	دولس
13	dreizehn	درايسيْن	ديارلس
14	vierzehn	فيرسين	څوارلس
15	fünfzehn	فونفسين	پنځلس
16	sechzehn	زاشْسين	شپاړس
17	siebzehn	زبسين	اوه لس
18	achtzehn	أخسين	اتلس
19	neunzehn	نويْنسين	نولس
20	zwanzig	سفانسيش	شل
21	einundzwanzig	أيْن أوندسفانسيش	يوويشت
22	zweiundzwanzig	سفاي أوندسفانسيش	دوه ويشت

14.5 Kardinalzahlen

Erste/r	أيرستهْ / أيرستر	لمړی
Zweite/r	تسفايتهْ / سفايتر	دويم / دوهم
Dritte/r	دْريتّهْ/ دْريتّر	دریيم / دريم
vierte/r	فيرتهْ / فيرتر	څلورم
fünftens	فُونْفتنس	پنځم
sechstens	زاكستنس	شپږم
siebtens	زيبْتنس	اووم
achtens	أختنس	اتم
neuntens	نويْنتنس	نهم
zehntens	سينتنس	لسم
Kardinalzahl, die	دي كردنال سال	اصلي عدد
einhalb	أيْن هالب	نيم
ein Drittel	أين دريتّل	دریيمه / دريمه برخه
ein Viertel	أين فيرتل	څلورمه برخه
ein Fünftel	أين فُونفتل	پنځمه برخه
ein Sechstel	أين زكستل	شپږمه برخه
ein Siebtel	أين زيبتل	اوومه برخه
ein Achtel	أين أختل	اتمه برخه
ein Neuntel	أين نويْنتل	نهمه برخه
ein Zehntel	أين سيْنتل	لسمه برخه
mehr als	ميْر ألْس	زيات / ډېرله
weniger als	فينيغر ألس	لږ له
Hälfte, die	دي هالفتهْ	نيمايي

14. ALLGEMEINE BEGRIFFLICHKEITEN UND ANGABEN

14. 6 Tages- und Uhrzeiten

Samstag, der	دِر زمستاغ	يوه نۍ/ شنبه
Sonntag, der	دِر زونتاغ	دوه نۍ/ يكشنبه
Montag, der	دِر مونتاغ	درې نۍ/ دوشنبه
Dienstag, der	در دينستاغ	څلورنۍ/ سه شنبه
Mittwoch, der	دِر ميتفوخ	پنځه نۍ/ چهار شنبه
Donnerstag, der	دِر دونّرستاغ	شپږ نۍ/ پنج شنبه
Freitag, der	دِر فرايْتاغ	جمه
heute	هويْته	نن
Morgen	مورغن	سـبايي/ سحر
Tag, der	دِر تاغ	ورځ
Nacht, die	دي ناخت	شپه
Gestern	غَسترن	پرون
Werktag, der	دِر فارك تاغ	رسمي ورځ
Datum, das	داس داتوم	نېټه
Woche, die	دي فوخه'	اونۍ
Anfang, der	دِر أنفانغ	پيل / شروع
Ende, das	داس أنده'	پاى
wöchentlich adj.	فوخنتْليش	اونيزه / اونۍ واره
täglich adj.	تاغليش	ورځيني
Nächste Woche, die	دي ناشستهْ فوخهْ	بله اونۍ
nächtlich / abends	ناشتليش / آبندس	شپږ مهال
jeden Tag	يادن تاغ	هره ورځ
jede Nacht	يِادهْ ناخت	هره شپه

111

14. 7 Zeiteinteilung

morgen	مورگن	سهار
Mittag, der	میتاګ	ماسپښن
Nachmittag, der	ناخمیتاګ	مازدیګر
Abend, der	ابند	ماښام
späte Abend, der	شپیته ابند	د شپې ناوخته
tagsüber adj.	تاګس اوبا	د ورځې له خوا
Nacht, die	ناخت	شپه
morgen Abend	مورګن ابند	سبا ماښام ته
gestern Abend	ګیستان ابند	پرون
heute Abend	هویته ابند	نن ماښام
Mitternacht, die	میتا ناخت	نیمه شپه
später	شپیتا	ناوخته / وروسته
Sonnenaufgang, der	زونن اوفګانګ	لمر ختل
Morgendämmerung, die	مورګن دیمارونګ	سباوون
Stunde. die	شتونده	ساعت
Minute, die	مینوته	دقیقه
Sekunde, die	زیکونده	ثانیه
Viertelstunde, die	فیرتل شتونده	پنځلس دقیقې

KAPITEL 15

GESELLSCHAFT UND POLITIK

15. 1	Außenpolitik und Internationale Beziehungen	بهرنی سیاست او نړی والې اړیکې
15. 2	Wahlen	ټاکنې
15. 3	Frieden	سوله
15. 4	Militär und Krieg	اردو او جنګ
15. 5	Terrorismus	ترورېزم(ډار اچوونه)
15. 6	Kriminalität	جنایت
15. 7	Sicherheit und Überwachung	امنیت او څارنه

15.1 Außenpolitik und Internationale Beziehungen

Außenpolitik, die	دي أوسن بوليتيك	سیاست خارجی
Botschaft, die	دي بوت شافت	سفارت
Botschafter, der	دِر بوت شافتر	سفیر
Diplomat, der	دِر ديبلومات	دیپلمات
Arabische Liga, die	دي أرابشهْ ليغا	اتحادیه کشورهای عرب
Organisation der islamischen Konferenz,die	دي أورغانيزاتسيون دِر إيسلاميشن كونفارنتس	سازمان همکاری اسلامی
Europäische Union, die	دي أويروبايِشهْ أونْيُون	اتحادیه اروپا
Handelsbeziehung, die	دي هاندلس بتسيونغ	رابطه تجارتی
Weltbank, die	دي فالت بانك	بانک جهانی
Allianz, die	دي أليانس	اتحاد
Bündnis, das	داس بُوندنيس	پیمان
souverän adj.	زوفَرايْن	مستقل
Generalsekretär, der	دِر غنرال زكْرتار	دبیر کل
Vereinten Nationen, die	دي فرأينتن ناتسيونن	سازمان ملل متحد
Vollversammlung, die	دي فولّ فرسامْلونغ	جلسه عمومی
Sicherheitsrat, der	دِر زيشر هايتس رات	شورای امنیت
Internationale Konferenz, die	دي إنترناتسيونالهْ كونفارانس	کنفرانس‌های بین‌المللی
Humanitäre Hilfe, die	دي هومانيتارهْ هيلفهْ	کمک‌های انسان دوستانه
Mitgliedsstaat, der	دِر مِت غليدس شتات	کشور عضو
Kulturattaché, die	دي كولتور أتاشاهْ	وابسته فرهنگی
Militärattaché, die	دي مِيليتارأتاشِي	وابسته نظامی
ökonomische Beziehung, die	دي أوكونومشهْ بَسيونغ	رابطه اقتصادی

15. GESELLSCHAFT UND POLITIK

15.2 Wahlen

Deutsch		
Präsidentschaftswahl, die	دي برازيدانت شافتس فال	ولسمشر ټاکنه
Parlamentswahl, die	دي برلامنتس فال	ولېسي جرګه ټاکنه
Stichwahl, die	ديشتيشفال	د دوو کاندیدانو څخه ټاکل
Minderheit, die	دي مِنْدر هایت	لږوالی / کموال / اقلیت
Stimme, die	دي شتیمّهْ	رایه
wählen	فالن	ټاکنه
Mehrheit, die	دي مار هایت	اکثریت
Amtszeit, die	دي أمتس سایت	موده / نیونه
Wahlkommission, die	دي فال کومیسْیُون	د ټاکنې کمیسون
Fälschung, die	دي فالْشونغ	تقلب
Beschwerdekommission, die	دي بَشفاردهْ کومیسیون	د شکایتونوکمیسون
Beobachter, der	دِر بَ أوباختر	څارونکی/ کتونکی
internationale Beobachter, der	دِر إنترناتسیونالهْ بَأوباختر	نړيوال څارونکی/ کتونکی
Wahllokal, das	داس فال لوکال	درای ورکولو مرکز
Wahlrecht, das	داسفالرشت	ټاکنې حق
Wahlkandidat, der	دِرفالکاندیدات	ټاکنې کاندید
Kandidat, der	دِر کاندیدات	کاندید
Prognose, die	دي بْرُوغْنوزهْ	اټکل کول
Parteimitglied, der	دِر برتاي مِت غلید	ولېسي جرګې غړی
Registrierung, die	دي رَغِسْتْریرونغ	نام ثبتول

15.3 Frieden

Verhandlung, die	دي فرهاندلونغ	د خبرو اترو
entwaffnen	أنْتفافنن	بی وسلی کول
Gesandte, der	دِر غَزاندتهْ	استازي
Frieden, der	دِر فريدن	سوله
friedlich	فريدلِش	په سوله / سوله ايیز
Versöhnung, die	دي فرزاونونغ	پخلاينه
Zivilgesellschaft, die	دي سيفيل غزال شافت	د مدني ټولني
Afghanische Rothalbmond, der	دِر أفغانشهْ روتهالب موند	د افغانستان سره میاشت
Konflikt, der	دِر كونفليكت	کړکیچ / شخړه / لانجه
Vereinten Nationen, die	دي فرْ أيْنتن ناتسيونن	
Solidarität, die	دي زوليدا ريتايْت	پیوستون
Selbstbestimmungsrecht, das	داس زالْبست بشتيمونغس رشت	خپلواکي حق
Waffenstillstand, der	دِر فافْن شتيلْ شتاند	اور بند
Ideologie, die	دي إيديولوغي	ایډیالوژی
Front, die	دي فرونت	جبهه
Boykott, der	دِر بوي كوت	بایکاټ / پوځی او اقتصادی بندیز
Sonderbotschafter, der	دِر زوندر بوت شافتر	ځانګړی سفیر
Wettrüsten, das	داس فاتْ ترُوستن	وسلوا له سیالۍ
Wirtschaftsembargo, das	داس فيرت شافتس إمبارغو	اقتصادي بندیز
boykottieren	بويْ كوتيرن	بایکاټول / بندیز لګول
Handelsembargo, das	داس هاندلس أمبارغو	د سوداګرۍ بندیز
Entwaffnung, die	دي أنت فافْنونغ	خلع سلاح / بېوسلې کول
Streitbeilegung, die	دي شترايت بيْلاغونغ	د شخړو د حل

15.4 Militär und Krieg

Luftwaffe, die	دي لوفت فافّهْ	هوايي ځواک
Gefecht, das	داس غفاشت	جګړه
kämpfen	كامبفن	جنګ
Zivilopfer, die	دي سيفيل أوبفر	ملکي سرښندنه / قرباني
Imperialismus, der	دِر إمبرياليسموس	امپریالزم
Nationale Armee, die	دي ناتسيونالهْ أرمي	ملی اوردو
zivil adj.	سيفيل	ملکي
Schützengraben, der	دِر شُوسن غرابن	سنګر
Miliz, die	دي ميليس	ملېشه
Soldat, der	دِر زُولدات	سرتېرى
Bombe, die	دي بومْبهْ	بم
Waffe, die	دي فافّهْ	وسله
Angriff, der	دِر أنغريف	بريد
Chemische Waffe, die	دي شاميشهْ فافّهْ	کيمياوي وسله
Atomwaffe, die	دي أتوم فافّهْ	اتمی وسله
Grenze, die	دي غرنتسهْ	پوله
sanktionieren	زنكتسيونيرن	بنديز
besiegen	بسيغن	ماته ورکول
befreien	بفراين	آذاده ول
Besatzung, die	دي بزاسونغ	يرغمل
Invasion, die	دي إنفازيون	تيرى / بريد/ يرغل

15.5 Terrorismus

Aufständische, der	دِر أوْف شتانديشهْ	ياغيان
Drohne, die	دي درونَهْ	بې پيلوټه الوتکه
Selbstmordattentäter, der	دِر زلبست مورد أتَن تاتر	ځان مرگی
Guerilla, der	دِر غَريلْيَا	غیر رسمی جنگ
Taktik, die	دي تاكتيك	تخنیک / چل
Strategie, die	ديشتراتَغي	استراتژی
Geiselnahme, die	دي غيْزل نامَهْ	يرغمل
Aufstand, der	دِر أوْف شتاند	پاڅون
Fundamentalismus, der	دِر فوندامنتاليسموس	بنسټپالنه
Gehirnwäsche, die	دي غهيرن فاشهْ	دماغزو مينځنه
Mohnanbau, der	دِر مون أنباو	د کوکنارو کښت
Armut, die	دي أرموت	لوږه / غريبی
Terrorist, der	دِر تاروريست	تروريست
Straßenkampf, der	دِر شتراسَن كامبف	د کوڅو جنگونه
Massaker, das	داس مَصّاكر	ډله يزه وژنه / قطلې عام
Schlacht, die	دي شلاخت	جگړه / غزا
Niederlage, die	دي نيدر لاغهْ	ماته / ناکامی
rebellieren	رَبَليرنْ	ياغي توب
Rebellion, die	دي ربلْيون	بغاوت
quälen	كفالن	ربړول / ځورول
Hinterhalt, der	دِر هنتر هالت	ناڅاپه / نابېره
Erpressung, die	دي أرْبرَسّونغ	تهديد
erpressen	أربرَسّن	تهديد کول

15.6 Kriminalität

beschädigen	بیشادیگن	تاوان اړه ول
entführen	اینتفورن	تښتول
kidnappen	کیدناپن	سړی تښتول
Mord, der	مورد	مړی کول
plündern	پلوندان	چورکول
Kriminalpolizei, die	کریمینال پولیڅای	د تحقیق پولیس
Zeuge, der	څویگه	شاهد
Opfer, das	اوپفا	قربانی
Täter, der	تیتا	مجرم
Beschreibung, die	بیشرایبونگ	معلومات /څرگندوالی
Dieb, der	دیب	غل
Rache, die	راخه	پور/ غچ / انتقام
Lösegeld, das	لوزه گیلد	نغدی پیسی
zerstören	څیرشتورن	لمنځه وړل
Schießen, das	شیسن	مرمی / گولۍ اورول
Polizei, die	پولیڅای	پولیس/ څرندوي
fliehen	فلیهن	تښتېدل
Verkehrspolizei, die	فیرکیرس پولیڅای	ترافیک
Vergewaltigung, die	فیرگیوالتیگونگ	جنسی تیری
Festnahme, die	فیستنامه	لاس نیول
Kriminalität, die	کریمینالیتات	جنایت
rächen	ریشن	بدل اخیستل

15.7 Terrorismus

Grenzpolizei, die	گرينځ پوليڅای	سرحدي پوليس/ ځرندوي
Gefahr, die	گيفا	خطر
Bedrohung, die	بيدروهونگ	ډار/ ډارونه
schützen	شوڅن	ساتل / حفاظت کول
Spion, der	شپيون	جاسوس
Spionage, die	شپيوناژه	جاسوسي
Wache, die	واخه	پيره / تاڼه / پوسته / ساتونکی
Leibwächter, der	لايب ويشتا	ساتونکی/ باديگارت
Straftat, die	شتراف تات	جرم
Gefängnis, das	گفانگنيس	بنديخانه / محبس
Gewalt, die	گوالت	زور
Verbrechen, das	فيربريشن	جنايت
Gang, der	گانگ	بدماشانو ډله
Überwachung, die	اوبار واخونگ	څارنه / مراقبت
einschleusen	اينشلوزن	څارنه
Nachrichtendienst, der	ناخريشتن دينست	استخبارات
verängstigen	فيرانگستيگن	ډارول / بېرول
Zwang, der	څوانگ	په زور
elektronische Überwachung, die	ايليکترونيشه اوبار واخونگ	برېښناي نظارت
Fingerabdruck, der	فينگا ابدروک	گوتې چا
Folter, die	فولتا	وهل / شکنجه
Erpressung, die	دي أرْبرَسّونغ	تهديد
erpressen	أربرَسّن	تهديد کول

KAPITEL 16

ERNÄHRUNG, ESSEN UND TRINKEN

16. 1	Gemüse	سبزي
16. 2	Obst	ميوه
16. 3	Trockenfrüchte	وچه ميوه
16. 4	Gewürze und Kräuter	مسالې او طبي بوټي
16. 5	Essen und Zubereitung	خواړه او د هغې د جوړولو کړن لاره
16. 6	Essen und Zubereitung	خواړه او د هغې د جوړولو کړن لاره

16.1 Gemüse

Zitrone / Limone, die	دي سيترونه / ليمونهْ	لیمو
Kartoffel, die	دي كرتوفّل	الوګان / کچالو
Karotte, die	دي كاروتّهْ	ګزر
Blumenkohl, der	دِر بلومن كول	ګل پي
Olive, die	دي أوليفهْ	زيتون
Zwiebel, die	ديسفيبل	پياز
Knoblauch, der	دِر كْنوبلوْخ	وېږه
Bohne, die	دي بونهْ	لوبيا
Rettich, der	دِر رتّش	ملۍ
Kichererbse, die	دي كيشر أربسهْ	چنې / نخود
Spinat, der	دِر شبينات	پالک
Zucchini, die	دي زوکّيني	شيرکدو
Kürbis, der	دِر كُوِربس	کدو
Kohl, der	دِر كول	کرم
Tomate, die	دي توماتهْ	باجان رومي
Weinrebe, die	دي فاين ريْبهْ	تاک
Pilz, der	دِر بيلس	پوڅکی
Aubergine, die	دي أوْبرجينهْ	تور باجان
Erbse, die	دي أربسهْ	چنې / نخود
Rübe, die	دي رُوبهْ	شلغم
Gurke, die	دي غوركهْ	بادرنګ
Rhabarber, der	دِر رابَرْبَرْ	رواش
Okra, die	دي أوكرا	بامیه

16.2 Obst

Apfel, der	دِر أبْفل	منه
Kirsche, die	دي كيرشهْ	کیلاس
Sauerkirsche, die	دي زاوَّر كيرشهْ	الوبالو
Birne, die	دي بيرنهْ	ناک
Orange, die	دي أورانْجهْ	نارنج
Apfelsine, die	دي أبفل زينهْ	مالته
Erdbeere, die	دي أردبيْرهْ	ځمکې توت / ځمکې توت / مځکې توت
Maulbeere, die	دي ماول بيْرهْ	توت
Traube, die	دي تراوبهْ	انګور
Banane, die	دي بنانهْ	کېله
Ananas, die	دي أناناس	اناناس
Wassermelone, die	دي فاسر ميْلونهْ	ایندوانه
Honigmelone, die	دي هونيش ميْلونهْ	خټکی / خربوزه
Rohrzucker, der	دِر رور سوكَّر	ګنې
Granatapfel, der	دِر غرانات أبفل	انار
Mango, die	دي مانغو	ام
Dattel, die	دي داتّل	خجورې/ خرما
Pflaume, die	دي بفلاوْمهْ	الو
Aprikose, die	دي أبريكوزهْ	مندته / زردالو
Pfirsich, die	دي بفِرزيش	شفتالو
Schale, die	دي شالهْ	پوستکی
Obst, das	داس أوبست	میوه
Quitte, die	دي كفِيتّهْ	بهي

16.3 Trockenfrüchte

Trockenfrucht, die	دي تروكّن فروخت	وچه مېوه
Mandel, die	دي ماندل	بادام
Dattel, die	دي داتّل	خرما / خچورې
Walnuss, die	دي فالنوسّ	مټک / جوز
Haselnuss, die	دي هازل نوسّ	غوز/ مټاك
Pistazie, die	دي بيستاسيه	پسته
Rosine, die	دي روزينهْ	مهميز
Pinienkerne, die	دي بينْيَنْ كارْنَهْ	زنغوزي / نغورزي / جلغوزه
Cashewnuss, die	دي كاشيوْ نوسّ	مومپلی
Erdnuss, die	دي أرْد نوسّ	اينځر
Korinthe, die	دي كورنتهْ	نرم
Feige, die	دي فايغهْ	پاخه
weich adj.	فايْش	سره كول
reif adj.	رايف	سنځلې
rösten adj.	روستن	سرخ كردن
Ölweiden, die	دي أويْل فايدن	سنجد

16.4 Gewürze und Kräuter

Curry, der	دِر كوريي	کورکومن
Currypulver, das	داس كوريي بولفر	د کورکومن پوډر
Soja, die	دي زُويا	سویا
Kardamom, der	دِر كرْداموم	هېل
Muskatnuss, die	دي موسكات نوسّ	مشکات ځرې
Safran, der	دِر زفْران	زعفران
Senf, der	دِر زنف	بادیان
Fenchel, der	دِر فانشل	دالچیني
Zimt, der	دِر سِمْت	زنجفیل
Ingwer, der	دِر إنغْفيرْ	ویږه
Knoblauch, der	دِر كنوبلوْخ	نعناع
Minze, die	دي مِنْسهْ	سپرکۍ
Thymian, der	دِر تيميان	شینشوبی
Basilikum, das	داس بزيليكوم	وچ شنه
Oregano, der	دِر أوريغانو	دنیا / گشنیز
Koriander, der	دِر كورياندر	غرنۍ گندنه
Dill, der	دِر ديلّ	کوکنار
Berberitze, die	دي برْبَرْيسهْ	زنکۍ
Mohn, der	دِر مون	سرکه
Kreuzkümmel, der	دِر كرويس كُومّل	مرچ
Essig, das	داس أسّيغ	زیره
Chili, der	دِر تشيلي	مرچ تند
Kümmel, der	دِر كُومّل	زیره

16.5 Essen und Zubereitung

Torte, die	دي تورتهْ	کېک
Gebäck, das	داس غَباك	کلچې
Creme, die	دي كريمهْ	کريم
Sahne, die	دي زانهْ	پیروی
Keks, der	دِر كيْكس	بسکویت
Stück, das	داس شتُوك	دانه
Hefe, die	دي هيفهْ	خمېره
Teig, der	دِر تايغ	لانده اوړه / خمير اوړه
Bäckerei, die	دي باكّرايْ	نانوايي
Bäcker, der	دِر باكّر	ډوډۍ پخونکی
Fladenbrot, das	داس فلادن بروت	کور ډوډۍ
backen	باكّن	کېک کلچه پخونکی
kneten	كنيتن	خشتکول
sieben	زيبن	پرویځل / غلبیلول
Brotstück, das	داس بروتشتُوك	ډوډۍ ټوټه
Zuckerwürfel, der	دِر سوكر فُورْفل	د بورې دانه
Honig, der	دِر هونيش	ګبین
dämpfen	دامبفن	چای جوشه
Vorspeise, die	دي فور شبايزهْ	مخکښني خواړه
Dessert, das / Nachspeise, die	داسداس ديسار / دي ناخ شبايزهْ	د خوړو نه وروسته خواړه
Mahlzeit, die	دي مال سايت	خوړلو وخت
gebraten adj.	غبراتن	سره کول
gegrillt adj.	غَغْريلّت	کباب سوی

16.6 Essen und Zubereitung

sauer adj.	زاوّر	تروش
bitter adj.	بيتّر	تريخ
kalt adj.	كالت	سوړ
mild adj.	ميلد	نرم/ ملايم
salzig adj.	زالسيغ	ډېره ماګه
Salz, das	داس زالس	مالګه
braten	براتن	سور کول
grillen	غريلّن	کباب کول
verfaulen	فرْفاوْلن	ورستيدل
heiß adj.	هايس	سور
ungekocht adj	أونغكوخت	اومه / خام
gar adj.	غار	پوخ
zubereiten	سوبَرايتن	چوړ/ تيار کول
zubereiten	سوبرايتن	
Tee kochen	تيهْ كوخن	چاى پخول
feurig adj.	فويْريش	تريخ لکه اور
Ei, das	داس أيْ	هګۍ
Teekanne, die	دي تيهْ كانّهْ	چاينکه
Topf, der	دِر توبف	ديګ
Marmelade, die	دي مرملادهْ	مربا
Frühstück, das	داس فرُوشْتُوك	سهر چاى
Mittagessen, das	داس ميتاغ أسّن	ماسپښين ډوډۍ / خوړا
Abendessen, das	داس آبند أسّن	ماشام ډوډۍ / خوړا

KAPITEL 17

TIERWELTEN

17. 1	Tiere in der freien Wildbahn	ځنګلي (وحشي) ژوي/ ځناور
17. 2	Nutztiere	ګټور ژوي/ ځناور
17. 3	Kriechtiere	خزندې
17. 4	Vögel	الوتونکي
17. 5	Insekten	چاپ

17.1 Tiere in der freien Wildbahn

Löwe, der	دِر لوفهْ	مزری / زمری
Leopard, der	دِر لايوبارت	پړانګ
Bär, der	دِر بايْر	یږ
Elefant, der	دِرأليْفانت	فيل
Kaninchen, das	داس كانينْتشن	سويه
Fuchs, der	دِر فوكس	ګیدړه
Wolf, der	دِر فولف	لیوه
Affe, der	دِر أفّهْ	بيزو
Hirsch, der	دِر هيرش	هوسۍ (نر)
Reh, das	داس ريْهْ	هوسۍ / غرڅنۍ
Giraffe, die	دي غيْرافْهْ	زرافه
Hund, der	دِر هونْت	سپی
Zebra, das	داس سيْبرا	ګوره خر
Bulle, der	دِر بولّهْ	غخکی / غويی
Schwein, das	داس شفايْن	خوک
Krokodil, das	داس كروكوديل	کروکوديل
Wal, der	دِر فال	وال / لوی کب
Elch, der	دِر ألْش	ګوزه
wild adj.	فيلد	وحشي
Falke, der	دِر فالْكهْ	باښه
Geier, der	دِر غايّر	ټپوس / کجير
brüllen	برُولّن	چغېدل

17.2 Nutztiere

Huhn, das	داس هون	چرګ
Ente, die	دي أنْتهْ	هلۍ / پتکه
Hahn, der	دِر هان	چرګ
Henne, die	دي هينّهْ	چرګه
Esel, der	دِر آزل	خر
Rind, das	داس رِنْد	غوا
Ziege, die	دي سيغهْ	وزه / بوزه
Kuh, die	دي كوهْ	غوا
Kalb, das	داس كالْب	خوسی / کیلګی
Schaf, das	داس شاف	پسه
Pferd, das	داس بفارد	اس
Stier, der	دِر شتِير	غوڅکی/ غوایی
Lamm, das	داس لامّ	وری
Gans, die	دي غانس	هیلۍ
Kamel, das	داس كامال	اوښ
Bulle, der	دِر بولّهْ	غوایی
Kot, der (Schaf, Ziege)	دِر كوت	
zahm adj.	تْصام	کورني
Küken, das	داس كُوكن	چرګوړی
Truthahn, der	دِر تروتهان	فیل مرغ
Fasan, der	دِر فازان	زرین مرغه
Feder, die	دي فيْدر	بڼکه

17.3 Kriechtiere

Skorpion, der	دِر سکوربیون	خا / خاپوړت
Schlange, die	دي شلانْغهْ	لړم
Schildkröte, die	دي شیلد کروێتهْ	مار
Frosch, der	دِر فروش	کیشپ
Schmetterling, der	دِر شماتّرلنغ	چونګښه
Laus, die	دي لاوْس	بورا
Zecke, die	دي ساکّهْ	سپږه
Ratte, die	دي راتّهْ	خسک
Maus, die	دي موْس	دښتی موږک
Hamster, der	دِر هامستر	موږک
Heuschrecke, die	دي هُویْشراکّهْ	یو ډول مږه
Grille, die	دي غریلّهْ	ملخ
Gottesanbeterin, die	دي غوتّس أنبیْترن	چرچرنی
Tausendfüßler, der	دِر تاوزند فُوِسْلَر	ملخ
Eidechse, die	دي أیْدَکْسا	شوبله / ځنځه
Falle, die	دي فالّهْ	شرموښکی
Schlinge, die	دي شلینغهْ	لومه
Igel, der	دِر إغال	ډار/ دم
Küken, das	داس کُوکن	جزگی

17.4 Vögel

Vogel, der	دِر فوغل	مرغۍ
Adler, der	دِر آدْلَر	عقاب / باز
Sperling/ Spatz, der	دِر شبارْلينغ /شباس	بلبل / خاچونی
Nachtigall, die	دي ناختيغال	کوچنۍ مرغۍ
Meise, die	دي مايزهْ	شیراکه / یو ډول مرغۍ
Die Krähe / der Rabe	دي كْرَيْها / دِر رابهْ	ګوتی / بوم
Eule, die	دي أويْلهْ	کوتره
Taube, die	دي تاوْبهْ	بته
Schwan, der	دِر شفان	اوبو چرګه
Teichhuhn, das	داس تايش هونْ	طوطي
Papagei, der	دِر باباغاي	یو ډول طوطي
Wellensittich, der	دِر فالّن زيتّيش	لکلک
Storch, der	دِرشتورش	
Feder, die	دي فيْدر	ځاله
Vogelnest, das	داس فوغل نست	ښکاري مرغی
Raubvogel, der	دِر راوب فوغل	غچۍ / توتکۍ
Schwalbe, die	دي شفالبهْ	کرک
Wachtel, die	دي فاختل	فیل مرغ
Strauß, der	دِر شتراوس	وزر
Flügel, der	دِر فلُوِغل	طاوس
Pfau, der	دِر بفاو	سنځری
Rebhuhn, das	داس ريْب هون	قمری

17.5 Insekten

Zecke, die	دي ساكّهْ	پالپونکه
Marienkäfer, der	دِر مارين كافر	سپږه
Laus, die	دي لاوْس	میاشی / غوماشه
Mücke, die	دي مُوكّهْ	مگس / مچ
Fliege, die	دي فليغهْ	مچۍ
Biene, die	دي بينهْ	میږی
Ameise, die	دي آمايزهْ	غومبسه / غالبوزه
Wespe, die	دي فاسبهْ	غڼه
Spinne, die	دي شبينّهْ	ملخ
Heuschrecke, die	دي هويْشراكّهْ	گونگټه / کیک
Floh, der	دِر فلاوْ	گبین
Honig, der	دِر هونيش	چینجی
Wurm, der	دِر فورم	گوجی
Schnecke, die	دي شناكّهْ	ستنيكي
Libelle, die	دي ليبالّهْ	ستنيكي

KAPITEL 18

LANDSCHAFT UND NATUR

18. 1	Landschaft	منظره
18. 2	Im Wald	په ځنګل کې
18. 3	Materialien	کاري مواد
18. 4	Schmucksteine	غمي
18. 5	Umweltschutz	چاپېريال ساتنه

18.1 Landschaft

Natur, die	دي ناتور	چاپېريال / طبيعت
Quelle, die	دي كفالّهْ	چينه
Steppe, die	دي شتابّهْ	بېديا
Wüste, die	دي فُوِستهْ	دشت
Berg, der	دِر بارغ	غر
Hügel, der	دِر هُوِغل	غونډۍ
Sumpf, der	دِر زومبف	ختې
Felsen, der	دِر فلْزَن	ډبره
Strand, der /	دِر شتراند / دي كُوِسْتهْ	اوبې / سمندر غاړه
Ufer, das	داس أُوفر	غاړه
Wasserfall, der	دِر فاسّر فال	ځړوبی / ابشار
Meerenge, die	دي مَيْر أنغهْ	تنگی
Landschaft, die / Panorama, das	دي لاند شافت / داس بانوراما	منظره
Gebiet, das	داس غابِيت	سيمه
Umland, das	داس أُوملاند	د کلی سیمه
Kontinent, der	دِر كونْتينانت	لويه وچه
Gletscher, der	دِر غلاتشر	قدرتی يخوالی
Vulkankrater, der	دِر فولكان كراتر	د اور غورزونکي کنده
Staudamm, der	دِر شتاو دام	د اوبو بند
Vulkan, der	فولكان	اور غورزونکی
Land, das	داس لاند	ځمکی/ مځکی
Gebirge, das	داس غَبيرغهْ	غرنی منطقه / غرونه

18.2 Im Wald

Wurzel, die	دي فورسل	ریشه
Holz, das	داس هولس	چوب
Kiefer, die	دي كِيفر	درخت ناجو
Tanne, die	دي تانّهْ	درخت صنوبر
Laub, das	داس لاوب	برگ درخت
Distel, die	دي ديستل	بوته خار
Mohn, der	درِ مون	خشخاش
Unkraut, das	داس أون كراوت	علف هرزه
Moos, das	داس موس	خزه
Blüte, die	دي بلُوتهْ	شگوفه
Baumstamm, der	درِ باوْم شتام	تنه درخت
Baum, der	درِ باوم	درخت
Blatt, das	داس بلات	برگ
Ast, der	درِ أست	شاخه
Knospe, die	دي كنوسبهْ	جوانه
Strauch, der	درِشتراوخ	بوته
Platanen, die	دي بلاتانن	درخت چنار
Förster, der	درِ فورستر	بان‌جنگل
aufforsten	أوْف فورستن	جنگل‌سازی کردن
Waldgebiet, das	داس فالد غبيت	منطقه جنگلی
Echte Trauerweide	أشتهْ تراور فايدهْ	درخت مجنون بید
Gärtner, der	درِ غارتنر	باغبان
Judasbaum, der	درِ يوداس بوْم	درخت ارغوان

18.3 Materialien

Material, das	داس ماتريال	مواد
Baumwolle, die	دي باوْم فولّهْ	مالوچ / کاربوسکه
Bronze, die	دي برونسهْ	برونز
Bestandteil, der	درِ بشتاند تايْل	د جوړښت مواد
Leder, das	داس ليدر	څرمن
Faser, die	دي فازر	تار
Kaschmir, der	درِ کاشمير	کشمیره
Seide, die	دي زايْدهْ	وريښم
Gewebe, das	داس غفيبهْ	نسج
Substanz, die	دي زوبستانس	شی/ ماده
Plastik, die	دي بلاستيك	پلاستک
Kork, der	دِر كورك	د پنبې لرګی
Stofffetzen, der	دِر شتوف فاتْسن	ټوټې ټوټې
Näherei, die	دي ناهَراي	خياطي
nähen	ناهن	ګنډل / رغول
Faden, der	دِر فادن	تار
metallisch adj.	ميتاليش	فلزي
echt	أشت	خالص
Original, das	داس أورغينال	اصل
organisch adj.	أورغانش	عضوي
künstlich adj.	كُونستليش	پلاستکی
Watte, die	دي فاتّهْ	پنبه

18.4 Schmucksteine

Diamant, der	دِر دیامنت	الماس
Gold, das	داس غولد	زر
Silber, das	داس زلبر	سپین زر
Platin, das	داس بلاتین	سپین زر
Nickel, der	دِر نیکّل	نکل
Eisen, das	داس أیزن	اوسپنه
Zinn, das	داس سِنّ	قلعي
Aluminium, das	داس ألومینیوم	المونیم
Rubin, der	دِر روبین	یاقوت
Smaragd, der	دِر سماراغد	زمرد
Opal, der	دِر أوبال	قیمتي کاڼی
Mondstein, der	دِر موند شتاین	قیمتي غمی
Topas, der	دِرِ توباس	قیمتي غمی
Turmalin, der	دِر تورمالین	قیمتي غمی
Kohle, die	دي کولهْ	سکاره
Jade, der+die	دِر + دي یادهْ	چینایي قیمتي غمی
Lapislazuli, der	دِر لابیس لاسولي	لاجورد
Saphir, der	دِر زافیر	شین رنګه غمی
Feuerstein, der	دِر فویّر شتاین	اور کاڼی
Granit, der	دِر غرانیت	کلک کاڼی
Bernstein, der	دِر بیرْن شتاین	ژیړ غمی
Kristall, das	داس کریستالّ	کریستال

18.5 Umweltschutz

Umwelt, die	دي أومفالت	چاپېريال
Umweltschutz, der	دِر أومفالت شوس	چاپیریال ساتنه
Verschmutzung, die	دي فرشموسونغ	چټلي/ خيرنتوب
Schadstoff, der	دِر شادشتوف	ضرر رسونکي مواد
verursachen	فرْأُورزاخن	سبب گرزيدل
global adj.	غلوبال	نړيوال
Fracking, das	داس فراكّنغ	د حيواناتو ساتنه
Artenschutz, der	دِر أرتن شوس	ورانول
zerstören	سرشتورن	خطر
Risiko, das	داس ريزيكو	دهوا بدليدل
Klimawandel, der	دِر كليما فاندل	شين كوريزه غازونه
Treibhauseffekt, der	دِر تريْب هاوس أفكْت	پاکه انرژي
Erneuerbare Energien, die	دي أرنويِّر بارهْ أنرغين	كيدنه
Erosion, die	دي أروزْيون	خام مواد
Rohstoff, der	دِر روهْ شتوف	بيا كار اخيستنه
Recycling, das	داس رسيْك لنغ	انرژي
Energie, die	دي أنَرْغي	برابرتيا
Gleichgewicht, das	داس غلیْش غفیشت	ځنگل ختم كول
Waldsterben, das	داس فالد شتربن	چاپېريال ساتنه
Naturschutz, der	دِر نتور شوس	چاپېريال ساتونکي سيمه
Naturschutzgebiet, das	داس نتور شوس غابيت	ملي پارک
Nationalpark, der	دِر ناتسيونال بارك	پارک ملی

KAPITEL 19

GESUNDHEIT UND KRANKHEITEN

19. 1	Gesundheit im Allgemein	ټولیزپروغتیا
19. 2	Krankheiten	ناروغي
19. 3	Unfälle und Verletzungen	پېښې او زیانونه
19. 4	Beim Arzt	د ډاکټر سره
19. 5	Im Krankenhaus	په روغتون کې
19. 6	Körperpflege	د بدن د پاکول
19. 7	Kosmetik	سینګار او ښکلوالی

19.1 Gesundheit im Allgemein

Gesundheit, die	دي غزوند هايت	روغتيا
geistig adj.	غايستش	فكر
seelisch adj.	زيلِش	روحي
psychisch adj.	بسوِسش	رواني
genesen	غنيْزن	روغېدل
Lebensweise, die	دي لابنس فايزهْ	ژوند کول
schwach adj.	شفاخ	کمزوری
Diät, die	دي دِي آت	پرهېز
Diät machen	دِي آت ماخن	پرهېز کول
Behandlung, die	دي بهاندلونغ	تداوي کول
Schmerz, der	دِر شمارس	خوږ/ درد
Wohlbefinden, das	داس فول بافِندن	ښه احساس
Leid, das	داس لايد	غم
bluten	بلوتَن	ويني کېدل
Erkältung, die	دي أركالتونغ	زوکام
Schwellung, die	دي شفالّونغ	پړسېدل
Wunde, die	دي فوندهْ	پرهر/ ټپ
brechen	برَشن	ژړه بديدل
bewusstlos adj.	بَفوست لوس	بې خوده / بی حاله
Schweiß, der	دِر شفايس	خولې
schwindelig adj.	شِفندلِش	سر گرځېدل
Schock, der	دِر شوكّ	شوک

19.2 Krankheiten

Krankheit, die	دي كرانك هايت	ناروغي / ناجوړي
Allergie, die (sein)	(دي ألارغي) زاين	حساسيت لرل
Asthma, das	داس أستما	ساه لنډی
Durchfall, der	دِر دورش فال	اسهال
Atembeschwerden, die	دي آتَم باشفاردن	ساه بندی
Gelbsucht, die	دي غلب زوخت	ژړی
Geschlechtskrankheit, die	دي غشلشتْس كرانك هايت	جنسي ناروغي/ ناچوړي
Epilepsie, die	دي آبلابسي	میرګي
Grippe, die	دي غريبّهْ	زوکام / ريزسش
Herzanfall, der	دِر هرس أنفال	زړه حمله
husten	هوستن	ټوخېدل
Diabetes, der	دِر دياباتس	شکر ناروغي / ناجوړي
Aids	أيدس	ايډز
Krampf, der	دِر كرامبف	رګ اوړيدل
Lähmung, die	دي لامونغ	ګوډېدو ناروغي
Masern, die	دي مازرن	شېرى
Magenschmerzen, die	دي ماغن شمارسن	معده / خېټې خوږ، معده / خېټې درد
Malaria, die	دي مالاريا	ملاريا
Rückenschmerzen, die	دي رُوكن شمارسن	د ملا خوږ/ درد
Schlaganfall, der	دِر شلاغ أنفال	ګوزڼ / د مغز حمله
Kinderlähmung, die	دي كندر لامونغ	د ماشوم ګوډېدل
Verstopfung, die	دي فرْشتوبْفونغ	قبضيت

19.3 Unfälle und Verletzungen

abstürzen (herunter)	(أبشتُوِرسن) هر أونتر	غورځېدل
Binde, die	دي بِندهْ	پټۍ
Erste Hilfe	أيْرستهْ هيلفهْ	لومړۍ مرسته
der blaue Fleck	دِر بلاوّهْ فلاك	شين شوی بدن
Knochenbruch, der	دِر كنوخن بروخ	د هډوکو ماتيدل
Krankenwagen, der	دِر كرانكن فاغنْ	امبولانس
lebensbedrohlich adj.	لبنس بَدروليش	د ژوند ډار
Sanitäter, der	دِر زانيتاتر	روغتياپال
überfahren	أُوبِرْ فارن	لاندې نيول
Verband, der	دِر فرباند	پټۍ کول
Verletzung, die	دي فرلاسونغ	ټپ / زخم
ertrinken	أرترينكن	ډوبيدل
zusammenstoßen	سوزامن شتوسن	جنګيدل/ ټکر کيدل
um Hilfe rufen	أوم هيلفهْ روفن	مرسته غوښتل
Alarm, der	دِر ألارم	د خطر اعلان
Notrufnummer, die	دي نوت روف نومّر	د پوليسو شمېره
Brand, der	دِر براند	اور
überleben	أُوبِرلابن	ژوندی پاتې کيدل
Lebenszeichen, das	داس لابنس سايشن	د ژوند نښه
retten	راتّن	ژغورل
sterben	شتاربن	مړکېدل
Entzündung, die	أنسُوِندونغ	سوی

19.4 Beim Arzt

Termin, der	دِر ترمين	د کتلووخت
Wartezimmer, das	داس فارتهْ سيمّر	انتظارخونه
Facharzt, der	دِر فاخ أرست	ځانګړی ډاکټر
Internist, der	دِر إنترنيست	داخله ډاکټر
Kinderarzt, der	دِر کيندر أرست	د ماشومانو ډاکټر
Betäubung, die	دي بتويْبنغ	نشه
Hals-Nasen-Ohren-Arzt, der	دِر هالس نازَن أورَن أرست	دغاښونو - پوزې او غوږونو ډاکټر
Frauenarzt, der	دِر فراون أرست	ښځينه ډاکټره
Augenarzt, der	دِر أوْغن أرست	د سترګو ډاکټر
Arztpraxis, die	دي أرست براکسيس	د معاينې خونه
Vermeidung, die	دي فرمايدونغ	پرهيز
Harnuntersuchung, die	دي هارن أونتر زوخنغ	د متيازو ازمويل
Hebamme, die	دي هاب أمّهْ	قابله
Impfstoff, der	دِر إمبف شتوف	واکسين
Zahnschmerzen, die	دي تصان شمارسن	د غاښونو خوږ
Infektion, die	دي إنْفکْسيون	ميکروب
Bakterie, die	دي باکتيريَهْ	ميکروب
Kopfschmerzen, die	دي کوبف شمارسن	د سر خوږ
Fieber, das (haben)	داس فيبر هابن	تبه
Magengeschwür, das	داس ماغن غشفُور	د معدې زخم
Wehe, die	دي فيْها	ماشوم زيږدلوخوږ
Beule, die	دي بويْلاهْ	پړسېدل

19.5 Im Krankenhaus

Sprechstunde, die	دي شپراش شتوندهْ	د خبرو وخت
Patient, der	دِر پاتسيانت	مريض/ ناروغ
empfinden	أمْپفِندن	احساس کول
untersuchen	أونتر زوخن	معاينه
Chirurgie, die	دي شيروغي	جراحي
Rezept, das	داس راسابت	نسخه
Medikament, das	داس مَديكامنت	درمل / دوا
behandeln (medizinisch)	(مديتسينش) بهاندلن	تداوي کول
Apotheke, die	دي أبوتيكهْ	درملتون
Krankenhaus, das	داس كرانكن هاوس	روغتون
Bett, das	داس باتّ	کټ
Krankenschwester, die	دي كرانكن شفاستر	نرس
Operation, die	دي أوبَراتسيون	عمليات
Röntgenbild, das	داس روينغن بيلد	راديوگرافی
diagnostizieren	دياغنوس تيتسيرن	د ناروغۍ پېژندل
Klinik, die	دي كلينيك	کلينيک / روغتون
Labor, das	داس لابور	لابراتوار
Massage, die	دي مصّاجهْ	کېمنډنه/ چاپي
Narkose, die	دي ناركوزهْ	نشه ورکول
fühlen, sich	زيش،فُولن	احساس کول
Blutuntersuchung, die	دي بلوت أونترزوخنغ	د وينې ازموينه
Koma, das	داسكوما	کوما

19.6 Körperpflege

gesund adj.	گیزوند	روغ
Gemütszustand, der	گیموخ څوشتاند	روغتیا / صحت
Figur, die	فیگور	بنه / اندام
waschen	واشن	مینځل
Dusche, die	دوشه	د ځان مینځلو ځای
duschen	دوشن	ځان مینځل
baden	بادن	حمام کول
Locke, die	لوکه	گوڼگوټي / تاوسوي
kämmen	کیمن	ږمنځول
Kamm, der	کام	ږمنځ
Haarbürste, die	هار بورسته	د وېښتانو برس
Bürste, die	بورسته	برس
Haarausfall, der	هار اوسفال	د وېښتانوتویدل
glätten	گلاتن	ښویول
Zähneputzen, das	څینه پوڅن	غاښونومینځل
rasieren, sich	رازیرن	خریل
Hände waschen	هانده واشن	لاس مینځل
Gießkanne, die	گیس کانه	بد نۍ
Taschentuch, das	تاشن توخ	د جیب دسمال
Toilettenpapier, das	تویلیتن پاپیر	د تشناب کاغذ
Windel, die	ویندل	پمپر

19.7 Kosmetik

Creme, die	دي كريمهْ	كريم / غوړ
Shampoo, das	داس شامبو	شامپو
Make-up, das	داس ميك أب	سينګار
Lippenstift, der	دِر لِبّن شتِفت	د شونډو رنګ
Parfum, das	داس بارفُوِم	عطر/ خوش بويي
schminken, sich	زيش،شمنكن	ډول وركول/سينګار كول
Bart, der	دِر بارت	ږيره
Duschgel, das	داس دوش غال	د ځان صابون
Seife, die	دي زايفهْ	صابون
Schaum, der	دِر شاوْم	ځګ
Haarschnitt, der	دِر هار شِنتّ	د وښتانو ډول
plastische Operation, die	دي بلاستيشهْ أوبراتسيون	پلاستكي عمليات
föhnen	فونن	ويښتان وچول
Maniküre, die	دي مانيكُورهْ	د نوكانو سينګار
Perücke, die	دي بَرُوكّهْ	نقلي ويښتان
Puder, das	داس بودر	پوډر
Rasierapparat, der	دِر رازير أبّرات	د ږيرې ماشين
Rasiercreme, die	دي رازير كريمهْ	د ګيرې خرېلو كريم
Scheitel, der	دِر شايتل	ويښته بېلول
Nagellack, der	دِر ناغل لاك	د نوكانو رنګ
Zahnbürste, die	دي سان بُورستهْ	د غاښو برش
Zahncreme, die	دي سان كريمهْ	د غاښو كريم

KAPITEL 20

ERDE, KLIMA UND NATUREREIGNISSE

20. 1	Wetter	هوا
20. 2	Klima	د هوا حلات
20. 3	Naturereignisse	طبيعي پېښې

20. ERDE, KLIMA UND NATUREREIGNISSE

20.1 Wetter

Deutsch	Transliteration	Paschto
Temperatur, die	تیمپراتور	د تودوخې درجه
Wärme, die	ویرمه	تودوخه / گرمي
kalt adj.	کالت	سوړ
wolkig adj.	ولکیش	وریځ لرونکی
nass adj.	ناس	لوند
windig adj.	ویندیش	بادي
Tau, der	تاو	پرخه
Grad, der	گراد	درجه
Vorhersage, die	فورهیرزاگه	وړاندوینه
Luft, die	لوفت	هوا
bedeckt adj.	بیدیکت	ابری
frisch adj.	فریش	تازه
heiter adj.	هایتا	آفتابی
klar adj.	کلار	روښن / څرګند
Regenbogen, der	ریګن بوګن	شنه زرغونه

20.2 Klima

Wetter, das	داس فاتّر	هوا
Klima, das	داس كليما	اقليم
Hitze, die	دي هيسهْ	سره تکه / تودوخه
heiß adj.	هايس	سور/ گرم
warm adj.	فارم	گرم / تود
Kälte, die	دي كالتهْ	ساړه
Wolke, die	دي فولكهْ	اوریځ
bewölkt adj.	بَفولكت	اوریځ کېدل
Regen, der	دِر راغن	باران / ورښت
trocken adj.	تروگّن	وچ
nass adj.	ناسّ	لوند
Wind, der	دِر فِند	باد / سیلۍ / شمال
wehen	فاهَن	رپېدل
schmelzen	شمالسن	اوبه کېدل
Nebel, der	دِر نابَل	دوړه
Eis, das	داس أيس	یخ / کانګل
Schnee, der	دِر شنيهْ	واوره
schneien	شنايّن	واوره ورېدل
Hagel, der	دِر هاغل	ګلۍ
Schatten, der	دِر شاتّن	سیوره
feucht adj.	فويْشت	نمجن/ لوند

20.3 Naturereignisse

Dürre, die	دوره	وچکالي
Feuer, das	فویا	اور
Frost, der	فروست	کنګل/ یخ
Erdbeben, das	ایرد بیبن	زلزله
Atomsphäre, die	اتموس فیره	فضا
Maximum, das	ماکسیموم	اخېري اندازه
Luftdruck, der	لوفت دروک	د هوا زور / دهوا فشار
Klimazone, die	کلیما څونه	د اوبواو هوا سیمه
Katastrophe, die	کاتاستروفه	ناورین / بدمرغي
Flut, die	فلوت	سیل/ داوبولوړېدل
Hochwasser, das	هوخ واسا	لوړي اوبه
Vulkanausbruch, der	ولکان اوسبروخ	اور غورزونکی/ اور شیندونکی
Katastrophengebiet, das	کاتاستروفن ګبیت	د ناورین سیمه
Sturm, der	شتورم	سیلۍ/ طوفان
Unwetter, das	اون ویتا	باد او باران
Schneesturm, der	شنی شتورم	د واورې سیلۍ
Sandsturm, der	زاند شتورم	د ریګ سیلۍ
Ebbe und Flut die, die	ایبه اوند فلوت	د سمندر سطح لوړېدل او ټیټېدل

KAPITEL 21

WOHNUNG UND HAUSHALT

21. 1   Zimmer und Wohnbereiche   کوټه او کور
21. 2   Kücheneinrichtung   د پخلنځي توکي
21. 3   Tätigkeiten in der Küche   د پخلنځي اسباب

21. 1 Zimmer und Wohnbereiche

Flur, der	دِر فلور	دهلېز
Wohnzimmer, das	داس فون سيمّر	سالون
Schlafzimmer, das	داس شلاف سيمّر	د خوب کوټه
Stockwerk, das	داس شتوك فارك	منزل / پوړ
Etage, die	دي أتاجهْ	منزل / پوړ
Tür, die	دي تُوِر	د ړه/ دروازه
Treppenstufe, die	دي ترابّن شتوفهْ	زينه
Fahrstuhl, der	دِر فار شتول	ليفټ
Dach, das	داس داخْ	د کوټې سر
Klingel, die	دي كِلنْغل	زنگ
Ofen, der	دِر أوفن	بخارۍ
Zentralheizung, die	ديسنترال هايسونغ	مرکز گرمي
Kamin, der	دِر كامين	ديولي بخاری
Schlüssel, der	دِر شلُوِسّل	کيلي
Ziegel, der	دِر سيغل	خښته
Holz, das	داس هولس	لرگی
Dachboden, der	دِر داخ بودن	کوټې سر منزل
Arbeitszimmer, das	داس أربايتس سيمّر	د کار کوټه
Balkon, der	دِر بالوكن	برنډه
Garage, die	دي غَراجهْ	گودام
Sessel, der	دِر زسّل	چوکۍ
Teppich, der	دِر تبّش	قلينه / درۍ / غالی

21. 2 Kücheneinrichtung

Herd, das	هیرد	داش / تنور
Kühlschrank ,der	کول شرانک	یخچال
Tasse, die	تاسه	پیاله
Teller, der	تیلا	غوری
Gabel, die	ګابل	پنجه
Messer, das	میسا	چاړه
Besteck, das	بیشتیک	قاشق او پنجه
Glas, das	ګلاس	ګېلاس
Kochtopf, der	کوخ توپف	پخولو دېګ
Topf, der	توپف	دېګ
Schälchen, das	شیلشن	وړوکي تلۍ
Schüssel, die	شوسل	کاسه / تلۍ
Waage, die	واګه	تله
Büchse, die	بوګسه	ډبلی
Pfanne, die	پفانه	کړايي/ کټوری
Kelle, die	کیله	ځمڅه
Flaschenöffner, der	فلاشن اوفنا	سر خلاصوونکی
Krug, der	کروګ	لوټه
Geschirrspüler, der	ګشیر شپولا	د لوښو پریمینځلو ماشین
Müllbeutel, der	مول بویتل	د چټلیو خلته

21. 3 Tätigkeiten in der Küche

abwaschen	أبفاشن	پریمینځل
dämpfen	دامبفن	چای جوشه
braten	براتن	سره کول
würzen	فُورِسن	مصاله اچول
waschen	فاشن	مینځل
aufräumen	أوْف رويْمن	ټولول
wegwerfen	فغ فرفن	غورځول
ordnen	أردنن	په ترتیب ایښودل
sieben	زيبَن	پرویځل
mischen	مِشَّن	ګډ ول
zerkleinern	تْسارکلاینرن	واړه کول
zerschneiden	سارشنايدن	واړه کول
schälen	شالن	سپینول
mahlen	مالن	وړل
sieden	زيدن	ایشول
backen	باکّن	پخول
schmoren	شمورَن	کبابول
grillen	غريلّن	کباب جوړول
zubereiten	سوبرايتن	تیاره ول
auspressen	أوْس براسّن	اوبه ایستل
servieren	زرفيرن	وړاندې کول

KAPITEL 22

KLEIDUNG

22. 1	Allgemeines	ټولیز
22. 2	Kleidungsarten	دکالیوډولونه
22. 3	Schuharten und Materialen	دبوټانوډولونه
22. 4	Schmuck und Accessoires	ګاڼه او سینګارتوکي

22. 1 Allgemeines

Kleidung, die	دي كلايدونغ	جامې/ کالی
Kleidergröße, die	دي كلايدر غروسهْ	د کالو ناپ
Herrenbekleidung, die	دي هيرّن بكلايدونغ	نارينه جامې/ کالي
Damenbekleidung, die	دي دامن بكلايدونغ	ښځينه جامې/ کالی
Mode, die	دي مودهْ	موډ
ausprobieren	أوس بروبيرن	ازمويل / کتل
anziehen (Kleidung)	(أنسين) كلايدونغ	اغوستل
veraltet adj.	فر ألْتَت	زاړه
tragen	تراغن	جامې/ کالي اغوستل
passen	باسْسن	جوړېدل / برابرېدل
eng adj.	أنغ	تنګ
weit adj.	فايت	لوی
kurz adj.	كورس	لنډ
nackt adj.	ناكْت	لغړ
unpassend adj.	أونباسّند	بی ځايه
schmal adj.	شمال	نرۍ
Stoffladen, der	دِر شتوف لادن	د رختنو / ټوکرانو پلورنځی
schneidern	شنايْدرن	کالی ګنډل
Schneiderei, die	دي شنايْدَراي	خياطي
verkürzen	فركُورسن	لنډول
zerknittert adj.	سركنيترت	بونجی
farblich passen	فاربليش باسّن	رنګ برابرول
Hochzeitskleid, das	داس هوخ تسايدس كلايد	د واده کالي

22. 2 Kleidungsarten

Unterhemd, das	اونترهمد	لاندینی بنیان
Hemd, das	همد	خت / کمیس
Pullover, der	پولوار	بنیان / جاکټ
Anzug, der	انځوک	دریشي
Bluse, die	بلوزه	ښځینه خت
Mantel, der	مانتل	اوږد کوټ
Jacke, die	یاکه	جنپر/ کوټ
Sakko, das	زاکو	کورتۍ
Kleid, das	کلاید	لباس / کالي
Ledermantel, der	لیدا مانتل	د څرمني کوټ
Wintermantel, der	وینتر مانتل	د ژمي کوټ
Knopf, der	کنوپف	تنۍ
Rock, der	روک	لمن
Strumpf, der	شترومپف	جرابې
Jeans, die	جینس	کوبای پتلون
Hose, die	هوزه	پتلون
Badeanzug / Bikini, der	باده انځوک	د لامبو جامې
Unterhose, die	اونتر هوزه	نېکر
Büstenhalter, der	بوستن هالتا	سینه بند
Slip, der	سلیپ	ښځینه نېکر
Schlafanzug, der	شلاف انځوک	د خوب جامې/ کالي

22. 3 Schuharten und Materialen

Baumwolle, die	باوم وله	پنبه
Kattun, der	کاتون	کتان
Filz, der	فیلز	د فرشونو مواد
Satin, der	زاتان	نرم / پوست رخت
Seide, die	زایده	وریښم
Leder, das	لیدا	چرم
Stoff, der	شتوف	رخت / ټوکر
Leine, die	لاینه	د رخت ډول
Damenstiefel, der	دامن شتیفل	ښځینه موزه
Pumps, die	پومپس	ښځینه جګ بوټان
Sandalen, die	زاندالن	چپلکې
Hausschuhe, die	هاوس شوهه	د کور بوټان
Schuhe putzen	شوهه پوڅن	بوټان رنګول
Halbschuh, der	هالب شو	ټیټ بوټان
Lederschuh, der	لیدا شو	د چرمنې بوټان
Sportschuh, der	شپورت شو	سپورتي بوټان
Stiefel, der	شتیفل	موزې
Pantoffel, die	پانتوفل	کورنۍ چپلکې
Latschen, die	لاتشن	چپلکې
Schuhgröße, die	شو ګروسه	بوټانو نمره

22. 4 Schmuck und Accessoires

Geldbeutel, der	گیلدبویتل	د پیسو پټوه / پټاکیدانه
Handtasche, die	هاند تاشه	لاسي بکس
Hut, der	هوت	خولۍ
Hosentasche, die	هوزن تاشه	د پتلون جېب
Schal, der	شال	د غاړې دسمال
Regenschirm, der	ریگینشیرم	چترۍ / سایه وان
Tschador, der	چادور	ټیکری / پوړنی
Brille, die	بریله	عینکې
Armband, das	ارمباند	بنګړي / لاسبند
Ohrring, der	اورینگ	لښتۍ / غوږوالۍ
Halskette, die	هالس کیته	لاکټ / غاړکۍ
Sonnenbrille, die	زونن بریله	د لمر عینکې
Kopftuch, das	کوپفتوخ	ټکری
Gürtel, der	گورتل	ملا بند / کمر بند
Krawatte, die	کراواته	نکټایې/ دغاړې پټۍ
Manschettenknopf, der	مانشیتن کنوپف	د لستوڼي غېڼده
Schnalle, die	شناله	غېڼده
Verlobungsring, der	فیرلوبونگس رینگ	د کوزدې ګوته
Stickerei, die	شتیکارای	ګلدوزي
Fächer, das	فیشر	پکه
Handtuch, das	هاندتوخ	لاسي دسمال

KAPITEL 23

REISEN UND TOURISTIK

23. 1 Flughafen   هوايي ډګر
23. 2 Bahn   اورګاډی
23. 3 Sehenswürdigkeiten   زړه را ښکوونکي اثار
23. 4 Auf der Reise   په سفر کې

23. 1 Flughafen

Auskunft, die	دي أوْس كونفت	معلومات / لارښوونه
Ankunft, die	دي أنكونفت	رسېدل
Flughafen, der	دِر فلوغ هافن	هوايي ډګر
Besatzung, die	دي بزاسونغ	د الوتکې کارکوونکي
Buchen, das	داس بوخن	نوم ليکنه
Fluggesellschaft, die	دي فلوغ غَزالْ شافت	د الوتکې شرکت
Flugkarte, die	دي فلوغ كارتهْ	الوتکې ټکټ
Flugzeug, das	داس فلوغ سويْغ	الوتکه
Handgepäck, das	داس هاند غَباك	لاسي پنډه / بکس
Landung, die	دي لاندونغ	کېناستل / کښيناستل
Notlandung, die	دي نوت لاندونغ	بيړنۍ ناسته
Passagier, der	دِر بسّاجير	مسافر
Abflug, der	دِر أبفلوغ	الوتنه
Pilot, der	دِر بيلوت	پيلوټ
Stewardess, die	دي ستيوارداس	د الووتکې خدمت کوونکي
Sitzplatz, der	دِر زيس بلاس	کېناستلو ځای / کښيناستلو ځای
Verspätung, die	دي فرْشبيْتونغ	ناوخت کېدل
Direktflug, der	دِر ديركت فلوغ	مستقيم / نېغ الوت
Visum, das	داس فيزوم	ويزه
Stempel, der	دِر شتمبل	مهر/ ټاپه
Sicherheit, die	دي زيشر هايت	امنيت

23. 2 Bahn

Zug, der	دِر سوغ	رېل
Ersatzwagen, der	دِر أرزاس فاغن	اضافګي موټر
Bahnhof, der	دِر بان هوف	رېل سټېشن (تم ځای)
ZOB, der	دِرسنتراله أمنيبوس بان هوف	د موټرو تم ځای
Bahnsteig, der	دِر بان شتايغ	رېل ختلو ځای
Fahrplan, der	دِر فار بلان	د تګ راتګ وخت / پلان
Fahrkarte, die	دي فار كارتهْ	ټکټ
Schwarz fahren, das	داس شفارسفارن	د ټکټ نه بغير ختل
Gepäck, das	داس غَباك	پنډه / بکس
Platz reservieren	بلاس ريْزرفيرن	ځای ريزوېشن / ساتل
erste Klasse, die	دِر أيْرستهْ كلاسّهْ	لومړی کلاس
einsteigen	أين شتايغن	ختل
absteigen	أبْ شتايغن	کوزېدل / کښته کېدل
Haltestelle, die	دي هالتهْ شتالهْ	تم ځای
Verspätung, die	دي فرشباتونغ	ناوخته
Schaffner, der	دِر شافْنر	د ټکټ څارونکی
Entfernung, die	دي أنتفارنونغ	مسافه
Reiseversicherung, die	دي ريْزهْ فرزيشرونغ	د سفر بيمه
Ausgang, der	دِر أوْس غانغ	وتل
Ansage, die	دي أنزاغه	اعلانول/ خبر ورکول
pünktlich adj.	بُونكتليش	په وخت
Bahnhofhalle, die	دي بان هوف هالّهْ	د رېل تم ځای کوټه

23. 3 Sehenswürdigkeiten

Tourist, der	دِر توریست	سیل کوونکی
Führer, der	دِر فُورر	لارښود
Eintrittskarte, die	دي أَینْتریتس کارتهْ	د ننوتلوټکټ
Souvenir, das	داس زوفانیر	ډالۍ/ د سفر ډالۍ
Attraktion, die	دي أتراکتسیون	په زړه پوري کتنه
Stadt, die	دي شتات	ښار
Gebäude, das	داس غَبویْدهْ	تعمیر
Turm, der	دِر تُرم	منار
Schloss, das	داس شلوسّ	ماڼۍ
Palast, der	دِر بالاست	قصر/ ماڼۍ
Festung, die	دي فاستونغ	ودانۍ
Statue, die	دي شتاتوهْ	مجسمه / بت
historisch adj.	هیستوریش	تاریخي/ تېر سوي
Denkmal, das	داس دنکمال	یادګار
Innenstadt, die	دي إنن شتادت	د ننه په ښار کی
Geschäftsviertel, das	داس غَشافتس فیرتل	تجارتي سیمه
Stadtzentrum, das	داس شتاتسنتروم	د ښار مرکز
Gasse, die	دي غاسّهْ	وړوکی/ باریک
Museum, das	داس موزایوم	موزیم
Rundfahrt, die	دي روند فارت	په ښارکی ګرځیدل
Sehenswürdigkeit, die	دي زیْهَنس فُوردیشْکایت	د لیدو وړ اثار
Bahnhofhalle, die	دي بان هوف هالّهْ	تالار ایستگاه ریل

23. 4 Auf der Reise

Reisen, das	داس رایْزن	سفر
Ausflug, der	دِر أوْس فلوغ	چکر/ گرځیدنه
Reisebüro, das	داس ریْزهْ بُورو	د سفر کولو دفتر
buchen	بوخن	نوم لیکنه
Mieten, das	داس میتن	کرایه کول
Plan, der	دِر بلان	پلان
Strecke, die	دي شتْركّهْ	لار
Landkarte, die	دي لاند کارتهْ	نقشه
Reiseführer, der	دِر رایْزهْ فُورر	د سفر لارښوونکی
Schlafsack, der	دِر شلاف زاك	د خوب بړستن/ خلته
Reisepass, der	دِر رایْزهْ باس	پاسپورټ
Devise, die	دي دفیزهْ	بهرنۍ پیسې/ اسعار
Geld wechseln, das	داس غالد فکسلن	پیسې بدلول
Ausweis, der	دِر أوْس فایس	تذکره
Passkontrolle, die	دي باس کونترولّهْ	پاسپورت کنترل
ausreisen	أوس ریْزن	سفر کول
einreisen	أين ریْزن	بېرته راتلل
Zoll, der	دِر سولّ	ګمرک
Zollamt, das	داس سولّ أمت	د ګمرک اداره
Grenze, die	دي غرنسهْ	پوله / سرحد
Grenzpolizei, die	دي غرنسبولیساي	سرحدي پولیس

KAPITEL 24

KURZGRAMMATIK

24. 1	**Bestimmter Artikel**	صرف و گردان آرتیک
24. 2	**Unbestimmter Artikel**	آرتیکل‌های نامعلوم
24. 3	**Unbestimmter negativer Artikel**	„kein" نمعلوم نفی آرتیکل
24. 4	**Kasuszeichen**	دنیا آرتیکل
24.5	**Relativpronomen**	ضمایر نسبی
24.5	**Relativpronomen**	ضمایر نسبی
24.6	**Fragepronomen**	ضمایر استفهامی
24.7	**Demonstrativpronomen**	ضمیرهای اشاره
24.8	**Bestimmte Personalpronomen**	ضمایر شخصی
24.9	**Lokale Präpositionen**	حرف اضافه برای مکان
24.10	**Präpositionen mit Akkusativ**	حروف اضافه در حالتِ مفعولی با واسطه
24.11	**Präpositionen mit Dativ**	حروف اضافه در حالت مفعولی
24.12	**Präpositionen mit Dativ oder Akkusativ**	و Akk حروف اضافه در حالت مفعولی) Dat)
24.13	**Präpositionen mit dem Genitiv**	حروف اضافه با اضافه ملکی
24.14	**Präpositionen**	حرف اضافه
24.15	**Adverbien der Zeit**	حروف اضافه با اضافه ملکی
24.16	**Adverbien des Ortes**	قیدهای مکان
24.17	**Häufigkeitsadverbien**	قیدهای تکرار
24.18	**Adverbien der Art und Weise**	قیدهای حالت
24.19	**Wichtigte Adjektive**	صفت مهم
24.20	**Wichtigte Verben**	فعلها مهم و مفید
24.21	**Grammtikbegriffe**	دستور زبان

Kurzgrammatik دستور زبان آلمانی

24.1 Bestimmter Artikel (آرتیکل صرف وگردان)

	Maskulin	Feminina	Neutral	Plural für alle Nomen
Nominativ (wer? was?)	der Tisch	die Lampe	das Bett	die Stühle
Akkusativ (wen? was?)	den Tisch	die Lampe	das Bett	die Stühle
Dativ (wem?)	dem Tisch	der Lampe	dem Bett	den Stühlen
Genitiv (wessen?)	des Tisches	der Lampe	des Bettes	der Stühle

24.2 Unbestimmter Artikel (آرتیکل‌های نامعلوم)

Nominativ (wer? was?)	**ein Tisch**	**eine Lampe**	**ein Bett**	**die Stühle**
Akkusativ (wen? was?)	**einen Tisch**	**eine Lampe**	**ein Bette**	**die Stühl**
Dativ (wem?)	**dem Tisch**	**einer Lampe**	**einesm Bett**	**den Stühlen**
Genitiv (wessen?)	**des Tischs**	**einer Lampe**	**einem Bett**	**der Stühle**

24.3 Unbestimmter negativer Artikel (نفی نامعلوم آرتیکل „kein")

Nominativ (wer? was?)	kein Tisch	keine Lampe	kein Bett	keine Stühle
Akkusativ (wen? was?)	keinen Tisch	keine Lampe	kein Bett	eine Stühl
Dativ (wem?)	keinem Tisch	keiner Lampe	keinem Bett	keinen Stühlen

24.4 Kaususzeichen (دنیا آرتیکل)

	Maskulin	Neutral	Feminin	Plural
Nominativ	der (er)	das (es)	die (e)	die (e)
Akkusativ	den (en)	das (es)	die (e)	die (e)
Dativ	dem (em)	dem (em)	der (er)	den (en)
Genitiv	des (en)	dieses (en)	der (er)	der (er)

24.5 Relativpronomen (ضمایر نسبی)

	maskulin	neutral	feminin	Plural
Nominativ (wer? was?)	der	die	das	die
Dativ (wem?)	dem	der	dem	denen
Akkusativ (wen? was?)	den	die	das	die
Genitiv	dessen	dessen	deren	deren, derer

24.6 Fragepronomen (ضمایر استفامیه)

	Person		Sache	
Nominativ (wer? was?)	wer	خوك	was	جیشی
Akkusativ (wen? was?)	wen		was	چی را
Dativ (wem?)	wem	به کی	wem	به چی
Genitiv (wessen?)	wessen	از کی	wessen	از چی

24.7 Demonstrativpronomen (ضمیرهای اشاره)

	Maskulin		Neutral		Feminin		Plural	
Nominativ	**der**	او	**das**	آن	**die**	او	**die**	آنها
Akkusativ	**den**	او را	**das**	آن را	**die**	او را	**die**	آنها را
Dativ	**dem**	به او	**dem**	به آن	**der**	به او	**den**	به آنها
Genitiv	**des**	از او	**dem**	از آن	**der**	از او	**der**	از آنها

24.7 Demonstrativpronomen (ضمیرهای اشاره)

	Maskulin	Neutral	Feminin	Plural
Nominativ (wer? was?)	dieser Tisch	das (es)	die (e)	die (e)
Genitiv (wessen?)	diese Lampe	das (es)	die (e)	die (e)
Dativ (wem?)	dieses Bett	dem (em)	der (er)	den (en)
Akkusativ (wen? was?)	diese Stühle	dieses (en)	der (er)	der (er)

24.8 Bestimmte Personalpronomen (ضمایر شخصی)

	مفرد					جهح		
	متکلم	مخاطب	غایب			متکلم	مخاطب	غایب
Nominativ	**ich**	**du**	**er**	**es**	**sie**	**wir**	**ihr**	**sie**
حالت فاعلی	من	تو	او			ما	شماها	آنها
Akkusativ	**mich**	**dich**	**ihn**	**es**	**sie**	**uns**	**euch**	**sie**
حالت مفعولی بی واسطه	مرا	تو را	او را			ما را	شما ها را	آن ها را
Dativ	**mir**	**dir**	**ihm**	**ihm**	**ihr**	**uns**	**uns**	**ihnen**
حالت مفعولی با واسطه	به من	مال تو	(به او(مذکر			به ما	به ما	به آنها

24.9 Lokale Präpositionen (حرف اضافه برای مکان)			
1	**am**	ام	په
2	**in**	ين	په
3	**auf**	اوف	پر
4	**über**	وبر	پر
5	**unter**	ونتر	د لاندی
6	**vor**	فور	مخکی
7	**hinter**	هینتر	په شاکې
8	**zwischen**	تسویشن	په منځ کې
9	**neben**	نیبن	تر څنګ
24.10 Präpositionen mit Akkusativ (حروف اضافه در حالت مفعولی)			
1	bis	بیس	تر
2	durch	دورش	ټول
3	für	فور	له پاره
4	gegen	گیگن	مخامخ/ پر ضد
5	ohne	ونه	بدون
6	um	وم	پر
7	entlang	ینتلانگ	په غاره
24.11 Präpositionen mit Dativ (حروف اضافه در حالت مفعولی)			
1	von	فون	له
2	mit	میت	ورسره
3	ab	اب	له
4	aus	اوس	له
5	gegenüber	گیگنوبر	مخامخ

24.11 Präpositionen mit Dativ (حروف اضافه در حالت مفعولی)

6	nach	ناخ	خوا ته
7	zu	تسو	په
8	seit	زایت	راهيسي
9	außer	اوسر	پر ته
10	bei	بای	سره

24.12 Präpositionen mit Dativ oder Akkusativ
(حروف اضافه در حالت مفعولی Akk و Dat)

1	in	ین	په
2	an	ان	په
3	auf	اوف	پر
4	unter	ونتير	د لاندی
5	über	اوبر	پر
6	hinter	هینتر	په شاکي
7	vor	فور	مخکی
8	zwischen	تسویشن	په منځ کي
9	neben	نیبن	تر څنګ

24 .13 Präpositionen mit dem Genitiv (حروف اضافه با اضافه ملکی)

1	anstatt / statt	انشتات/شتات	پر ځای
2	außerhalb	اوسیرهالب	دباندي
3	beiderseits	بایدرزایتس	یو او بل ته
4	diesseits	دیسزایتس	دیخوا ته
5	jenseits	ینزایتس	هغه خوا

24. 13 Präpositionen mit dem Genitiv (حروف اضافه با اضافه ملکی)

6	halber	هالبیر	په خاطر
7	hinsichtlich	هینزیشتلیش	په نظر کی نیو لو سره
8	infolge	ینفولگه	په نتیجه کښي
9	innerhalb	ینیرهالب	د ننه
10	statt	شتات	پر ځای
11	trotz	تروتس	پر ته له
12	um	وم	په
13	während	وارپند	کله چی
14	wegen	ویگن	په خاطر
15	willen	ویلن	له کبله

24.14 Präpositionen (حرف اضافه)

1	als	الس	کله چی
2	auf	اوف	پر
3	ausgenommen	اوسگینومن	د باندې
4	außerhalb	اوسرهالب	د باندې
5	außerhalb von	اوسرهالب فون	د باندې له
6	bei	بای	سره
7	bis	بیس	تر
8	bis auf	بیس اوف	پر تر
9	darüber hinaus	داروبر هیناوس	بر سیره
10	durch	دورش	په واسطه
11	durch	دورش	له منځه
12	durch	دورش	له لاري

13	für	فور	له پاره
14	gegen	گیگن	پر ضد
15	gegen	گیگن	پر ضد
16	gegenüber	گیگنوبر	مخا مخ
17	gemäß	گیماس	برابر
18	heraus		بیرون ت
19	hinauf	هیناوف	پور ته
20	hinter	هینتر	په شاکي
21	im Gegensatz zu	یم گیگنزاتز تسو	په خلاف
22	im Namen von	یم نامن فون	لخوا
24	in	ین	په
25	in der Nähe von	ین در ناه	نږدې
26	innen	ینن	د ننه
27	innerhalb	ینرهالب	د ننه
28	innerhalb	ینرهالب	په یوزدو کې
29	mit	میت	ورسره
30	nach	ناخ	پس له
31	nach unten	ناخ ونتن	لاندې
32	nächste	نیکستی	بل
33	nahe an	ناه ان	نږدې
34	neben	نیبن	تر څنګ
35	oben	وبن	لوړ
36	oben auf	وبن اوف	پورته

40	seit	زایت	راهیسي
41	soweit	زو وایت	تر هغه ځایه
42	sowie	سو وی	په هره توګه
43	statt	شتات	پر ځای
44	trotz	تروتس	پر ته له
45	über	اوبر	پر
46	über	اوبر	پر
47	über	اوبر	پر
48	um	وم	په
49	um	وم	په
50	unten	ونتن	لاندی
51	unter	ونتر	د لاندی
52	unter	ونتر	د لاندی
53	von	فون	له
54	vor	فور	مخکی
56	vor	فور	مخکی
57	während	وارند	کله چی
58	wegen	ویگن	په خاطر
59	weit entfernt	وایت ینتفرنت	لیري
60	wie	وی	لکه
61	zu	تسو	پرلوري
62	zusätzlich zu	تسوزاتسلیش تسو	یضافي، مل
63	zwei Wörter	تسوای ورتعر	(دوه کلمه(تکي

9.15 Adverbien der Zeit (قیدهای زمان)			
1	gestern	گیسترن	پرون
2	heute	هوته	نن
3	morgen	مورگن	سهار/گهیځ
4	jetzt	یتست	اوس
5	dann	دان	پس
6	später	شپیتر	وروسته
7	heute Abend	هوته ابند	نن ماښام
8	in diesem Moment	ین دیسم مومنت	په دې شیبه کې
9	letzte Nacht	لیتست ناخت	پرون ماښام
10	heute Morgen	هوته مورگن	نن سهار
11	nächste Woche	نیکسته وخه	بله اونۍ/هفته
12	bereits, schon	بیراتس،شون	مخکې
13	vor kurzem, kürzlich	فور کورتسم،کورتسلیش	په دې وروستیو کې
14	in letzter Zeit, neulich	ین لیتستر تسایت، نیولیش	په دې وختو کې
15	bald	بالد	نږدې
16	sofort	زوفورت	ژر تر ژر
17	immer noch	یمر نوخ	نور هم
18	noch	نوخ	او نه
19	vor	فور	مخکې

9.16 Adverbien des Ortes (قیدهای مکان)			
1	anderswo	اندیرسو	بل ځای
2	außen	اوسن	باندې

9.16 Adverbien des Ortes قیدهای مکان

6	draußen	دراوسن	د باندې
7	drinnen	درینن	د ننه
8	heraus	هیراوس	د باندې
9	hier	هیر	دلته
10	hinten	هینتن	تر شا
11	innen	ینن	د ننه
12	irgendwo	یرگندو	یو ځای
13	links	لینکس	کیڼې خواته
14	nach Hause, zu Hause	ناخ هاوزه، تسو هاوزه	کور ته/کی
15	nebenan	نیبن ان	تر څنګ
16	nirgends	نیرگندس	هیڅ ځای
17	oben	وبن	لوړ
18	rechts	ریشتس	ښی خواته
19	überall	وبیرال	هر ځایی

9.17 Häufigkeitsadverbien (قیدهای تکرار)

1	immer	یمر	هر وخت
2	häufig	هویفیگ	اکثر
3	normalerweise, in der Regel	نورمالیروایزه،ین در ریگل	زیاتره
4	manchmal	مانشمال	کله کله
5	gelegentlich	گیلگنتلیش	ډیر کم
6	selten	زیلتن	کم
7	ständig	شتیندیگ	هر کله
8	regelmäßig	ریگلمیسیگ	په اصول برابر

9.18 Adverbien der Art und Weise (قیدهای حالت)

1	sehr	زهر	ډیر
2	ganz	گانتس	ټول
3	hübsch	هوبش	ښکولی
4	wirklich	ویرکلیش	رښتیانی
5	schnell	شنیل	ژر
6	gut	گوت	ښه
7	hart	هارت	سخت
8	schnell	شنیل	په تراټ
9	langsam	انگزام	ورو ورو
10	vorsichtig	فورزیشتیگ	پاملر و نکی
11	kaum	کاوم	لږ
12	meist	مایست	ډیر
13	fast	فاست	نږدې
14	durchaus	دورشاوس	بې له شکه
15	zusammen	تسوزامن	یو ځای
16	allein	الاین	یو اځې

9.19 Wichtigte Adjektive (صفت مهم)

1	lang	لانگ	اوږد
2	kurz	کورتس	لنډ
3	hoch	هوخ	لوړ
4	tief	تیف	ټیټ
5	hell	هیل	روښانه

9	dick	دیک	پنډ
10	dünn	دون	نری
11	furchtbar	فورشتبار	بیروونکی
12	süß	زوس	خوږ
13	ruhig	روهیگ	هوسا
14	laut	لاوت	په لوړ غږ
15	niedlich	نیدلیش	نغیس
16	ärgerlich	ارگالیش	په قهر
17	perfekt	پرفیکت	سم
18	schwach	شواخ	کمزوری
19	stark	شتارک	تکړه
20	traurig	تراوریگ	غم جن
21	glücklich	گلوکلیش	نیکمرغه
22	sauber	زاوبر	پاک
23	schmutzig	شموتسیگ	خیرن
24	lieb	لیب	گران
25	faul	فاول	تنبل
26	schüchtern	شوشتیرن	شرمناک
27	nervös	نیروهس	وارخاطا
28	berühmt	بیرومت	مشهور
29	unterschiedlich	ونترشیدلیش	په بیله بیله توکه
30	billig	بیلیگ	یرزانه
31	teuer	تویر	گران

35	leicht	لایشت	سپک
36	schwierig	شویریگ	سخت
37	besorgt	بیزورگت	بېرجن
38	weit	وایت	لېرى
39	nah	ناه	نږدې
40	richtig	ریشتیش	سم
41	falsch	فالش	غلط
42	nett	نیت	مهربانه
43	schlecht	شلیشت	بد
44	gut	گوت	bښه
45	eifersüchtig	ایفرزوشتیگ	بخیل
46	klein	کلاین	کوچنی
47	groß	گروس	لوی
48	betrunken	بیترونکن	نېشه
49	verrückt	فرروکت	لېونی
50	beliebt	بیلیبت	نامتو
51	häßlich	هاسلیش	بد رانگ
52	schön	شون	ښایسته
53	hübsch / niedlich / süß	هوبش /نیدلیش /زوس	شیرین
54	ausgezeichnet	اوسگیتسایشنیت	ډېر ښه
55	wertvoll	ویرتفول	قیمته
56	neu	نوی	نوی
57	neugierig	نویگیریگ	پلټونکی

61	jung	یونگ	ځوان
62	wichtig	ویشتیگ	مهم
63	wütend	وتینت	قهر جن
64	beschäftigt	بیشافتیگت	مشغول
65	ernsthaft	یرنستهافت	کلک
66	interessant	ینتیرسانت	په زره پورې
67	krank	کرانک	ناروغ
68	wunderbar	وندربار	ډېر ښه
69	fantastisch	فانتاستیش	ډېر ښه
70	fertig	فرتیگ	تیار
71	früh	فرو	وختي
72	spät	شپیت	ناوخته

9.20 Wichtigte Verben (فعلها مهم و مفید)

1	absagen	ابزاگن	فسخ کول
2	addieren	ادیرن	جمع کول
3	akzeptieren	اکتسپتیرن	قبلول
4	anmelden	انملدن	داخلول
5	anreden	انردن	یو چا سره خبري شروع کول
6	anrufen	انروفن	یو چا ته ټلفون کول
7	anschauen	انشاون	کتل
8	anschwellen	انشویلن	پړسول
9	anstellen	انشتلن	مقررول
10	anstrengen	انشترنگن	زحمت کښل
11	anziehen	انتسیهن	اغوستل
12	arbeiten	اربایتن	کار کول
13	aufhören	اوفهورن	پرېښودل
14	aufmachen	اوفماخن	خلاصول
15	ausfüllen	اوسفولن	ډکول
16	ausruhen	اوسروهن	استراحت کول
17	ausschalten	اوسشالتن	مړ کول
18	auswendig lernen	اوسویندیگ لرنن	په یادول
19	befehlen	بفهلن	امر کول
20	besetzen	بزتسن	تصرف کول
21	bestellen	بشتلن	فرمایش ورکول
22	beten	بتن	دعا کول
24	binden	بیندن	تړل

26	brennen	برینن	سوځېدل
27	bringen	برینگن	راوړل
28	danken	دانکن	تشکر کول
29	denken	دنکن	فکر کول
30	diskutieren	دیسکوتیرن	مباحثه کول
31	einschalten	اینشالتن	بلول
32	entschuldigen	انتشولدیگن	بخښل
33	erziehen	ارتسیهن	روزل
34	essen	اسن	خوړل
35	fallen	فالن	ولېدل
36	festnehmen	فست نهمن	گرفتارول
37	finden	فیندن	پیدا کول
38	fliegen	فلیگن	الوتل
39	fragen	فراگن	پوښتنه کول
40	fragen	فراگن	سوال کول
41	geben	گبن	ورکول
42	gehen	گهن	تلل
43	gründen	گروندن	تاسیسول
44	haben	هابن	درلودل
45	heben	هبن	پورته کول
46	heiraten	هایراتن	واده کول
47	helfen	هلفن	کومک کول
48	hinauswerfen	هیناوس ویرفن	هیسته کول
49	hören	هورن	اورېدل
50	jagen	یاگن	ښکار کول

51	kochen	کوخن	پخول
52	kochen	کوخن	پخلی کول
53	können	کونن	کولی سول
54	kratzen	کراتسن	گرول
55	küssen	کوسن	مچول
56	lachen	لاخن	خندا کول
57	laufen	لاوفن	ځغستل
58	legen	لگن	ایښودل
59	lernen	لرنن	زده کول
60	lesen	لیزن	لوستل
61	machen	ماخن	کول
62	nähen	ناهن	گنډل
63	nehmen	نیمن	اخیستل
64	öffnen	وفنن	خلاصول
65	produzieren	پرودوتسیرن	تولیدول
66	rechnen	رشنن	حسابول
67	rennen	رینن	ځغستل
68	reparieren	ریپاریرن	ترمیمول
69	rutschen	روتشن	ښوییدل
70	sagen	زاگن	ویل
71	schenken	شنکن	تحفه ورکول
72	schlafen	شلافن	بیدېدل
73	schlafen	شلافن	خوب کول
74	schlagen	شلاگن	وهل
75	schließen	شلیسن	تړل

77	schneiden	شنایدن	پرې کول
78	schreiben	شرایبن	لیکل
79	sein	زاین	اوسیدل
80	senden	زندن	لیږل
81	sitzen	زیتسن	کښېناستل
82	spielen	شپیلن	لوبه کول
83	stehen	شتهن	درېدل
84	suchen	زوخن	لټول
85	teilnehmen	تایل نیمن	ګډون کول
86	tragen	تراگن	وړل
87	trinken	ترینکن	څښل
88	üben	وبن	تمرین کول
89	überraschen	وباراشن	ګیرول
90	überweisen	وبر وایزن	حواله کول
91	überzeugen	وبر تسوگن	یو چا ته قناعت ورکول
92	unterschreiben	ونترشرایبن	امضا کول
93	verabschieden	فرابشیدن	خداي پاماني اخیستل
94	verkaufen	فرکاوفن	خرخول
95	verstehen	فرشتهن	پوهېدل
96	versuchen	فرزوخن	کوښښ کول
97	vorsichtig sein	فورزیشتیگ زاین	پام کول
98	wachsen	واکسن	غځېدل
99	wählen	واهلن	انتخابول
100	wegnehmen	ویگ ن یمن	د یوچاسه یو شی اخیستل
101	wehen	وهن	باد لګید

Kurzgrammatik

دستور زبان آلمانی

24.21 Grammtikbegriffe — دستور زبان

25	das Futur (Zukunft)	آینده
26	das Plusquamperfekt (3. Vergangenheit)	ماضی بعید (دستور زبان: سومین شکلِ زمانِ گذشته)
27	der Indikativ (Wirklichkeitsform)	(خبری)
28	der Konjunktiv (Möglichkeitsform)	وجه شرطی
29	das Aktiv (Tätigkeitsform)	معلوم
30	das Passiv (Leideform)	مجهول
31	das Adverb (Umstandswort)	قید
32	das Subjekt (Satzgegenstand)	فاعل
33	das Prädikat (Satzaussage)	گزاره
34	das Objekt (Satzergänzung)	مفعول
35	der Hauptsatz	جمله اصلی
36	der Nebensatz	جمله پیرو
37	die Zeitbestimmung	تعیین زمان
38	die Ortsbestimmung	تعیین موقعیت
39	die Angabe der Art und Weise	بیانِ حال
40	das Pronomen (Fürwort)	ضمیر
41	das Fragewort	کلمه سؤالی
42	das Possessivpronomen (besitzanzeigendes Fürwort)	ضمیر مِلکی
43	die indirekte Rede	بیانِ غیرِ مستقیم
44	die Grammatik	دستور زبان

KAPITEL 25

ANHANG
REGISTER

25. 1 Register Deutsch - Paschtu   دآلماني لغتونو فهرست

آلمانی	تلفظ آلمانی	پښتو
ab	اب	له
Abend, der	ابند	ماښام
Abendessen, das	داس آبند أسّن	ماشام ډوډۍ / خوړا
Abendschule, die	آبَندشُولَ	د شپې ښوونځي
abfärben adj.	أب فاربن	رنګ ورکول
Abflug, der	دِر أبفلوغ	الوتنه
Abkürzung, die	دی، ابکورسونگگ	اختصار
ablehnen	أبْلِنَنْ	رد کول
Ablehnung, die	أبلَانُنگ	رد
Absage bekommen	أبصَاگَ بَکُمَن	رد کیدل
absagen	ابزاگن	فسخ کول
Absatz, der	ابزاتس،در	بند
abschätzen	ابشاتسن	حدس وهل
Abschluss, der	أبشلُس	شهادت نامه
Absender, der	در،ابزندر	لیږونکی
Absicht, die	أبْسِشْت	قصد
absteigen	أبْ شتایغن	کوزېدل / کښته کېدل
abstürzen (herunter)	أبشتُورسن) هر أونتر(	غورځېدل
Abteilung, die	دی، ابتای لونگ	برخه
Abteilungsleiter, der	در، ابتای لونگس لایتر	د برخي ریس
abwägen	أبْوِگَن	سنجول
abwaschen	أبفاشن	پريمينځل
abwesend, adj.	أبوِيزَند	غير حاضر
acht	أَخت	اته
achten	أَخْتَن	پام کول
achtens	أختنس	اتم

آلمانی	تلفظ آلمانی	پښتو
Achtgeben	أخْتكِبَنْ	احتیاط
achtzehn	أخسين	اتلس
addieren	اديرن	جمع کول
Adler, der	دِر آدْلَر	عقاب / باز
adoptieren	أَدُبْتِيرِنْ	د بل اولاد خپلول
Adresse, die	أَدرِسَّ	آدرس
Affe, der	دِر أفَّهْ	بيزو
Afghanische Rothalbmond, der	دِر أفغانشهْ روتهالب موند	د افغانستان سره میاشت
aggressiv adj.	أگرِسيف	تهاجم
Agrar, das	داس، اگرار	بزگري
Aids	أيدس	ايډز
Akademie, die	أَكَدِمِيْ	آکاډمي
Aktie, die	دی، اکتیه	برخه
aktivieren	أَكْتِويرِن	په کار اچول
Aktualität, die	دی، اکتواليتات	تازه
akzeptieren	اکتسپتيرن	قبلول
Alarm, der	دِر ألارم	د خطر اعلان
Album, das	آلبومها	البوم
Alle Freunde	دوستان‌همه	ټول ملګري
allein	الاين	يو اځي
Allergie, die (sein)	دي ألارغي) زاين(	حساسيت لرل
Allianz, die	دي أليانس	اتحاد
als	الس	کله چی
als Märtyrer sterben	أَلْس مَرْتِيْرَر شتَرْبَنْ	شهيد کيدل
alt adj.	أَلْت	زوړ

آلمانی	تلفظ آلمانی	پښتو
Aluminium, das	داس ألومينيوم	المونيم
am	ام	په
Ameise, die	دي آمايزهْ	غومبسه / غالبوزه
Amtsgericht, das	داس، امتس گريشت	محکمه
Amtszeit, die	أمتسصَيت	د خدمت دوره
Amtszeit, die	دي أمتس سايت	موده / نيونه
amüsieren	دِر،أَمُوسِيرِن	ساعت تېرول
an	ان	په
Ananas, die	دي أناناس	اناناس
anbauen (Pflanzen)	)انباون) فلانسن	کرهڼه کول
anerkennen	ان يرکنن	دنده
Anerkennung, die	أنأَرکَنُّنگ	پيژندنه
Anfang, der	دِر أنفانغ	پيل / شروع
Angebot und Nachfrage	انگبوت اوند ناخفراگه	عرضه او تقاضا
Angebot, das	داس، انگيبوت	عرضه
Angestellte, der	انگی شتلتر،در	کارمند
angewiesen	أَنْکِفِسِن	تړ لی
Anhang, der	در،انهانگ	تړلی
Anklage, die	دی، انکلاگه	تهمت
Ankunft, die	دي أنکونفت	رسېدل
Anleitung, die	أَنلَيْتُنگ	رهنما
anmelden	امْلدن	داخلول
anmelden adj.	)ثبات نام کردن)ورود	ثبت کول
Anmeldung, die	نام‌نویسی	ځان ثبت کولوځای
Annahme, die	أَنَّامَ	بر داشت
annehmen	أَمِّنْ	قبلول

آلمانی	تلفظ آلمانی	پښتو
anreden	انردن	يو چا سره خبري شروع كول
anrufen	انروفن	زنګ وهل
anrufen	انروفن	يو چا ته ټلفون كول
Ansage, die	دي أنزاغه	اعلانول /خبر وركول
anschauen	أَنْشَوَن	كتل
anschauen	انشاون	كتل
Anschein, der	أَنْشَيْن	ظاهر
anschwellen	انشويلن	پړسول
Anspruch, der	أنشبْرُخْ	ادعا
anständig adj.	أَنْشتَنْدِګ	آبرومند
anstellen	انشتلن	مقررول
anstellen, (sich)	سيش انستيلن	پرمخ تګ
anstrengen	انشترنګن	زحمت كښل
anstrengen, (sich)	أَنْشَرِنْكِنْ	زحمت كښل
Anstrengung, die	أَنشتِرنګُنْګ	هلی ځلی
Antenne, die	دی، انتينه	آنتن
Antiquariat, das	داس، انتی قواريات	د پخوانيو كتابونو پلورنه
Antrag, der	در، انتراګ	درخواست
antworten	انت ورتن	پروژه
antworten	انت ورتن	جواب وركول
anweisen	أَنْوَيْسِنْ	دستور وركول
anwesend adj.	أَنوِيزَند	حاضر
anwesend sein	أَنوَازَند زَيْن	حاضر
Anzeige, die	دی، انسايګه	اطلاعيه
anziehen	انتسيهن	اغوستل

آلمانی	تلفظ آلمانی	پښتو
Apfel, der	دِر أبْفل	منه
Apfelsine, die	دي أبفل زينهْ	مالټه
Apotheke, die	دي أبوتيكهْ	درملتون
Appetit, der	أبَتِيت	اشتها
Applaus, der	در، اپلاوس	صحنه
Aprikose, die	دي أبريكوزهْ	مندته / زردالو
Arabische Liga, die	دي أرابشهْ ليغا	اتحاديه کشورهای عرب
arbeiten	اربايتن	کار کول
Arbeiter, der	در، اربايتر	کارګر
arbeitsam adj.	أربَيْتسَام	خواري کښ
Arbeitslosigkeit, die	دی،اربايتس لوسيگ کايت	وزګاري
Arbeitsmethode, die	دی،اربايتس ميتهود	د کار طريقه
Arbeitstag, der	در،اربايتس تاگ	په کار ګمارل
Arbeitszimmer, das	داس أربايتس سيمّر	د کار کوټه
Archäologie, die	أرهَئُلُگِيْ	لرغون پيژندنه
Architektur, die	أرحِتَكتُور	مهندسي
ärgerlich	ارگاليش	په قهر
argumentieren	أرْكُمَنْتِرِن	دليل راوړل
argumentieren	أرگُمَنتِيرِن	دلايل ويل
Arm, der	أَرم	لاس
Armband, das	ارمباند	بنګړي / لاسبند
Armut, die	دي أرموت	لوږه / غريبی
Art und Weise, die	أرْت أُند وَيْزِ	طريقه
Artenschutz, der	دِر أرتن شوس	ورانول
Arterie, die	أرتَارِئَ	شا ه رګ
Artikel, der	در،ارتيکل	بند

آلمانی	تلفظ آلمانی	پښتو
Arztpraxis, die	دي أرست براكسيس	د معاینې خونه
Ast, der	درِ أست	شاخه
Asthma, das	داس أستما	ساه لنډی
Atelier, das	داس، اتیلیر	نقاشي کارګاه
Atembeschwerden, die	دي آتَم باشفاردن	ساه بندی
Atheist, der	أتَئِست	بی خدایه
Atomsphäre, die	اتموس فیره	فضا
Atomwaffe, die	دي أتوم فافَهْ	اتمی وسله
Attraktion, die	دي أتراكتسيون	په زړه پورې کتنه
Aubergine, die	دي أوْبرجينهْ	تور باجان
auf	اوف	پر
aufforsten	أوْف فورستن	جنګل‌سازی کردن
Aufführung, die	دی،اوف فورونګ	نمایش
Aufgabe, die	أوْفقَابَ	دنده
aufhören	اوفهورن	پرېښودل
Auflage, die	دی، اوفلاګه	چاپ
auflegen	اوف لګن	د ټلفون ګوشقه ایښودل
auflösen (Konto)	)اوف لوزن) كونتو	د حساب حل کول
aufmachen	اوفماخن	خلاصول
Aufmerksamkeit erregen	أوْفمَركصَامكَيْت أرِيگَن	د توجه ګرځېدل
Aufmerksamkeit, die	أوْفمَركسصَمكَيْت	توجه
aufnehmen	اوف نهمن	ضبط کول
aufräumen	أوْف رويْمَن	ټولول
Aufsatz, der	أوْفصَس	مقاله
Aufstand, der	دِر أوْف شتاند	پاڅون

آلمانی	تلفظ آلمانی	پښتو
Aufständische, der	دِر أوْف شتانديشهْ	ياغيان
aufwachsen	أوْفوْوَكْسَنْ	غتېدل
aufziehen	اوف سيهن	کشول
Auge, das	دس،اوگ	سترګه
Augenarzt, der	دِر أوْغن أرست	د سترګو ډاکټر
Augenbraue, die	دی،اوگنبرو	ورځه
Augenlid, das	دس،اوگنليد	د سترګو باڼه
Augenzeuge, der	در،اوگن سويگه	عيني شاهد
aus	اوس	له
ausbilden	أوْسبِلدَن	ښوونه ورکول
Ausbildung, die	أوْسبِلدُنگ	ښوونه
Ausdauer, die	دی، اوسداور	تحمل
Ausflug, der	دِر أوْس فلوغ	چکر /ګرځيدنه
ausführen	أوْسفُرَنْ	اجرا کول
ausfüllen	اوسفولن	ډکول
Ausgabe, die	دی، اوسگابه	ټوک
Ausgang, der	دِر أوْس غانغ	وتل
ausgezeichnet	اوسگيتسايشنيت	ډېر ښه
aushalten	أوسهَلْتَن	زغمل
Auskunft, die	دي أوْس كونفت	معلومات / لارښوونه
Auslandstudium, das	أوْسلَندشتُودِئُم	په بهر کي تحصيل
auspressen	أوْس براسّن	اوبه ايستل
ausprobieren	أوس بروبيرن	ازمويل / کتل
Ausrede, die	أوْسرِدَ	بهانه
ausreisen	أوس ريْزن	سفر کول
ausruhen	اوسروهن	استراحت کول

25. 1 Register Deutsch - Paschtu

آلمانی	تلفظ آلمانی	پښتو
ausschalten	اوسشالتن	مړ کول
Ausschalten, das	اوس شالتن	دند کول
Aussehen, das	أَوْسَّاهَن	ظاهري ښکارېدنه
Außenhandel, der	در،اوسن هاندل	داخلي سوداګري
außer	اوسر	پر ته
äußere adj.	أُيْسَرِ	ظاهر
außerhalb	اوسرهالب	د باندې
außerhalb von	اوسرهالب فون	د باندې له
Ausstellung, die	دی، اوس شتلونګ	نما یشګاه
ausstrahlen (Sendung)	)اوس شترالن) زندونګ	پخش کول
ausüben	لایتن،اوس ون	هدایت کول
Ausweis, der	دِر أوْس فایس	تذکره
auswendig lernen	أَوْسوَندِګ لَرنَن	د یاده کول
auswendig lernen	اوسویندیګ لرنن	په یادول
automatisch adj.	اوتوماتیش	په خپل سر کارکول
Autor, der	در، اوتور	لیکونکی
backen	باګّن	کېک کلچه پخونکی
backen	باګّن	پخول
Bäcker, der	در، باکر	نانوای
Bäcker, der	دِر باګّر	ډوډۍ پخونکی
Bäckerei, die	دي باګّرايْ	نانوايي
Badeanzug / Bikini, der	باده انځوک	د لامبو جامې
baden	بادن	حمام کول
Bahnhof, der	دِر بان هوف	رېل سټېشن) تم ځای)
Bahnhofhalle, die	دي بان هوف هالّهْ	د رېل تم ځای کوټه

آلمانی	تلفظ آلمانی	پښتو
Bahnsteig, der	دِر بان شتایغ	رېل ختلو ځای
Bakterie, die	دي باکتیریَهْ	میکروب
bald	بالد	نږدی
Balkon, der	دِر بالوکن	برنډه
Ball, der	در،بال	د نڅا مجلس
Banane, die	دي بنانهْ	کېله
Bank, die	دی، بانک	بانک
Bankangestellte, der	در، بانک انگشتلتر	د بانک کارکونکی
Bär, der	دِر بایْر	یږ
Bart, der	دِر بارت	ږیره
Basilikum, das	داس بزیلیکوم	وچ شنه
Bau, der	در،باو	تمرین
Bauarbeiter, der	در، باو اربایتر	ساختماني کارگر
Bauch, der	بَوْخ	نس
Bauer, der	در، باور	بزگر
Baum, der	دِر باوم	درخت
Baumstamm, der	دِر باوْم شتام	تنه درخت
beantragen	بِأنترَگَن	تقاضا کول
bearbeiten	بی ارباتن	پر یو څه شی کارکول
beaufsichtigen	بیاوف زیشتیگن	څارنه کول
beauftragen	بیاوفتراگن	دنده ورکول
Bedarf, der	بَضَرف	نیاز
bedeckt adj.	بیدیکت	ابری
bedenken	بَدَنْکَنْ	در نظر داشتن
Bedienungsanleitung, die	دی،بدینونگس انلایتونگ	د لارښوني نه گټه پورته کول

25. 1 Register Deutsch - Paschtu

آلمانی	تلفظ آلمانی	پښتو
Bedrohung, die	بیدروهونگ	ډار /ډارونه
Bedürfnis, das	بَدُرْفْنِس	احتیاج
beerdigen	بَأَرْدِگَنْ	ښخول
Beerdigung, die	بَأَرْدِگُنْگ	ښخول
Befehl, der	بِفِلْ	فرمان
befehlen	بِفِلِنْ	فرمان ورکول
befehlen	بفهلن	امر کول
befragen	بِفرَکِنْ	پوښتنه کول
befreien	بفراین	آذاده ول
begabt adj.	بَقابت	استعداد لرونکی
Begegnung, die	دی، بگیگ نونگ	سلوک
begeistern adj.	بَگَیسترْنْ	به هیجان آوردن
begleiten	بِگْلَیْتِنْ	بدرگه کول
begraben	بَگرَابَن	ښخول
behandeln (medizinisch)	بهاندلن مدیتسینش()	تداوي کول
Behandlung, die	دي بهاندلونغ	تداوي کول
bei	بای	سره
bei	بای	سره
Beileid, das	بَیْلَیْد	خواخوږي
Bein, das	دس،بین	پښه
Beispiel, das	بَیْشپِل	مثال
Bekannte, der	دِر،بِکَنْتِ	آشنا
beklagen	بِکَلَکِن	گله کول
beleidigen	بِلَیْدِکن	توهین کول
beliebt	بیلیبت	نامتو

آلمانی	تلفظ آلمانی	پښتو
beliefern	بیلیفرن	لیږل
bemerken	بِمَرْکِن	متوجه کیدل
bemühen	بِمُوهَن	ځان ته تکلیف ورکول
bemühen	بِمُوهِن	غمخواري کول
Bemühung, die	بِمُوهُنگ	خواري
beneiden	بَنَیْدَنْ	حسودی کردن
benötigen	بِنِتِگَن	ضرورت لرل
benutzen	بِنُتْزِنْ	استعمالول
benutzen	بینوسن	په کار گمارل
Beobachter, der	دِر بَ أوباختر	څارونکی /کتونکی
Berberitze, die	دي بِرْبَرْیسهْ	زنکۍ
bereit adj.	بِرَیْت	تیار
bereits, schon	بیراتس،شون	مخکې
Berg, der	دِر بارغ	غر
Bergbau, der	در، برگ باو	د معدن کار
Bericht, der	در، بریشت	گذارش
berichten	بریشتن	گذارش ورکول
berücksichtigen	بَرُکْزِحْتِگَن	په نظر کي لرل
Beruf, der	برُوف	مسلک
Berufsausbildung, die	بَرُوفسأوْسبِلدُنگ	ښوونه ورکونکی
berühmt	بیرومت	مشهور
berühmt adj.	بیرومت	مشهور
Besatzung, die	دي براسونغ	یرغمل
Besatzung, die	دي براسونغ	د الوتکې کارکوونکي
Besatzung, die (Militär)	بَصَتسُنگ	اشغال گر

آلمانی	تلفظ آلمانی	پښتو
beschädigen	بیشادیگن	تاوان اړه ول
beschäftigt	بیشافتیگت	مشغول
beschäftigt adj.	بیشافتیگت	مشغول
Bescheid geben	بِشَیْد کِبَنْ	اطلاع ورکول
beschreiben	بَشرَیبَن	تشریح کول
Beschreibung, die	بیشرایبونگ	معلومات/ څرگندوالی
Beschuldigung, die	دی، بشولدیگونگ	تهمت
Beschwerdekommission, die	دي بَشفاردهْ کومیسیون	د شکایتونوکمیسون
beschweren	بِشْوِرن	شکایت کول
besetzen	بزتسن	تصرف کول
besetzt adj.	بیزست	مصروف
Besetzung, die	بَستسُنگ	اشغال
besiegen	بسیغن	ماته ورکول
besorgt	بیزورگت	بېرجن
Bestandteil, der	دِر بشتاند تایْل	د جوړښت مواد
Bestattung, die	بَشتَتُنْگ	ښخول
bestechen	بشتیشن	رشوت ورکول
Bestechung, die	دی، بیشتیشونگ	رشوت
Besteck, das	بیشتیک	قاشق او پنجه
bestellen	بشتلن	فرمایش ورکول
Bestellung, die	دی، بیشتلونگ	فرمایش
Bestimmung, die	بَشتِمُنْگ	سرنوشت
bestürzen	بَشْتُرسَن	پرېشانول
Besucher, der	در،بیزوخر	چاک چاکې کول
Betäubung, die	دي بتویْبنغ	برخه / نشه

آلمانی	تلفظ آلمانی	پښتو
beten	بَاتَن	دعا کول / لمونځ کول
beteuern	بِتَيَنْ	تاکید کول
Betrag, der	در، فبيتراگ	منبع
betreffen	بِتَرِفَنْ	اړه لرل
Betrieb, der	در، بتريب	مديريت
betrunken	بيترونكن	نېشه
Bett, das	داس باتّ	کټ
Beule, die	دي بويْلاهْ	پړسېدل
beunruhigen	بَنُنْرُهِگَن	په عضاب کول
bevorzugen	بَفُورْسُوگَن	غوره ګڼل
bewässern	بيواسرن	د اوبو لګول
bewegen	بِويكِنْ	په حرکت راوستل
bewerben	بَوَربَن	داوطلب
bewirken	بِوِرْكِنْ	اثر کول
bewölkt adj.	بَفولكت	اوريځ کېدل
bewundern	بَوُنْدَرْن	ستايل
bewusst adj.	بَوُسْت	آ ګا هانه
bezeugen	بيسويگن	شاهيدي ورکول
Beziehung, die	دِي،بزِيُونْك	رابطه
Biene, die	دي بينهْ	مېرۍ
Bilder, die	عكس‌ها	انځورونه
Bilderhauerei, die	بيلد هاور راى،دى	مجسمه جوړول
Bildschirm, der	بيلدشيرم	مونيتور
Bildung, die	بِلدُنْگ،دي	ښوونه
Bildungsministerium, das	بِلدُنگسمِنِستَارِئُم	د ښووني وزارت

آلمانی	تلفظ آلمانی	پښتو
Bildungspolitik, die	بِلدُنگسپُلِتِیك	د سیاست ښوونه
billig	بیلیگ	یرزانه
Binde, die	دي بِندهْ	پټۍ
binden	بیندن	تړل
Binnenhandel, der	در،بینن هاندل	سوداگریزه توافقنامه
Birne, die	دي بیرنهْ	ناک
bis	بیس	تر
bis auf	بیس اوف	پر تر
bitten	بِتَّنْ	آرزو
bitter adj.	بیتّر	تریخ
blass adj.	بلَس	ژېړرنگه
blass adj.	بلاسّ	کمرنگه
Blatt, das	داس بلات	برگ
blau adj.	بلاو	شین،اسماني
Blei, das	داس، بلای	سرب
Bleistift, der	بلَیْشتِفت	پنسل
Blumenkohl, der	دِر بلومن کول	گل پي
Bluse, die	بلوزه	ښځېنه خت
Blüte, die	دي بلُوِتهْ	شگوفه
bluten	بلوتَن	وينې کېدل
Blutuntersuchung, die	دي بلوت أونترزوخنغ	د وینی ازموینه
Bodenschatz, der	در،بودن شاتس	معدني منابع
Bohne, die	دي بونهْ	لوبیا
Bohnermaschine, die	بوهر ماشینه،دی	برقي برمه
Bohrer, der	در،بوهرر	برمه
Bombe, die	دي بومْبهْ	بم
Börse, die	دی، بورزه	د اسهامو بازار

آلمانی	تلفظ آلمانی	پښتو
Botschaft, die	دي بوت شافت	سفارت
Botschafter, der	دِر بوت شافتر	سفیر
Boykott, der	دِر بوي كوت	بايكاټ / پوځی او اقتصادی بندیز
boykottieren	بويْ كوتيرن	بايكاټول / بندیز لګول
Brand, der	دِر براند	اور
braten	براتن	سور كول
braten	براتن	سره كول
Braut, die	دِي ,بَرَوْت	ناوې
Brautgabe, die	دِي,بَرَوْتگابْ	حق مهر
Bräutigam, der	بُرُيْتِيگم،دِر	زوم
brechen	برَشن	زړه بدیدل
Breite, die	دي برايْتهْ	پراخوالی / پلنوالی
brennen	برینن	سوځېدل
Brief, der	در، بريف	لیک
Briefkasten, der	در، بريف كاستن	پوستي صندوق
Briefmarke, die	دی، بريف ماركه	د لیک د لیږد پستي قیمت
Briefpapier, das	داس، بريف پاپير	د لیک کاغذ
Briefumschlag, der	در، بريف ومشلاگ	د لیک پاکټ
Brille, die	بريله	عینکې
bringen	برينگن	راوړل
Bronze, die	دي برونسهْ	برونز
Brotstück, das	داس بروتشتُوك	ډوډۍ ټوټه
Bruder, der	دِر بُرُدی	ورور
Brüderlichkeit, die	دِي,بُرُودَرْلِيشْكَيْت	ورورولي
brüllen	برُولّن	چغېدل
Brunnen, der	در، برونن	کوهی

25. 1 Register Deutsch - Paschtu

آلمانی	تلفظ آلمانی	پښتو
Brust, die	،بروست	تی
Brustwarze, die	دیگه،بروستورز	د تیو سرونه
Brutto	بروتو	فسخ کول
Buch, das	داس، بوخ	کتاب
Buchbinder, der	در، بوخ بیندر	کتاب خرڅونکی
buchen	بوخن	نوم لیکنه
Buchen, das	داس بوخن	نوم لیکنه
Bücherei, die	دی، بوشر رای	کتابتون
Buchhändler, der	در، بوخ هاندلر	کتاب خرڅونکی
Buchhandlung, die	دی، بوخ هاندلونگ	کتاب پلورنځی
Büchse, die	بوگسه	ډبلی
Buchseite, die	دی،بوخ زایته	صفحه
Buchstabe, der	بُوخشطَابَ	حرف
Bulle, der	دِر بولّهْ	غخکی / غویی
Bund, der	در،بوند	اتحادیه
Bundesrepublik, die	بُندَسرِببُلِیك	فدرالي جمهوري
Bundesstaat, der	بُندَسشطَات	ایالتي دولت
Bündnis, das	داس بُوِندنیس	پیمان
bunt adj.	بونت	رنګه
Bürger, der	در، بورگر	وطندار
Bürgermeister, der	بُرْگَرمَیْستَر	ښاروال
Bürgerrecht, das	داس، بورگر رش	د وطنداري حقوق
Büro, das	داس،بورو	دفتر
Bürogebäude, das	داس، بورو گیباوده	د دفتر بلاک
Bürotätigkeit, die	دی، بورو تاتیگگ کایت	د کار دفتر
Büstenhalter, der	بوستن هالتا	سینه بند

آلمانی	تلفظ آلمانی	پښتو
Büstenhalter, der	بوستن هالتا	سينه بند
Cashewnuss, die	دي كاشيوْ نوسّ	مومپلی
Charakter, der	كَرَكتَر	اخلاق
Chemie, die	شَمِيْ	كيميا
Chemische Waffe, die	دي شاميشهْ فافَهْ	كيمياوي وسله
Chili, der	دِر تشيلي	مرچ تند
Chirurgie, die	دي شيروغي	جراحي
clever adj.	كلَوَر	هوښيار
Computerkenntnis, die	كومپيوتا كينتنيس	كمپيوټر بلديا
Cousin, der (mütterlicherseits)	دِر ،كُوزَنْ	د خاله /د ماما زوی
Cousine, die (mütterlicherseits)	دِي،كُوسِينُ	د خاله /د ماما لور
Creme, die	دي كريمهْ	كريم / غوړ
Curry, der	دِر كويري	كوركومن
Currypulver, das	داس كوريي بولفر	د كوركومن پوډر
Dach, das	داس داخْ	د كوټې سر
Dachboden, der	دِر داخ بودن	كوټې سر منزل
Damenbekleidung, die	دي دامن بكلايدونغ	ښځينه جامې /كالی
Damenstiefel, der	دامن شتيفل	ښځينه موزه
dämpfen	دامبفن	چای جوشه
danken	دانكن	تشكر كول
dann	دان	پس
Dari	دَارِ	دری
arbeitsam adj.	أَربَيْتسَام	پركار
Arbeitslosigkeit, die	اربايتس لوسيگ كايت، دی	بيكاری
Arbeitsmethode, die	اربايتس ميتهود، دی	روش كار
Arbeitstag, der	اربايتس تاگ، در	روز كار

آلمانی	تلفظ آلمانی	پښتو
darlegen	دَرلِگن	توضیح کول
Darlehen, das	داس، دارلهن	قرض
Darm, der	دَارم	کولمه
Darsteller, der	در، دارشتلر	هنر مند
darüber hinaus	داروبر هیناوس	بر سیره
Datei, die	دی،داتای	دوسیه
Daten, die	داتن	اطلاعات / اومتوک
Dattel, die	دي داتّل	خجورې /خرما
Dattel, die	دي داتّل	خرما / خچورې
Datum, das	داس داتوم	نېټه
Daumen, der	ضَوْمَن	بټه گوته
Defätismus, der	دِفِتِسْمُسْ	پر بري باور نه درلودر
Delikt, das	داس، دلیکت	جرم
Demokratie, die	دَمُکرَتِي	دیموکراسي
denken	دَنْگَن	فکر کول
denken	دنکن	فکر کول
Denkmal, das	داس دنکمال	یادگار
der blaue Fleck	دِر بلاوّهْ فلاك	شین شوی بدن
Design, das	داس، دیساین	وړاندیز
desinteressiert adj.	دَسْإِنْتَرِسیئَرْت	بی‌علاقه
Dessert, das / Nachspeise, die	داسداس دیسار / دي ناخ شبایزهْ	د خوړو نه وروسته خواږه
destruktiv adj.	دَستَرُکتِیف	ورانوونکی
Detail, das	داس، دیتایل	جز ییات
Deutsch	دُیْتش	آلماني
Devise, die	دي دفیزهْ	بهرنۍ پیسې /اسعار
Diabetes, der	دِر دیاباتس	شکر ناروغي / ناجوړي

آلمانی	تلفظ آلمانی	پښتو
diagnostizieren	دیاغنوس تیتسیرن	د ناروغۍ پېژندل
Dialog, der	در،دیالوگ	محاوره
Diamant, der	دِر دیامنت	الماس
Diät machen	دِي آت ماخن	پرهېز کول
Diät, die	دي دِي آت	پرهېز
dick	دیک	پنډ
Didaktik, die	دِدَکتِك	د ښوونې او روزنې فن
Die Krähe / der Rabe	دي كْرَيْها / دِر رابهْ	کوټی / بوم
Dieb, der	دیب	غل
Dienstag, der	در دینستاغ	خلورنۍ /سه شنبه
Dienstgrad, der	دِینستگرَاد	رتبه
Dienstleistung, die	دی،دینست لایستونگگ	خدماتي کار
Dienstzeit, der	دی، دینست سایت	اداري ساعتونه
diktieren	دِکتِیِرن	املا ویل
Dill, der	دِر دیلّ	کوکنار
Diplomat, der	دِر دیبلومات	دیپلمات
Diplomatie, die	دی، دیپلوماتی	سیاستمدار
Direktflug, der	دِر دیرکت فلوغ	مستقیم / نېغ الوت
Direktor, der	در، دیرکتور	مدیر
diskutieren	دیسکوتیرن	مباحثه کول
Distel, die	دي دیستل	بوته خار
Distrikt, der	در،دیسترکت	لاپي گر
Disziplin, die	دِسّبلِین	انضباط
Doktorabschluss	دُکتُرأبشلُس	د داکټري شهادت نامه
Dokumentarfilm, der	در،دوکومنتار فیلم	مستند فیلم
Donnerstag, der	دِر دونّرستاغ	شپږ نۍ /پنج شنبه

آلمانی	تلفظ آلمانی	پښتو
doppelgesichtig adj.	دُبُلکسِشْتِش	دوه مخي
Draht, der	در، درات	سیم
Drama, das	داس،دراما	درامه
draußen	دراوسن	د باندې
drei	دراي	درې
dreizehn	درایسیْن	دیارلس
dringend adj.	درینگگند	ضروري
drinnen	درینن	د ننه
Dritte/r	دْریتّهْ/ دْریتّر	دریيم / دریم
drohen	دُرُهَنْ	تهدیدول
Drohne, die	دي درونَهْ	بې پیلوټه الوتکه
Drucker, der	دروکا	پرنټر /چاپکونکی
Druckerei, die	دی، دروکرای	چاپخانه
Druckfehler, der	در، دروک فهلر	غلط چاپ
dulden	دُلْدِن	منل
Dummheit, die	دُمهَیْت	بې عقلي
düngen	دونگن	پارو ورکول
dunkel adj.	دونکل	تیاره
dunkelblau adj.	دونکل بلاو	تاریکه شین /اسمانی
dunkelhäutig adj.	دُنگَلهُیْتِگ	تورپوستکی
dünn	دون	نری
dünn adj.	دُن	ډنگر
Durand-Linie	دُرَند لِنيَ	د ډیورنډ خط
durch	دورش	ټول
durch	دورش	په واسطه
durch	دورش	له منخه

آلمانی	تلفظ آلمانی	پښتو
durch	دورش	له لاري
durchaus	دورشاوس	بي له شکه
Durchfall, der	دِر دورش فال	اسهال
durchfallen	دُرشفَلَن	ناکامیدل
Dürre, die	دوره	وچکالي
Dusche, die	دوشه	د ځان مینځلو ځای
duschen	دوشن	ځان مینځل
Duschgel, das	داس دوش غال	د ځان صابون
Dutzend, das	داس دوتْسنت	بنډل /درجن
Ebbe und Flut die, die	ایبه اوند فلوت	د سمندر سطح لوړېدل او ټیټېدل
echt	أشت	خالص
Echte Trauerweide	أشتهْ تراور فایدهْ	درخت مجنون بید
Ego, das	إكُ	خپل ځان
Egoismus	إكُوِسْمُسْ	ځان خوښونکی
egoistisch	إكُوِسْتِشْ	ځانځاني
egozentrisch adj.	أكُسَنترِش	خود خواه
Ehefrau, die	دِي،إهِیفرَوْ	ښځه
Ehemann, der	دِر،إهِمَن	مېړه
Ehevertrag, der	إهَ فَرْتَرَكْ،دِر	نکاح خط
ehrlich adj.	آرْلِخ	راستگو
Ehrlichkeit, die	أَرلِشكَیْت	صداقت
Ehrlichkeit, die	دِي،إِرْلِیشْكَیْت	رشتیاویونکي
Ei, das	داس أيْ	هګۍ
Eidechse, die	دي أيْدَكْسا	شوبله / ځنځه
Eifer, die	أَیْفَ	شوق
eifersüchtig	ایفرزوشتیگ	بخیل

25. 1 Register Deutsch - Paschtu

آلمانی	تلفظ آلمانی	پښتو
eifersüchtig adj.	أَيْفَرسُهتِگ	په حسادت سره
Eigenschaft, die	أيكِنشَفْت	خاصيت
Eigentümer, der	در،ايگن تومر	څښتن
Eignung, die	أَيْگنُنگ	پياوړتيا
Eilsendung, die	دی، ايل زيندونگ	عاجل ليږل
ein Achtel	أين أختل	اتمه برخه
ein Drittel	أين دريتّل	دريیمه / دريمه برخه
ein Fünftel	أين فُونفتل	پنځمه برخه
ein Neuntel	أين نويْنتل	نهمه برخه
ein Sechstel	أين زكستل	شپږمه برخه
ein Siebtel	أين زيبتل	اوومه برخه
ein Verbrechen begehen	اين فربرشن بيگهن	جنايت كول
ein Viertel	أين فيرتل	څلورمه برخه
ein Zehntel	أين سيْنتل	لسمه برخه
Einband, das	داس، اينباند	د كتاب ټوک
Einbildung, die	أَيْنبِلْدُنگ	خيال پلو
Eindruck, der	أَيْندرُك	انگيرنه
Eindruck, der	أَيْندُرُگ	نظر
einen Fehler begehen	أَيْنِنْ فِلَ بِكِن	اشتبا ه كول
einen Gefallen tun	أينًا گفلّنْ تُونْ	پهٔ يو چا مهرباني كول
einfach adj.	أَيْفَح	ساده
Einfluss, der	در، اينفلوس	تاثير
eingestehen	أَيْنكِشْتِن	اقرار كول
einhalb	أيْن هالب	نيم
Einheit, die	دِي ,أَيْنهَيْت	اتحاد

آلمانی	تلفظ آلمانی	پښتو
Einigung, die	أَيْنِكُنْك	توافق
Einkommen, das	داس، اينكومن	عمل كول
Einladung, die	دی، اين لادونگ	دعوت
Einleitung, die	دی ، اين لايتونگ	سريزه
einreisen	أين رِيْزن	ببرته راتلل
eins	أينس	يو
einschalten	اينشالتن	بلول
Einschalten, das	اينشالتن	چالانه كول
einschätzen	أَيْنشَتْزِن	حدس وهل
Einschätzung, die	أَيْنشَتسُنگ	سنجش
einschleusen	اينشلوزن	څارنه
Einschreibung, die	أَيْنشرَيْبُنگ	نوم ليكنه
einschreiten	أَيْنشَرِيْتِنْ	مداخله كول
Einsicht, die	أَيْنسِشْت	خيال
Einspruch, der	در،اين شپروخ	اعتراز
einsteigen	أين شتايغن	ختل
einstellen	اين شتلن	سپكول
Eintrittskarte, die	دي أَيْنتريتس كارتهْ	د ننوتلوټكټ
einundzwanzig	أيْن أوندسفانسيش	يوويشت
einweihen	اين وايهن	افتتاح كول
Einweihung, die	دی،اين وايهونگ	افتتاح
einzahlen	اينسالن	تاديه كول
Eis, das	داس أيس	يخ / كانګل
Eisen, das	داس، ايزن	اوسپنه
Elan, der	إلَنْ	ذوق
Elch, der	دِر ألْش	ګوزه

25. 1 Register Deutsch - Paschtu

آلمانی	تلفظ آلمانی	پښتو
Elefant, der	دِرأليْفانت	فيل
elektrisch adj.	يليكتريش	بريښناي
elektronische Überwachung, die	ايليكترونيشه اوبار واخونگ	برېښناي نظارت
Elektrotechnik, die	أَلكترتّهنِك	د بريښنا تخنيک
elf	ألف	يوولس
Ellbogen, der	أَلبُوگَن	څنگل
Eltern, die	دِي إِلتِرْن	مور او پلار
Emirat, das	إمِرَات	امارات
Emotion, die	أَمُتسِئُون	احساسات
emotional adj.	أَمُسِئُنَال	احساساتی
Empathie, die	أَمْبَتِ	خواخوږی
Empfänger, der	در،يمفانگر	اخيستونکی
empfehlen	إمْفِلنْ	توصيه کول
empfinden	أمْبفِندن	احساس کول
Empfindung, die	أَمْفِنْدُنگ	احساس
Ende, das	داس أندهْ	پای
Energie, die	دي أنَرْغي	برابرتيا
eng adj.	أنغ	تنگ
Engel, der	أنگَل	ملايکه
engstirnig adj.	أنگشتِرنِنگ	تنگ نظره
Enkel, der/ Enkelin, die	إنكل دِي إِنْكَلِينْ،دِر	لمسی
Ente, die	دي أنْتهْ	هلۍ / پتکه
Entfernung, die	دي أنتْفارنونغ	واټن
Entfernung, die	دي أنتفارنونغ	مسافه
entführen	اينتفورن	تښتول
Entgegnung, die	أنتگَاگْنُنْگ	عکس العمل

آلمانی	تلفظ آلمانی	پښتو
entlang	ينتلانگ	په غاره
entschädigen	ينت شاديگن	تاوان ورکول
entscheiden	أنْتشَيْدِنْ	تصميم نيول
Entscheidung, die	إنْشَيْدُنْك	تصميم
Entschlossenheit, die	أنتشلُسَّنهَيْت	تصميم نيوونه
entschuldigen	انتشولديگن	بخښل
entsetzt adj.	أنتزَتست	حيران
enttäuschen	أنْتُيْشَن	مايوسول
entwaffnen	أنْتفافنن	بی وسلی کول
Entwaffnung, die	دي أنت فافْنونغ	خلع سلاح / بېوسلې کول
entwerfen	أنْتوَرْفَن	چټل نويس ليکل
Entwurf, der	در،ينت وورف	سريزه ليکنه
Entzündung, die	أنسُونِدونغ	سوی
Epilepsie, die	دي آبلابسي	ميرګي
Epoche, die	دی، يپوخی	زمانه
erben	أرْبَن	ميراثت اخستيل
Erbschaft, die	أرْبْشَفْت	ميراثت
Erbse, die	دي أربسهْ	چنې / نخود
Erdbeben, das	ايرد بيبن	زلزله
Erdbeere, die	دي أردبيْرهْ	ځمکې توت / ځمکې توت / مځکې توت
Erdgas, das	داس،يرد گاز	طبعي غاز
Erdnuss, die	دي أرْد نوسّ	اينخر
Erdöl, das	داس،يرد ول	نفت
erfinden	أرْفِنْدَنْ	اختراع کول
Erfindung, die	دی، يرفيندونگگ	اختراع
erhellen	أرْهِلَّنْ	روښانه کول

25. 1 Register Deutsch - Paschtu

آلمانی	تلفظ آلمانی	پښتو
Erinnerung, die	أَرِنَرُگ	خاطره
Erkältung, die	دي أركالتونغ	زوکام
erklären	أَرْكِلِرِنْ	تشريح كول
erklären	أَركلَارِن	تشريح كول
Erlass, der	در،يرلاس	بخشش
erlauben	أَرْلَوْبِنْ	اجازه ورکول
Erlaubnis, die	أَرْلَوْبِنِسْ	اجازه
erläutern	أَرلُيْتَرن	تشريح كول
erleichtern	يرلايشترن	گټه اخيستل
Ermäßigung, die	دی، يرماسيگونگگ	تخفيف
Erneuerbare Energien, die	دي أرنويّر بارهْ أنرغين	كيدنه
ernst adj.	أَرْنست	جدی
ernsthaft	يرنستهافت	كلك
ernten	يرنتن	رېبل
Erosion, die	دي أروزْيون	خام مواد
erpressen	أربرَسّن	تهديد كول
Erpressung, die	دي أرْبرَسّونغ	تهديد
Erprobung, die	دی، يرپروبونگ	آزمايش
Erregung, die	أَرَاگُنْگ	هيجان
erreichen	أَرَيحَن	يو ځای ته لاس رسېدل
Errungenschaft, die	أَرُنْگَنْشَفت	پرمختک
Ersatzteile, die	دی، يرزاتس تايله	اضافه پرزه
Ersatzwagen, der	دِر أرزاس فاغن	اضافگي موټر
ersetzen	أرسَتْزِنْ	عوض كول
erstaunen	أرْشَتَوْنِنْ	تعجب كول
Erstaunen, das	أرْشَتَوْنِنْ	تعجب

25. 1 Register Deutsch - Paschtu

آلمانی	تلفظ آلمانی	پښتو
Erste Hilfe	أیْرستهْ هیلفهْ	لومړۍ مرسته
erste Klasse, die	دِر أیْرستهْ كلاسّهْ	لومړی كلاس
Erste/r	أیْرستهْ / أیْرستر	لمړی
ertrinken	أرترینكن	ډوبیدل
erwachsen adj.	أَرْوَكسَن	بالغ
Erwachsene, der	أَرْوَكْسَنَ	بالغ
Erwachsener	أَرْوَكسَنَر	د ډېرعمر
erwarten	أَرْوَرْتَن	توقع لرل
erwarten	أروَتَن	تمه كول
Erwartung, die	أَرْوَتُنْك	توقع
erweitern	یروایترن	توسعه وركول
erziehen	أَرسِیهَن	روزنه
erziehen	ارتسیهن	روزل
Esel, der	دِر آزل	خر
Essay, das	داس،یسای	مقاله
essen	اسن	خوړل
Essig, das	داس أسّیغ	زیره
Etage, die	دي أتاجهْ	منزل / پوړ
Etat, das	در،یتات	بودجه
etwas verbessern	أَتوَس فَربَسَرن	اصلاح كول
Eule, die	دي أویْلهْ	كوتره
Europäische Union, die	دي أویروبایِشهْ أونیُون	اتحادیه اروپا
Exemplar, das	داس، یكسمپلار	نمونه
expandieren	یكسپاندیرن	توسعه وركول
Experte, der	در، یكس پرته	متخصص
Export, der	در،یكسپورت	صادرات

آلمانی	تلفظ آلمانی	پښتو
exportieren	یکسپورتیرن	صادر کول
Fabrikarbeiter, der	در،فابریک اربایتر	کار گاه
Fach, das	فَخ	مضمون
Facharzt, der	دِر فاخ أرست	ځانګړی ډاکټر
Fachausbildung, die	فَحاأَوْسبِلدُنګ	مسلکي روزنه
Fächer, das	فیشر	پکه
fachkundig adj.	فاخکوندیګ	د فن خاوند
Fachmann, der	در، فاخمان	کار پوه
Faden, der	دِر فادن	تار
fähig adj.	فَاهِګ	توان
Fähigkeit, die	فَاهِګْګَیْت	کمال
Fahrkarte, die	دي فار کارتهْ	ټکټ
Fahrplan, der	دِر فار بلان	د تګ راتګ وخت / پلان
Fahrstuhl, der	دِر فار شتول	لیفټ
Fairness, die	فَیْرْنَس	انصاف
Fakt, der + das	فَکْت	واقعیت
Fakultät, die	فَکُلتَات	فاکولته
Falke, der	دِر فالْکهْ	باښه
Falle, die	دي فالّهْ	شرموښکۍ
fallen	فالن	ولېدل
falsch	فالش	غلط
Fälschung, die	دي فالْشونغ	تقلب
Fanatiker, der	فَنَاتِکَر	متعصب
fantastisch	فانتاستیش	ډېر ښه
Farbe, die	دی، فاربه	رنګ
farblich passen	فاربلیش باسّن	رنګ برابرول

آلمانی	تلفظ آلمانی	پښتو
Fasan, der	دِر فازان	زرين مرغه
Faser, die	دي فازر	تار
fast	فاست	نږدې
fasten	فَسْتَن	روژه نيول
faul	فاول	تنبل
faul adj.	فَوْل	تنبل
faxen	فاكسن	فكس كول
Feder, die	دي فيْدر	بنيكه
Feder, die	دي فيْدر	څاله
Fehler, der	فِلَ	غلط
Feier, die	فاير،دی	جشن
Feiertag, der	در، فايرتاگ	د رخصتي ورځ
Feige, die	دي فايغهْ	پاخه
Felsen, der	دِر فلْزَن	ډبره
Fenchel, der	دِر فانشل	دالچيني
Ferngespräch, das	داس،فرن گشپريش	ده ليرې ځاي ټلفون
Fernseher, der	در، فرن زهر	ټلويزيون
Fernsehfilm, der	فرنزه مفيلم.در	فيلم
fertig	فرتيگ	تيار
Fertigkeiten, die	فَرْتِگْگَيْتَن	مهارت
Festnahme, die	فيستنامه	لاس نيول
festnehmen	فست نهمن	گرفتارول
Festung, die	دي فاستونغ	ودانۍ
fett adj.	فَت	چاغ
feucht adj.	فويْشت	لمجن /لوند
Feuer, das	فويا	اور

آلمانی	تلفظ آلمانی	پښتو
Feuerstein, der	دِر فویَر شتاین	اور کانی
feurig adj.	فویْریش	تریخ لکه اور
Fieber, das (haben)	داس فیبر هابن	تبه
Figur, die	فِگُور	اندام
Figur, die	فیگور	بڼه / اندام
Filz, der	فیلز	د فرشونو مواد
Finanzen, die	دی،فینانسن	مالي چاري
finden	فیندن	پیدا کول
Finger, der	فِنگَر	گوته
Fingerabdruck, der	فینگا ابدروک	گوتې چا
Fläche, die	دي فلاشهْ	مساحت
Fladenbrot, das	داس فلادن بروت	کور ډوډۍ
Flaschenöffner, der	فلاشن اوفنا	سر خلاصوونکی
Fleiß, der	فلَیْس	زحمت
Fliege, die	دي فليغهْ	مچۍ
fliegen	فلیگن	الوتل
fliehen	فلیهن	تښتېدل
Flitterwochen, die	دِي،فِلِیتِرْفُخُن	د واده اوله میاشت
Floh, der	دِر فلاوْ	گبین
Flöte, die	دی، فلوته	تولکه
Flüchtlinge, die	فلُشتِلنگَ	پناه اخیستونکی
Flugblatt, das	داس، فلوگ بلات	شپې پاڼه
Flügel, der	دِر فلُوغل	طاوس
Fluggesellschaft, die	دي فلوغ غَزالْ شافت	د الوتکې شرکت
Flughafen, der	دِر فلوغ هافن	هوايي ډگر
Flugkarte, die	دي فلوغ کارتهْ	الوتکې ټکټ

آلمانی	تلفظ آلمانی	پښتو
Flugzeug, das	داس فلوغ سوێغ	الوتکه
Flur, der	دِر فلور	دهلېز
Flut, die	فلوت	سیل /داوبولوړېدل
föhnen	فونن	ویښتان وچول
folgen	فُلْگَنْ	څارل
Folter, die	فولتا	وهل / شکنجه
Form, die	دی، فورم	څیره
förmlich adj.	فِرْمِلِیش	تشریفاتي
Forschung, die	دی، فورشونگ	څېړنه
Förster, der	دِر فورستر	بان‌جنګل
fortschreiten	فُرْتشِتْرَیْتَن	تېرېدل
Fortschritt, der	در، فورت شریت	پرمختګ
fortsetzen	فُرْزَتْزَن	تعقیبول
Fotokopie, die	دی، فوتو کوپی	فوتو کاپي
Fracking, das	داس فراگّنغ	د حیواناتو ساتنه
fragen	فراگن	پوښتنه کول
fragen	فراگن	سوال کول
Französisch	فرَنزُوزِش	فرانسوي
Frau, die	فرَوْ	ښځه
Frauenarzt, der	دِر فراون أرست	ښځینه ډاکټره
Freitag, der	دِر فرایْتاغ	جمه
Freizeit, die	دِي ,فَرَیزَیْت	تفریح
Fremdsprache, die	فرِمدشبراَخُ	بهرني ژبه
Freude, die	فریدَ	خوشحالي
Freunde, die	دوستان	ملګري
Freundschaft, die	دِي,فِرُونْدشَفْت	دوستی

آلمانی	تلفظ آلمانی	پښتو
freundschaftlich adj.	فْرُونْدشَفْتَليشْ	په دوستی
	درخواست دوستی	ملګرتيا وړاندز
Frieden, der	دِر فريدن	سوله
Friedhof, der	فرِيدْهُوف	هديره
friedlich	فريدلِش	په سوله / سوله ايیز
frisch adj.	فريش	تازه
froh adj.	فرُوه	خوشحال
Front, die	دي فرونت	جبهه
Frosch, der	دِر فروش	کيشپ
Frost, der	فروست	کنګل /يخ
fruchtbar adj.	فروختبار	حاصل خېزه
fruchtbar adj.	فروختبار	وحشتناک
früh	فرو	وختي
Frühling, der	دِر فرُوِلنغ	پسرلی / سپرلی
Frühstück, das	داس فرُوِشْتُوِك	سهر چای
Fuchs, der	دِر فوکس	ګيدړه
fühlen, sich	زيش،فُوِلن	احساس کول
Führer, der	دِر فُوِرر	لارښود
Fülle, die	دي فُوِلّهْ	ډک والی
Füller, der	فُلِر	خود رنګ
Fundamentalismus, der	فُندَمَنطَلِسمُس	بنسټ پاله
fünf	فوِنف	پنځه
fünftens	فُوِنْفتنس	پنځم
fünfzehn	فوِنفسين	پنځلس
Funktion, die	دی، فونکتيون	ځاي
Funktion, die	دی،ونکتيون	دنده

آلمانی	تلفظ آلمانی	پښتو
Fuß, der	فُوس	پښه
Fußnote, die	دی، فوس نوته	پانویس
Gabel, die	گابل	پنجه
Galerie, die	دی،گالاری	هنري ننداريشگاه
Galle, die	قَل	تريخی
Gang, der	گانگ	بدماشانو ډله
Gans, die	دي غانس	هيلۍ
ganz	گانتس	ټول
gar adj.	غار	پوخ
Garage, die	دي غَراجهْ	گودام
garantieren	گَرَنْتِرَن	ضمانت کول
Gärtner, der	درِ غارتنر	باغبان
Gasse, die	دي غاسّهْ	وړوکی /باريک
Gast, der	در،گاست	ميلمه
Gattin, die	دِي،گَتِين	مانيه
Gattung, die	دی، گاتونگ	ډول
Gebäck, das	داس غَباك	کلچې
gebären	گَبارِن	لنگول
Gebäude, das	گَبُيْدَ	ساختمان
Gebäude, das	داس غَبويْدهْ	تعمير
geben	گبن	ورکول
Gebet, das	گَبات	لمونځ
Gebiet, das	داس غابِيت	سيمه
Gebirge, das	داس غَبيرغهْ	غرنی منطقه / غرونه
geboren werden	گَبُورِنْ وَرْدَنْ	زيږيدل
Gebot, das	کِبُت	حکم

آلمانی	تلفظ آلمانی	پښتو
gebraten adj.	غبراتن	سره کول
Geburt, die	گبورْت	زیږېدل
Geburtsdatum, das	گَبُرتسدَاتُم	د زیږېدنې نیټه
Geburtsort, der	گَبُرتسأُرت	د زیږېدنې ځای
Geburtstag, der	در،گیبورتستاگ	د زیږیدلو ورځ
Gedächtnis, das	كِدَشْتِنِس	حافظه
Gedicht lernen	گِدِشت لَرنَن	شعر ویل
Gedicht, das	داس، گدیشت	شعر
Gefahr, die	گیفا	خطر
Gefängnis, das	گفانگنیس	بندیخانه / محبس
Gefecht, das	داس غفاشت	جګړه
Gefühl, das	گَفُول	احساس
gefühllos adj.	گفُولسلُوس	بیعاطفه
gegen	گیگن	مخامخ /پر ضد
gegen	گیگن	پر ضد
gegen	گیگن	پر ضد
Gegenteil, das	كِگَنتَیْل	سرچپه
gegenüber	گیگنوبر	مخامخ
gegenüber	گیگنوبر	مخا مخ
Gegenwart, die	گیگن وارت ,دی	اوسنیی
gegrillt adj.	غَغْریلّت	کباب سوی
Gehalt, der	داس، گیهالت	صرفنظر کول
Geheimnis, das	گَهَیمِنِیس،دَسْ	پټ راز
gehen	گهن	تلل
Gehirn, das	دس،گهیرن	مغز
Gehirnwäsche, die	دي غهیرن فاشهْ	دماغزو مینځنه

آلمانی	تلفظ آلمانی	پښتو
gehobenes Haupt	گهُوبَنَس هَوْبت	په لوړ سر
gehorchen	كِهُرْشَن	فرمانبرداري کول
Geier, der	دِر غايَر	ټپوس / کجير
Geiselnahme, die	دي غيْزل نامَهْ	يرغمل
geistig adj.	غايستش	فکر
geistiges Eigentum	گايستيگس ايگنتوم	فکري ماليکيت
gelb adj.	غلب	ژېړ
Gelbsucht, die	دي غلب زوخت	ژړى
Geld abheben	گلد ابهيبن	د پيسو اخيستنه
Geld ausgeben	گيلد اوس گيبن	خزاندار
Geld wechseln, das	داس غالد فكسلن	پيسې بدلول
Geldbeutel, der	گيلدبويتل	د پيسو پټوه / پټاکيدانه
Gelegenheit, die	كِلِكنْهَيْت	فرصت
gelegentlich	گيلگنتليش	ډير کم
Geliebte, die	دِي,كِلِيبْتَ	محبوبه
gemäß	گيماس	برابر
Gemeinheit, die	گمَينحَيْت	کم عقلي
Gemeinschaft, die	دى ،گماينشافت	انجمن
Gemütszustand, der	گيموځ څوشتاند	روغتيا / صحت
Generalsekretär, der	دِر غنرال زكْرتار	دبير کل
Generation, die	گنَرَسِيُون	نسل
genesen	غنيْزن	روغېدل
genießen	گِنِيسَّنْ	خوند اخيستل
genießen	گنيسَن	خوند اخيستل
genügen	كِنُكن	پريمانه
Genuss, der	گنَس	جزب سوې

آلمانی	تلفظ آلمانی	پښتو
Gepäck, das	داس غَباك	پنډه / بکس
Gerät, das	داس،گیرات	وسیله
Geräusch, das	گَرُیْش	ږغ
Gerechtigkeit, die	دی،گیرشتیگ کایت	عدالت
Gericht, das	داس،گریشت	محکمه
gernhaben	گَرْنحَابَن	گرانښت
Geruch, der	گَرُح	بوی
Gesandte, der	دِر غَزاندتهْ	استازي
Gesang, der	داس،گزانگ	ږغ
Geschäft, das	داس،گیشافت	هټی
geschäftlich adj.	گیشافتلیش	کاري
Geschäftsviertel, das	داس غَشافتس فیرتل	تجارتي سیمه
Geschichte, die	گَشِشتَ	تاریخ
Geschichte, die	دی، گیشیشته	داستان
Geschicklichkeit, die	کِشِکْلِشْکَیْت	مهارت
Geschirrspüler, der	گشیر شپولا	د لوښو پریمینځلو ماشین
Geschlecht, das	گَشلَشت	جنس
Geschlechtskrankheit, die	دي غشلشتْس کرانك هایت	جنسي ناروغي /ناچوړي
Geschmack, der	گَشمَك	خوند
Geschwätz, das Plauderei, die	گَشوَتس / بلَودَرَيْ	بابولالې
Geschwister, die	دِي ,کِسْجَوِستر	خور او ورور
Gesellschaft, die	دی ،گیزل شافت	ټولنه
Gesellschaftsordnung, die	دی،گیزلشافتس وردنونگ	د ټولني نظام
Gesetz ratifizieren	گیزتس راتی فیسیرن	د قانون تصویبول
Gesetz, das	داس،گیزتس	قانون

آلمانی	تلفظ آلمانی	پښتو
Gesicht, das	دس،گسیشت	مخ
Gesichtsausdruck, der	گسِجتساَوْسدرُك	قیافه
Gespräch, das	دَسْ،گِشْبرِیخْ	بحث
Gestern	غَسترن	پرون
gestern	گیسترن	پرون
gestern Abend	گیستان ابند	پرون
gesund adj.	گیزوند	روغ
Gesundheit, die	دي غزوند هایت	روغتیا
Getreide, das	داس، گیترایده	غله
Gewalt, die	گوالت	زور
Gewaltenteilung, die	گَولتطَنتَیلُنگ	د قواو تفکیک
Gewebe, das	داس غفیبهْ	نسج
Gewicht, das	داس غفیشت	وزن
Gewinn, der	در، گیوین	عواید
Gewinnanteil, der	در،گیوین انتایل	د عوایدو برخه
gewöhnen	گِونِنْ	آموخته کول
Gewohnheit, die	کِفُنهَیْت	عادت
Gießkanne, die	گیس کانه	بد نۍ
Giraffe, die	دي غیْرافَهْ	زرافه
glänzend	غلانساند	ځلانده
Glas, das	گلاس	گېلاس
glätten	گلاتن	ښویول
glauben	گلَوْبَن	باور لرل
Gleichgewicht, das	داس غلَیْش غفیشت	څنګل ختم کول
gleichgültig adj.	گلَیْخگُلْتِگ	بې‌تفاوت
Gletscher, der	دِر غلاتشر	قدرتی یخوالی

آلمانی	تلفظ آلمانی	پښتو
global adj.	غلوبال	نړیوال
glücklich	گلوکلیش	نیکمرغه
Gold, das	داس،گولد	سره زر
Gold, das	داس غولد	زر
golden adj.	غولدن	زري / زرین
Goldschmied, der	در، گولد شمید	زرگر
Gottesanbeterin, die	دي غوتّس أنبیْترن	چرچرنی
Gouverneur, der	گُوَرنُور	والي
Grab, das	گرَاب	قبر
Grabstein, der	قرَبْشتَیْن	د قبر ډبره
Grad, der	گراد	درجه
Granatapfel, der	دِر غرانات أبفل	انار
Granit, der	دِر غرانیت	کلک کانی
grau adj.	غراو	خړ
Grenze, die	دی،گرینسه	سرحد
Grenze, die	دي غرنسهْ	پوله / سرحد
Grenzpolizei, die	گرینځ پولیځای	سرحدي پولیس /ځرندوي
Grenzpolizei, die	دي غرنسبولیساي	سرحدي پولیس
Grille, die	دي غریلّهْ	ملخ
grillen	غریلّن	کباب کول
grillen	غریلّن	کباب جوړول
Grippe, die	دي غریبّهْ	زوکام / ریزسش
groß adj.	گرُوس	لوی
Größe (Umfang), die	(دي غروسهْ) أومفانغ	پراخ
große Versammlung, die	گرُوس فَرزَملُنگ	لویه جرگه
Größe, die	گرُوسَ	اندازه

آلمانی	تلفظ آلمانی	پښتو
Gut, das	داس، گوت	مال
gutheißen	گُوتْهَيْسَن	تایید کول
Gutherzigkeit, die	گُوتهَرسِگگَيْت	زړه سواندي
Haarausfall, der	هار اوسفال	د وېښتانوتويدل
Haarbürste, die	هار بورسته	د وېښتانو برس
Haarschnitt, der	دِر هار شنِتّ	د وښتانو ډول
haben	هابن	درلودل
Hagel, der	دِر هاغل	ګلۍ
Hahn, der	دِر هان	چرګ
halber	هالبير	په خاطر
Halbschuh, der	هالب شو	ټيټ بوټان
Hälfte, die	دي هالفتهْ	نیمایي
Hals-Nasen-Ohren-Arzt, der	دِر هالس نازَن أورَن أرست	دغاښونو - پوزې او غوږونو ډاکټر
Hals, der	در،هالس	ستونی
Hals, der	حَلس	غاړه
Halskette, die	هالس كيته	لاکټ / غاړکۍ
Haltestelle, die	دي هالتهْ شتالهْ	تم ځای
Haltung, die	حَلْتُنْگ	نظر فکر
Hammer, der	در، هامر	چکش
Hamster, der	دِر هامستر	موږک
Hand, die	ديگه،هند	لاس
Hände waschen	هانده واشن	لاس مينځل
Handel treiben	هاندل ترايبن	خرخول
Handel, der	در،هاندل	سوداګري
handeln	هَنْدِلْن	عمل کول
Handelsbeziehung, die	دي هاندلس بتسيونغ	رابطه تجارتی

25. 1 Register Deutsch - Paschtu

آلمانی	تلفظ آلمانی	پښتو
Handelsembargo, das	داس هاندلس أمبارغو	د سوداګرۍ بنديز
Handelsgesellschaft, die	دی، هاندلس گیزلشافت	عرضه کوونکی
Handelspartner, der	در،هاندلس پارتنر	تولید
Handelsvertrag, der	در، هاندلس فرتراگ	سوداګريز برخه وال
Handgepäck, das	داس هاند غَباك	لاسي پنډه / بکس
Handlung, die	دی،هاندلونگ	عمل
handschriftlich, adj.	هاندشریفت لیش	خطي
Handtasche, die	هاند تاشه	لاسي بکس
Handtuch, das	هاندتوخ	لاسي دسمال
Handwerker, der	در،هاندویرکر	لاسي هنري کار
Hardware, die	هاردوار	هادویر
Harnuntersuchung, die	دي هارن أونتر زوخنغ	د متيازو ازمويل
hart	هارت	سخت
Haselnuss, die	دي هازل نوسّ	غوز /مټاك
häßlich	هاسلیش	بد رانګ
hässlich adj.	هَسلِش	بدرنګه
häufig	هویفیگ	اکثر
Hauptrolle, die	دی، هاوپت رول	اصلي رول
Hauptseite, die	صفحه اصلی	اصلي پاڼه
Hausaufgabe, die	هَوْسأَوْفقَابَ	کورنۍ کار
Hausschuhe, die	هاوس شوهه	د کور بوټان
Hebamme, die	دي هاب أمّهْ	قابله
heben	هيبن	پورته کول
Hefe, die	دي هيفهْ	خمیره
Heft, das	هَفت	کتابچه
heiraten	هَيْرَتَنْ	واده کول

آلمانی	تلفظ آلمانی	پښتو
heiß adj.	هایس	سور /گرم
heiter adj.	هایتا	آفتابی
Hektar, der + das	دِر / داس هَکتار	پنځه جریبه
helfen	هلفن	کومک کول
hell adj.	هیلّ	روښانه
hellhäutig adj.	هَلهُيْتِگ	روښانه پوستکی
Hemd, das	همد	خت / کمیس
Henne, die	دي هینّهْ	چرګه
Heranwachsende, der	هَرَنوَکسَندَ	مخ په بالغيدو هلک
heraus		بیرون ت
heraus	هیراوس	د باندې
Herausgeber, der	در،هیراوس گیبر	ناشر
Herbst, der	دِر هربست	منی
Herd, das	هیرد	داش / تنور
Herde, die	دی،هرده	رمه
Herkunft, die	هَارکُنفت	اصلیت
Herrenbekleidung, die	دي هیرّن بکلایدونغ	نارینه جامې /کالي
herstellen	هرشتیلن	جوړول
Hersteller, der	در، هرشتیلر	تولید کول
Herstellung, die	دی،هرشتیلونگ	جوړونکی
Herstellung, die	دی، هرشتلونگ	نړی وال بازار
Herz, das	هَرس	زړه
Herzanfall, der	دِر هرس أنفال	زړه حمله
Heuchler, der	هُيْشلَر	غوړه مال
Heuschrecke, die	دي هُويْشراکهْ	یو ډول مړه
Heuschrecke, die	دي هويْشراكهْ	ګونګټه / کیک

آلمانی	تلفظ آلمانی	پښتو
heute	هوته	نن
heute Morgen	هوته مورگن	نن سهار
hier	هیر	دلته
Hilfe, die	دِي,هِیلْفِه	کومک
Hilflosigkeit, die	هِلفسلُوسِگْگَیْت	ناتواني
hilfsbereit adj.	هِلفسبَرَیْت	مرستې ته چمتو
Hilfsbereitschaft, die	هِلفبَرَیْتشَفت	مرستې ته چمتووالی
himmelblau adj.	هیمّل بلاو	اسماني شین
Himmelsrichtung, die	دي هیملس ریشتونغ	د اسمان اړخونه
hinauf	هیناوف	پور ته
hinauswerfen	هیناوس ویرفن	هیسته کول
Hindi	هِندِ	هندی
hinsichtlich	هینزیشتلیش	په نظر کی نیو لو سره
hinten	هینتن	تر شا
hinter	هینتر	په شاکي
hinter	هینتر	په شاکي
Hinterhalt, der	دِر هنتر هالت	ناڅاپه / نابېره
hinweisen	هِنْوَیْسِن	اشاره کول
Hirsch, der	دِر هیرش	)هوسۍ) نر
historisch adj.	هیستوریش	تاریخي /تېر سوي
Hitze, die	دي هیسهْ	سره تکه / تودوخه
Hochwasser, das	هوخ واسا	لوړي اوبه
Hochzeit, die	دِي,هُخْزَیْت	واده
Hochzeitskleid, das	داس هوخ تسایدس کلاید	د واده کالي
Hoden, der	هُودَن	خوته
hoffen	هُفَّن	امید واریدل

آلمانی	تلفظ آلمانی	پښتو
Höhe, die	دي هُوهۀ	جګ
Höhepunkt, der	دِر هُوها پونکت	لوړتـرینه درجه،لوړتـرینه پـته
Hölle, die	هُلَّ	دوږخ
Holz, das	داس هولس	چوب
Holz, das	داس هولس	لرګی
Holzkohle, die	دی،هولس کوله	د لرګیو سکاره
Honig, der	دِر هونیش	ګبین
Honig, der	دِر هونیش	چینجی
Honigmelone, die	دي هونيش ميْلونهٔ	ختکی / خربوزه
hören	هورن	اورېدل
Horizont, der	هُرِزُنْت	د اسمان لمن
Horror, der	حُرُر	بیره
Hose, die	هوزه	پتلون
Hosentasche, die	هوزن تاشه	د پتلون جیب
hübsch	هوبش	ښکولی
hübsch / niedlich / süß	هوبش/نیدلیش/زوس	شیرین
hübsch adj.	هُبش	ښایسته
Hüfte, die	هُفتَ	سرین
Hügel, der	دِر هُوِغل	غونډۍ
Huhn, das	داس هون	چرګ
Humanitäre Hilfe, die	دي هومانيتارهْ هيلفهْ	کمک‌های انسان دوستانه
Hund, der	دِر هونْت	سپۍ
husten	هوستن	ټوخېدل
Hut, der	هوت	خولۍ
Hypochonder, der	هِبُکُندَر	خيالي
Idealist, der	إدَيَلست	ایدیالیست

آلمانی	تلفظ آلمانی	پښتو
Ideologie, die	دي إيديولوغي	ايډيالوژی
Igel, der	دِر إغال	ږار /دم
Illustrierte, die	دی، يلوس تريرته	مجله
im Gegensatz zu	يم گيگنزاتز تسو	په خلاف
im Namen von	يم نامن فون	لخوا
immer	يمر	هر وخت
immer noch	يمر نوخ	نور هم
Imperialismus, der	دِر إمبرياليسموس	امپريالزم
Imperium, das	إمبَارِيُم	امپراتور
Impfstoff, der	دِر إمبف شتوف	واکسين
Import, der	در، يمپورت	داخليدل
importieren	يمپورتيرن	وارد کول
in	ين	په
in der Nähe von	ين در ناه	نږدې
in die Pension gehen	إنْ دي بَنْزِيُون گاهَنْ	تقاعد کول
in die Rente gehen	إنْ دِي رِنْتَ گَاهَنْ	تقاعد کول
in diesem Moment	ين ديسم مومنت	په دې شيبه کې
In Erinnerung rufen	إن أَرْنِنْرُگ رُوفَن	په ياد راوړل
in letzter Zeit, neulich	نيوليش،ين ليتستر تسايت	په دې وختو کې
Index, der	در، ينديکس	فهرست
Industrie, die	دی،يندوستری	صنعت
Industrieanlage, die	دی، يندوسترياانلاگه	کارخانه
Industriegebiet, das	داس،يندوستری گيبيت	آزمويلي
industriell adj.	يندوستريل	صنعتي
Infektion, die	دي إنْفکْسيون	ميکروب
infolge	ينفولگه	په نتيجه کښي

آلمانی	تلفظ آلمانی	پښتو
Informatik, die	إنفُرمَاتِك	معلوماتي
Information, die	إنْفُرمَتسِيُون	معلومات
informieren	إنْفُرْمِرِنْ	خبر ورکول
Ingenieurwesen, das	إنجَنِئْيُرْوَازَن	انجینیري
Ingwer, der	دِر إنغْفِيْر	ویره
Inhaltsverzeichnis, das	داس، ینهالتس فرسایشنیس	فهرست
Inhaltsverzeichnis, das	داس، ینهالتس فرسایش نیس	د مطالبو فهرست
Inlandpost, die	دی، ینلاند پوست	کورنی لیږدونه
innen	ینن	د ننه
Innenpolitik, die	دی،یننپولیتیک	کورنی سیاست
Innenstadt, die	دي إنن شتادت	د ننه په ښار کی
innerhalb	ینیرهالب	د ننه
innerhalb	ینرهالب	د ننه
innerhalb	ینرهالب	په یوزدو کې
Installation, die	اینستالاتسیون	انستلېشن
installieren	ینستالیرن	ځای پر ځای کول
Installieren, das	اینستالیرن	انستلېشن
Instandhaltung, die	دی،ینستاند هالتونگ	□□□□□□□
Institut, das	إنستِتُوت	انستیتوت
Intelligenz, die	إنتَلِگَنس	هوښیاري
interessant	ینتیرسانت	په زړه پورې
international adj.	ینتر ناسیونال	نړیوال
internationale Beobachter, der	دِر إنترناتسیونالهْ بَأوباختر	نړیوال څارونکی /کتونکی
Internationale Konferenz, die	دي إنترناتسیونالهْ کونفارانس	کنفرانس‌های بین‌المللی
Internist, der	دِر إنترنیست	داخله ډاکټر
Interview, das	داس، ینترفیو	مصاحبه

آلمانی	تلفظ آلمانی	پښتو
Invasion, die	دي إنفازيون	تیری / برید /یرغل
investieren	ين وستيرن	پانګه اچوونه
Investition, die	دی،ین ویس تیتیون	پانګه په ګټه اچوونه
irgendwo	يرگندو	يو ځای
Irrtum, der	إرْتُم	اشتبا ه
islamische Recht, das	داس،یسلامیشه رشت	اسلامي حق
Islamische Republik, die	إسلَامِشَ رِبُبلِيك	اسلامي جمهوري
Islamwissenschaft(en), die	ن)إسلَامِوِسَنشَفت)	اسلام پيژندنه
Jacke, die	ياكه	جنپر /کوټ
Jade, der+die	دِر + دي يادهْ	چينايي قيمتي غمی
jagen	ياگن	ښکار کول
Jahrestag, der	در،یارس تاگ	كليزه
Jahreszeit, die	دي يارس سايت	موسم
Jahrgang, der	يَارقَنگ	هم دوره
Jeans, die	جينس	کوبای پتلون
jede Nacht	يِادهْ ناخت	هره شپه
jeden Tag	يادن تاغ	هره ورځ
Jenseits, das	يَنْزَيتس	بله دنيا
jetzt	يتست	اوس
Journalist, der	در،جورناليست	خبرنګار
Journalistik, die	جُرنَلِستِك	ورځپانه ليکنه
Jubiläum, das	داس،یوبیلاوم	كليزه
Judasbaum, der	دِرِ يوداس بوْم	درخت ارغوان
Jugend, die	يُوگَند	ځواني
Jugendlichen, die	يُوگَندلِهَن	ځوانان
Jugendlichkeit, die	يُوگَنْدْلِهْكَيْتْ	ځواني

آلمانی	تلفظ آلمانی	پښتو
jung	یونگ	ځوان
jung adj.	یُنْگ	ځوان
Junge, der	یُنْگَ	هلک
Jurist, der	در،یوریست	حقوق دان
juristisch adj.	یوریستیش	حقوقي
Justiz, die	دی،یوستیتس	څارنوالي
Juwelier, der	در، یو ویلیر	د جواهراتو خرڅول
Kabinett, das	کَبِنَت	کابینه
Kalb, das	داس کالْب	خوسی / گیلگی
Kalk, der	در، کالک	آهک
kalt adj.	کالت	سوړ
kalt adj.	کالت	سوړ
Kälte, die	دي کالتهْ	ساړه
Kamel, das	داس کامال	اوښ
Kameramann, der	در،کامرا مان	فیلم اخیستونکی
Kamin, der	دِر کامین	دیولي بخاری
Kamm, der	کام	ږمنځ
kämmen	کیمن	□□□□□□
kämpfen	کامبفن	جنگ
Kanal, der	در، کانال	کانال
Kandidat, der	در،کاندیدات	کاندید
Kandidat, der	دِر کاندیدات	کاندید
Kaninchen, das	داس کانینْتشن	سویه
Kapital, das	داس، کاپیتال	پانگه
Kapitel, das	داس، کاپیتل	فصل
kaputt machen	کَبُت مَخِنْ	خرابول

25. 1 Register Deutsch - Paschtu

آلمانی	تلفظ آلمانی	پښتو
Kardamom, der	دِر كرْداموم	هېل
Kardinalzahl, die	دي كردنال سال	اصلي عدد
Karotte, die	دي كاروتّهْ	گزر
Kartoffel, die	دي كرتوفّل	الوگان / كچالو
Kaschmir, der	دِر كاشمير	كشميره
kassieren	كاسيرن	خالص
Katastrophe, die	كاتاستروفه	ناورين / بدمرغي
Katastrophengebiet, das	كاتاستروفن گبيت	د ناورين سيمه
Kattun, der	كاتون	كتان
kaum	كاوم	لږ
Keks, der	دِر كيْكس	بسكويت
Kelle, die	كيله	ځمڅه
kennenlernen	كنْنلَرْنِنْ	پېژندل
Kenntnis, die	كَنتِنِس	پوهه
Kichererbse, die	دي كيشر أربسهْ	چنې / نخود
kidnappen	كيدناپن	سړی تښتول
Kiefer, die	دي كِيفر	درخت ناجو
Kilogramm, das	داس كيلو غرام	كيلو
Kind, das	كِنْد	ماشوم
Kinderarzt, der	دِر كيندر أرست	د ماشومانو ډاكټر
Kinderlähmung, die	دي كندر لامونغ	د ماشوم گوډيدل
Kindersendung, die	دی،كيندر زندونگ	د كوچنيانو برنامه
Kindheit, die	كِنْدْهَيْت	ماشومتوب
Kino, das	داس، كينو	سينما
Kirsche, die	دي كيرشهْ	كېلاس
Kläger, der	در، كليگر	مدعي

آلمانی	تلفظ آلمانی	پښتو
Klang, der	کَلَنگ	شرنک
klar adj.	کلار	روښن / څرګند
Klartext, der	کَلَرْتَکْس	روښانه لیک
Klasse, die	کلَسَ	صنف
Klassenlehrer, der	کلَسَنلِرَ	د صنف نګران
Klavier, das	داس، کلاویر	پیانو
Kleid, das	کلاید	لباس / کالي
Kleidergröße, die	دي کلایدر غروسهْ	د کالو ناپ
Kleidung, die	دي کلایدونغ	جامې /کالی
klein	کلاین	کوچنی
klein adj.	کلَیْن	کوچنی
kleiner Junge	کلَیْنَرْ یُنْگَ	کوچنی هلک
Klima, das	داس کلیما	اقلیم
Klimawandel, der	دِر کلیما فاندل	شین کوریزه غازونه
Klimazone, die	کلیما ځونه	د اوبواو هوا سیمه
Klingel, die	دي کلِنْغل	زنګ
Klingelton, der	داس، کلینگل تون	د ټلفون زنګ
klingen	کلِنگَن	□□□ □□□
Klinik, die	دي کلینيك	کلينيک / روغتون
Knappheit, die	دی، کناپ هایت	کم یافته
kneten	کنیتن	خشتکول
Knie, die	کنِيْ	څنګون
Knoblauch, der	دِر کْنوبلوْخ	ویږه
Knoblauch, der	دِر کنوبلوْخ	نعناع
Knochen, der	کنُخِن	هډوکی
Knochenbruch, der	دِر کنوخن بروخ	د هډوکو ماتیدل

آلمانی	تلفظ آلمانی	پښتو
Knopf, der	کنوپف	تنۍ
Knospe, die	دي کنوسبهْ	جوانه
Koalition, die	کُؤَلسیُون	ایتلاف
kochen	کوخن	پخول
kochen	کوخن	پخلی کول
Kochtopf, der	کوخ توپف	پخولو دېگ
Kohl, der	دِر کول	کرم
Kohle, die	دی، کوله	سکاره
Kohle, die	دي کولهْ	سکاره
Kolonie, die	کُلُنِي	مستعمره
Koma, das	داسکوما	کوما
Kommentar, das	داس،کومنتار	نظریه
Kommission, die	دی،کومیسیون	کمیسیون
Kommunikations wissenschaft(en), die	نَ) کُمُنِکَسِیُونوِسَنشَفت)	د اړیکو علوم
Komödie, die	دی،کومودیه	کمیدي
kompetent adj.	کُمبَتَنْت	صلاحیت لرونکي
komponieren (Teile)	کومپونیرن	جوړول
Komposition, die (Lied)	دی،کومپوزیتیون	ترکیب
Kondition, die	دی،کوندیتیون	شرط
Kondition, die	دی،کوندیتیون	لار ښودنه
Konferenz, die	دی،کونفرنس	کښیناستنه
Konfiguration, die	کونفیگوراتسیون	سازونه
Konflikt, der	کُنْفلیکْت،دِر	مخالفت
Konflikt, der	دِر کونفلیکت	کړکیچ / شخړه / لانجه
Königreich, das	کُونگرَیش	سلطنتي مملکت
konkretisieren	کُنْکرِتِسرن	مشخص کول

آلمانی	تلفظ آلمانی	پښتو
konkurrieren	کونکوریرن	رقابت کول
können	کونن	کولی سول
Konstruktion, die	دی ،کونستروک تیون	ساخت او ساز
Konsument, der	در، کون زومنت	مصرف کوونکی
Kontakt, der	دِر،کُنْتَاکْت	تماس
Kontinent, der	دِر کونْتینانت	لویه وچه
Konto eröffnen	کونتو یروفنن	افتتاح کول
Konto, das	داس،کونتو	بانکي شمیره
Konzentration, die	کُنسَنترَسئُون	تمرکز
Konzept, das	کُنسَبت	وړاندیز
Konzert, das	داس، کونسرت	کنسرت
Kopf, der	کُبف	سر
Kopfhaar, das	دس،کپفهار	ویښتان
Kopfschmerzen, die	دي کوبف شمارسن	د سر خوږ
Kopftuch, das	کوپفتوخ	ټکری
Kopie, die	دی، کوپی	کاپي
Koriander, der	دِر کوریاندر	غرنۍ ګندنه
Korinthe, die	دي کورنتهْ	□□□
Kork, der	دِر کورك	د پنبې لرګی
Korn, das	داس، کورن	دانه
Körper, der	کُربَر	بدن
Korrekturlesen, das	داس،کوریکتور لیزن	غلطي نیول
kosten	کوستن	قیمت لرل
Kot, der (Schaf, Ziege)	دِر کوت	
Kraft, die	کَرَفْت	قوت
kräftig adj.	کرِفتِگ	قوي

آلمانی	تلفظ آلمانی	پښتو
Krampf, der	دِر کرامبف	رګ اوړیدل
krank	کرانک	ناروغ
krank sein	کرانک زاین	بیمار کیدل
Krankenhaus, das	داس کرانکن هاوس	روغتون
Krankenschwester, die	دي کرانکن شفاستر	نرس
Krankenwagen, der	دِر کرانکن فاغن	امبولانس
Krankheit, die	دي کرانك هایت	ناروغي / ناجوړي
kratzen	کراتسن	ګرول
Krawatte, die	کراواته	نکټايي /دغاړې پټۍ
Kreativität, die	دی، کریاتیفی تیت	خلاقیت
Kredit, der	در، کردیتی	قرضه
Kreide, die	کرَیْدَ	تباشیر
Kreuzkümmel, der	دِر کرویس کُومّل	مرچ
Kriegsherr, der	کرِیګسهَار	جنګ سالاران
Kriminalität, die	کریمینالیتات	جنایت
Kriminalpolizei, die	کریمینال پولیڅای	د تحقیق پولیس
Kristall, das	داس کریستالّ	کریسټال
kritisieren	کرِتسِرَنْ	انتقاد کول
Krokodil, das	داس کروکودیل	کروکودیل
Krug, der	کروګ	لوټه
Kuh, die	دي کوهْ	غوا
Kühlschrank ,der	کول شرانک	یخچال
Küken, das	داس کُوکن	چرګوړی
Küken, das	داس کُوِکن	جزګی
Kulturattaché, die	دي کولتور أتاشاهْ	وابسته فرهنګی
Kulturministerium, das	کُلتُورمِنستَارِئُم	د اطلاعاتو او کلتور وزارت

آلمانی	تلفظ آلمانی	پښتو
Kümmel, der	دِر کُومّل	زيره
Kummer, der	کُمَر	غم
kündigen	کونديگن	پيسې مصرف كول
Kunst, die	دی، کونست	هنر
künstlich adj.	کُونستليش	پلاستکی
Kunstwerk, das	داس،کونست ويرک	هنري كار
Kupfer, das	داس، کوپفر	مس
Kürbis, der	دِر کُوربس	كدو
Kurs, der	کُورس	كورس
kurz adj.	کورس	لنډ
kurzfristig adj.	کورس فريستيگ	اوږد مهال
Kurzgeschichte, die	دی،کورس گشيشته	قصه
küssen	کوسن	مچول
Labor, das	داس، لابور	لابراتوار
Labor, das	داس لابور	لابراتوار
lächeln	لَحِلن	مسكا كول
lachen	لاخن	خندا كول
Ladenbesitzer, der	در، لادن بزيتسر	□□□ □□□
Lage, die (Stimmung)	لَكِ	حالت
Lähmung, die	دي لامونغ	گوډېدو ناروغي
Lamm, das	داس لامّ	وری
Land, das	داس، لاند	وطن
Land, das	داس لاند	خمكی /مځكی
Landkarte, die	دي لاند کارتهْ	نقشه
Landschaft, die / Panorama, das	دي لاند شافت / داس بانوراما	منظره
Landung, die	دي لاندونغ	كېناستل / كښيناستل

آلمانی	تلفظ آلمانی	پښتو
Landwirtschaft, die	لَندوِرتشَفت	کرهنه
Landwirtschaft, die	دی، لاند ویرتشافت	کرهنه
Länge, die	دي لانغهْ	اوږدوالی
langfristig adj.	لانگ فریستیگ	بیمه
langsam	انگزام	ورو ورو
Lapislazuli, der	دِر لابیس لاسولي	لاجورد
Laptop, der	لاپتوپ	لیپتاپ
Lärm, der	لَرم	شور ما شور
lärmen	لَرمَن	شور ما شور کول
Latschen, die	لاتشن	چپلکې
Laub, das	داس لاوب	برگ درخت
laufen	لاوفن	ځغستل
Laune, die	لَوْنِ	خوی
Laus, die	دي لاوْس	بورا
Laus, die	دي لاوْس	میاشی / غوماشه
laut	لاوت	په لوړ غږ
Laut, der	لَوْت	لوړ
Leben, das	لِبَنْ	ژوند
lebensbedrohlich adj.	لبنس بَدرولیش	د ژوند ډار
Lebensende, das	لَابَنسأَنْدَ	د ژوند اخره
Lebensereignis, das	رویدادهای زندگی	ژوند پیښې
Lebensweise, die	لَبَنْسْوَیْزَ	د ژوند رقم
Lebensweise, die	دي لابنس فایزهْ	ژوند کول
Lebenszeichen, das	داس لابنس سایشن	د ژوند نښه
Leber, die	لَابَر	ینه
Leder, das	داس لیدر	څرمن

آلمانی	تلفظ آلمانی	پښتو
Ledermantel, der	ليدا مانتل	د څرمنې کوټ
Lederschuh, der	ليدا شو	د چرمنې بوټان
legen	لگن	اېښودل
Lehramtstudium, das	لَارأَمت	معلمي
Lehrbuch, das	لَاربُوح	درسي کتاب
Lehrer, der	لِرَ	ښوونکي
Lehrplan, der	لَاربلَان	درسي برنامه
Leib, der	لَيْب	بدن
Leibwächter, der	لايب ويشتا	ساتونکی /باديگارت
Leichnam, der	لَيشنَام	مړی
leicht	لايشت	سپک
Leid, das	لَيْد	زحمت
Leid, das	داس لايد	غم
leidtun	لَيْدْتُون	زړه خوږيدل
leihen	لَيْهِنْ	پور ورکول
Leine, die	لاينه	د رخت ډول
Leistung, die	لَيْستُنگ	گټه
Leistung, die	دی، لايستونگ	□□□□ □□□
Leiter, der	در،لايتر	ريس
Leiter, die	در، لايتر	زينه
Leitung, die	دی، لايتونگ	سيم
Lektion, die	لَکسِيون	فصل
Leopard, der	دِر لايوبارت	پړانگ
lernen	لرنن	زده کول
lesen	ليزن	لوستل
Leser, der	در، ليزر	لوستونکی

آلمانی	تلفظ آلمانی	پښتو
letzte Nacht	ليتست ناخت	پرون ماښام
Leute, die	دِي ,لُيْتِ	خلک
Libelle, die	دي ليبالّهْ	ستنيكي
lieb	ليب	گران
lieben	لِيبَن	گرانښت
Lieferant, der	در، ليفرانت	د کاليو راوړونکی
Lieferung, die	دی،ليفرونگ	سپارل
Lineal, das	لِنيَال	خطکش
links	لينكس	كيښې خواته
Lippe, die	دي ،لِبُّ	شونډه
Lippenstift, der	دِر لِبّن شتِفت	د شونډو رنگ
Literatur, die	لِترَتُور	ادبيات
Lizenz, die	دی، ليسنز	اجازه
Lobbyismus, der	در، لوبی يسموس	لاپي وهل
Lobbyist, der	در،لوبی يست	لاپي وهل
loben	لُبِنْ	صفت کول
Locke, die	لوكه	گوڼگوټي / تاوسوي
Logik, die	لُكِكْ	منطق
logisch adj.	لُكِشْ	منطقي
löschen	لوشن	پاک / ړنگ کول
Lösegeld, das	لوزه گيلد	نغدی پيسی
Lösung, die	لُسُنْك	حل
Lösungsweg, der	لُسُكسوِكْ	د حل لاره
Löwe, der	دِر لوفهْ	مزری / زمری
Loyalität, die	لُيَلِتت	وفاداري
Luft, die	لوفت	هوا

آلمانی	تلفظ آلمانی	پښتو
Luftdruck, der	لوفت دروک	د هوا زور / دهوا فشار
Luftpost, die	دی،لوفت پوست	هواي پست
Luftwaffe, die	دي لوفت فافهْ	هوايي ځواک
Lunge, die	لُنگَ	سږی
machen	ماخن	کول
Mädchen, das	مَدشَن	نجلی
Magen, der	مَاگَن	معده
Magengeschwür, das	داس ماغن غشفُوِر	د معدې زخم
Magenschmerzen, die	دي ماغن شمارسن	معده / خېټې خوږ ,معده / خېټې درد
magnetisch adj.	ماگ نيتيش	آهن ربايي
mähen	ماهن	رېبل
mahlen	مالن	وړل
Mahlzeit, die	دي مال سايت	خوړلو وخت
Mahnung, die	مَنُنْك	اخطار
Mahnung, die	دی،مانونگگ	يادول
Make-up, das	داس ميك أب	سينګار
Malaria, die	دي مالاريا	ملاريا
Malerei, die	دی، مالرای	□□□□□
Management, das	داس، ماناجمينت	صنعتي کول
Manager, der	در،ماناجر	مدير
manchmal	مانشمال	کله کله
Mandat, das	در،ماندات	وکالت
Mandel, die	دي ماندل	بادام
Mango, die	دي مانغو	ام
Manier, die	مَنِيَ	ادب
Maniküre, die	دي مانيکُورهْ	د نوکانو سينګار

آلمانی	تلفظ آلمانی	پښتو
Mann, der	مَن	سړی
männlich adj.	مَنلِش	نارینه
Manschettenknopf, der	مانشیتن کنوپف	د لستوني غڼده
Mantel, der	مانتل	اوږد کوټ
manuell adj.	مانویل	لاسي کار
Manuskript, das	داس، مانوس کریپت	لاس لیکنه
Marienkäfer, der	دِر مارین کافر	سپږه
Markieren, das	مارکیرن	نښه
Markierstift, der	در،مارکیر شتیفت	ښودونکی
Markt, der	در،مارکت	بازار
Marktwirtschaft, die	دی،مارکت ویرتشافت	آزاد بازار
Marmelade, die	دي مرملادهْ	مربا
Maschinen, die	دی، ماشینن	ماشین
Masern, die	دي مازرن	شېری
Maß, das	داس ماص	اندازه
Massage, die	دي مصّاجهْ	کېمښدنه /چاپي
Massaker, das	داس مَصّاکر	ډله یزه وژنه / قطلې عام
Massenmedien, die	دی، ماسن مدیهن	ټولنیزي رسني
Massenproduktion, die	دی،ماسن پرودوکتیون	ګڼ شمیر تولید
Maßnahme, die	مَسْنَم	چاره
Material, das	داس ماتریال	مواد
Materialist, der	مَتِرِیَلست	ماتریالیستي
Mathematik, die	مَتَمَتِیك	ریاضي
Maulbeere, die	دي ماول بیْرهْ	توت
Maus, die	دي موْس	دښتی موږک
Maximum, das	ماکسیموم	اخېري اندازه

آلمانی	تلفظ آلمانی	پښتو
Medien, die	دی، مدیهن	رسانه
Medikament, das	داس مَدیکامنت	درمل / دوا
Medizin, die	مَدِسِین	طبابت
Meerenge, die	دي مَيْر أنغهْ	تنگی
mehr	بیشتر	نور
mehr als	مِيْر أَلْس	زيات / ډېرله
Mehrheit, die	دی،میر هایت	اکثریت
Mehrheit, die	دي مار هايت	اکثريت
Meinung, die	مَيْنُنْك	فکر
Meinungsfreiheit, die	دی ،ماینونگس فرای هایت	د بيان آزادي
Meise, die	دي مايزهْ	شيراکه / يو ډول مرغۍ
meist	مایست	ډير
Meister, der	در،مایستر	لار ښود
Mekka	مَكَّه	مکه
melancholisch adj.	مَلَنكُولِش	غمجن
Melodie, die	دی،میلودی	نغمه
Menge, die	دي مانغهْ	قدر
Mensch, der	مَنش	□□□□□
Menschenverstand, der	مَنشَنفَرشطَنت	د انسان عقل
Mentalität, die	مَنتَلِتِت	خيال
Messer, das	میسا	چاړه
Messing, das	داس،میسینگ	برنج
Metallindustrie, die	دی،میتال يندوستری	فلزي صنايع
metallisch adj.	میتالیش	فلزي
Metzger, der	در، میتسگگر	قصاب
Mieten, das	داس میتن	کرايه کول

آلمانی	تلفظ آلمانی	پښتو
mild adj.	میلد	نرم /ملایم
Militärattaché, die	دي مِیلیتارأتاشي	وابسته نظامی
Miliz, die	دي میلیس	ملېشه
Minarett, das	مِنَرِت	مناره
Minderheit, die	دي مِنْدر هایت	لږوالی / کموال / اقلیت
Minister, der	مِنِستَر	وزیر
Ministerium, das	مِنِستَارِئُم	وزارتخانه
Minute, die	مینوته	دقیقه
Minze, die	دي مِنْسهْ	سپرکۍ
mischen	مِشَّن	گډ ول
misstrauen	مِسْتَرَوْوَنْ	بدگمان بودن
Misstrauen, das	مِسْتَرَوْوَنْ	بدگمانی
mit	میت	ورسره
mit erhobenem Haupt	مِت أَرْهُوبَنَم هَوْبت	ویاړل
mitarbeiten	میت اربایتن	همکاري کول
Mitarbeiter der	در، میت اربایتر	کارکونکی
mitfühlen	مِتْفُولِنْ	همدردی کردن
Mitgefühl, das	مِتگَفُول	زړه خوږي
Mitgliedsstaat, der	دِر مِت غلیدس شتات	کشور عضو
mitnehmen	مِتْنِمَنْ	د ځان سره وړل
Mitschüler, der	مِتشُولِر	هم صنفي
Mittag, der	میتاگ	ماسپښن
Mittagessen, das	داس میتاغ أسّن	ماسپښین ډوډۍ / خوړا
Mitternacht, die	میتا ناخت	نیمه شپه
mittlere Alter, das	مِتْلَرَ أَلْتَرْ	منځنی عمر
Mittwoch, der	دِر میتفوخ	پنځه نۍ /چهار شنبه

آلمانی	تلفظ آلمانی	پښتو
Mobiltelefon (Handy)	)موبيل تلفون)هاندی	لاسي تلفون
Mode, die	دي مودهْ	موډ
Moderator, der	در، موداراتور	نطاق
mögen	مُوگَنْ	خوښ لرل
möglich adj.	مُگْلِحْکَيْت	ممکن
Möglichkeit, die	مَگْلِحْکَيْت	امکانات
Mohn, der	دِر مون	سرکه
Mohn, der	درِ مون	خشخاش
Mohnanbau, der	دِر مون أنباو	د کوکنارو کښت
Mondstein, der	دِر موند شتاين	قيمتي غمی
Montag, der	دِر مونتاغ	درې نۍ /دوشنبه
montieren	مونتيرن	صنعتي سيمه
montieren	مونتيرن	نصب کول
Moos, das	داس موس	خزه
Mord, der	مُرْد	قتل
Mord, der	مورد	مړی کول
Mörder, der	مُرْدَرْ	قاتل
Morgen	مورغن	□□□/ □□□□□□□
morgen	مورگن	سهار
morgen	مورگن	سهار/گهيځ
morgen Abend	مورگن ابند	سبا ماښام ته
Morgendämmerung, die	مورگن ديمارونگ	سباوون
Mosaik, der	داس، موزايک	موزايک
Moschee, die	مُشَا	ماجت / مسجد
Motiv, das	مُتِيف	انگېزه
motivieren	مُوتِوِيرِن	تشويق کول

آلمانی	تلفظ آلمانی	پښتو
Mücke, die	دي مُوكَهْ	مګس / مچ
Mühe, die	دی، موهی	زحمت
Mullah, der	مُلَّه	ملا
Müllbeutel, der	مول بويتل	د چټليو خلته
Mund, der	در،موند	خوله
Museum, das	داس، موزيوم	موزيم
Museum, das	داس موزايوم	موزيم
Musik, die	دی،موزيک	موسيقي
Muskatnuss, die	دي موسكات نوسّ	مشكات ځړی
Muskel, der	مُسكَل	عضله
Mutter, die	مُتَّى،دِي	مور
nach	ناخ	خوا ته
nach	ناخ	پس له
nach Hause, zu Hause	تسو هاوزه،ناخ هاوزه	کور ته/کی
nach unten	ناخ ونتن	لاندې
Nachbar, der	دِر،نَخْبَرْ	همسايه
Nachbarland, das	نَخْبَرلَند	ګاونډی هیواد
Nachfrage, die	دی، ناخفراگه	تقاضا
Nachmittag, der	ناخميتاگ	مازديگر
Nachname, der	نَاختَامَ	كورنى نوم
Nachricht, die	پيام	خبر
Nachricht, die	دی، ناخ ريشت	خبر / پيغام
Nachrichtendienst, der	ناخريشتن دينست	استخبارات
nachsichtig, die	نَخسِشتِگ	د حوصلې نه ډک
nächste	نيكستى	بل
nächste Woche	نيكسته وخه	بله اونۍ/هفته

آلمانی	تلفظ آلمانی	پښتو
Nächste Woche, die	دي ناشستهْ فوخهْ	بله اونۍ
Nacht, die	دي ناخت	شپه
Nacht, die	ناخت	شپه
Nachtigall, die	دي ناختيغال	کوچنۍ مرغۍ
nächtlich / abends	ناشتليش / آبندس	شپې مهال
nackt adj.	ناکْت	لغړ
Nagel, der	نَاگل	نوک
Nagel, die	در، ناگل	مېخ
Nagellack, der	دِر ناغل لاك	د نوکانو رنګ
nah	ناه	نږدې
nahe an	ناه ان	نږدې
nähen	ناهن	ګنډل / رغول
nähen	ناهن	ګنډل
Näherei, die	دي ناهَراي	خياطي
naiv adj.	نَئِيف	ساده
Narkose, die	دي ناركوزهْ	نشه ورکول
Narzissmus, der	نَرسِسمُس	په ځان مينتوب
Nase, die	دی،ناز	□□□
Nasenbein, das	نَاسَنبَيْن	ده پزی هډوکی
nass adj.	ناسّ	لوند
national adj.	ناسيونال	ملي
Nationale Armee, die	دي ناتسيونالهْ أرمي	ملی اوردو
Nationale Einheitsregierung	نَتسِيُنَالَ أينهيتسرِگيرُنگ	د ملي يووالي حکومت
Nationalhymne, die	دی، ناتسيونال هيمنه	ملي سرود
Nationalität, die	نتِيُنَلِتِتْ	مليت
Nationalpark, der	دِر ناتسيونال بارك	پارک ملی

آلمانی	تلفظ آلمانی	پښتو
Natur, die	دي ناتور	چاپېريال / طبيعت
Naturschutz, der	دِر نتور شوس	چاپېريال ساتونکي سيمه
Naturschutzgebiet, das	داس نتور شوس غابيت	ملي پارک
Nebel, der	دِر نابَل	دوړه
neben	نيبن	تر څنگ
nebenan	نيبن ان	تر څنگ
Neffe, der	دِر,نفُّ	وراره
nehmen	نيمن	اخيستل
nervös	نيروهس	وارخاطا
nett	نيت	مهربانه
nett adj.	نَت	مهربان
nett adj.	نَت	مهربانه
Netto	نيتو	نا خا لص
neu	نوی	نوی
Neue hinzugefügt	به تازگی افزوده شده	زياته کول
Neue Nachricht, die	پيام جديد	نوی خبر
neugierig	نويگيريگ	پلټونکی
neun	نوېْن	نه
neuntens	نوېْنتنس	نهم
neunzehn	نوېْنسين	نولس
neutrale Staat, der	در، نويتراله شتات	بې طرفه مملکت
Nichte, die	دِي ,نِيشتَ	خورزه
Nickel, der	دِر نيگّل	نکل
Niederlage, die	دي نيدر لاغهْ	ماته / ناکامی
niedlich	نيدليش	نغيس
Niere, die	نِيرِ	پښتورگی

آلمانی	تلفظ آلمانی	پښتو
nirgends	نیرگندس	هیڅ ځای
Niveau, das	نِوُو	سطح
noch	نوخ	او نه
Nomade, der	نُمَادَ	کوچی
Norden, der	دِر نوردن	شمال
nördlich adj.	نوردلیش	شمالي
normalerweise, in der Regel	نورمالیروایزه،ین در ریگل	زیاتره
Note, die	دی،نوته	شمیره
Notiz, die	نُتِیس	یاداشت
Notlandung, die	دي نوت لاندونغ	بیړنۍ ناسته
Notrufnummer, die	دي نوت روف نومّر	د پولیسو شمېره
null	نولْ	سفر
Nummer, die	دی،نومر	شمیره
oben	وبن	لوړ
oben auf	وبن اوف	پورته
Oberste Gerichtshof, der	داس،وبرسته گریشتس هوف	ستره محکمه
Obst, das	داس أوبست	□□□□
Ofen, der	در،اوفن	بخاری
Offenheit, die	أُفَنهَیت	اجلاص
offensichtlich adj.	أُفُنْسِشْتِلِش	روڼ
öffentliche Schule, die	أُفَنتلِش شُولَ	دولتي ښوونځی
öffnen	وفنن	خلاصول
ohne	ونه	بدون
Ohr, das	دس،أُر	غوږ
Ohrring, der	اورینگ	لښتۍ / غوږوالۍ

آلمانی	تلفظ آلمانی	پښتو
ökonomische Beziehung, die	دي أوكونومشهْ بَسيونغ	رابطه اقتصادی
Okra, die	دي أوكرا	بامیه
Olive, die	دي أوليفهْ	زیتون
Ölweiden, die	دي أوِيْل فايدن	سنجد
Oma, die	دِر أُما	انا
Opa, der	دِر أُبا	نیکه
Opal, der	دِر أوبال	قیمتي کاڼی
Operation, die	دي أوبَراتسيون	عملیات
Opfer, das	اوپفا	قربانی
Opportunist, der	أبُرتُنِست	موقع شناس انسان
Opposition, die	دی،وپوزیتیون	مخالف
Optimist, der	أبتِمِسْت	خوش‌بین
optimistisch sein adj.	أبْتِمِسْتِش	خوشبینه ښکاریدل
Option, die	أبْسِؤُون	اختیار
orange adj.	أورانج	نارنجي
Orange, die	دي أورانْجهْ	نارنج
ordnen	أردنن	په ترتیب ایښودل
Ordnung, die	دی، اوردنونگ	ترتیب
Oregano, der	دِر أوريغانو	دنیا / گشنیز
Organ, das	أُرقَان	غړی
Organisation der islamischen Konferenz,die	دي أورغانيزاتسيون دِر إيسلاميشن كونفارنتس	سازمان همکاری اسلامی
Organisation, die	دی، اورگانیزاتیون	سازمان
organisch adj.	أورغانش	عضوي
organisieren	أرْگَنِسِرِنْ	تنظیم کول
organisieren	ورگانیزیرن	سازمان ورکول

آلمانی	تلفظ آلمانی	پښتو
Original, das	داس أورغينال	اصل
Osten, der	دِر أوستن	ختيځ
östlich adj.	أوستليش	ختيځوال /ختيځې
Ouvertüre, die	دی،وفرتوری	مخکې لاسته راوړنه
Päckchen, das	داس، پاکشن	کوچنی پستي بسته
Pädagogik, die	بَدَگُوگِك	د روزني علوم
Palast, der	دِر بالاست	قصر /مانۍ
Pantoffel, die	پانتوفل	کورنۍ چپلکې
Papagei, der	دِر باباغاي	يو ډول طوطي
Parade, die	دی، پاراده	مارش
Paradies, das	بَرَدِيس	جنت
Paragraph, der	در،پاراگراف	ماده
Parfum, das	داس بارفُوم	عطر /خوش بويي
Parlament, das	بَرلَمَنت	ولسي جرگه
Parlamentswahl, die	دي برلامنتس فال	ولپسي جرگه ټاکنه
Partei, die	دی،پارتای	حزب
Parteimitglied, der	دِر برتاي مِت غليد	□□□ □□□□ □□□□□
Paschto	بَشتُ	پښتو
Passagier, der	دِر بسّاجير	مسافر
passen	باسْسن	جوړيدل / برابريدل
Passkontrolle, die	دي باس كونترولّهْ	پاسپورت کنترل
Patient, der	دِر باتسيانت	مريض /ناروغ
Pause, die	بَوْزَ	تفريح
Pazifist, der	پسيفست	د جگړې مخالف
Pensionär, der	بَنْزِئيْر	متقاعد
perfekt	پرفيکت	سم
Perfektionist, der	بَرفَكتسِيُنست	صحيح کار

آلمانی	تلفظ آلمانی	پښتو
Perücke, die	دي بَرُوكَهْ	نقلي وېښتان
Pessimist, der	بَسِمِست	بدبين
Pfanne, die	پفانه	كړايي /كټوری
Pfau, der	دِر بفاو	سنځری
Pferd, das	داس بفارد	اس
Pfirsich, die	دي بِفرزيش	شفتالو
Pflaume, die	دي بفلاوْمهْ	الو
Pflicht, die	بِفلِشْت	وظيفه
Pharmazie, die	فَرمَسِيْ	دارو سازي
Philantrop, der	فِلَنترُوب	انسان دوست
Philosophie, die	فِلزُفِيْ	فلسفه
Physik, die	فِزِيك	فيزيک
Pilgerfahrt / Wallfahrt, die	بِلْگَرْفَارْت / وَلْفَارت	حج
Pilot, der	دِر بيلوت	پيلوټ
Pilz, der	دِر بيلس	پوڅکی
Pinienkerne, die	دي بينْيَنْ كارْنَهْ	زنغوزي / نغوزي / جلغوزه
Pinsel, der	در،پيىنزل	د وېښتو قلم
Pistazie, die	دي بيستاسيه	پسته
pistaziengrün adj.	بيستاسِيَنْ غرُون	پستهي زرغون
Plan, der	بَلَنْ	پلان
planen	بَلَنِنْ	طرحه کول
Plastik, die	دي بلاستيك	پلاستک
plastische Operation, die	دي بلاستيشهْ أوبراتسيون	پلاستکي عمليات
Platanen, die	دي بلاتانن	درخت چنار
Platin, das	داس بلاتين	سپين زر

آلمانی	تلفظ آلمانی	پښتو
Politik, die	دی،پولیتیک	سیاست
Politiker, der	دی،پولیتیکر	سیاست مدار
Politikwissenschaft(en), die	)بُلِتِیکوِسَنشَفتن (	سیاسي علوم
politische Aktion, die	دی،پولیتیشه اکتیون	سیاسي اقدامات
politische Macht, die	دی،پولیتیشه ماخت	سیاسي قدرت
Polizei, die	پولیڅای	پولیس /څرندوي
Porto, das	داس،پورتو	پستي قیمت
Portrait, das	داس،پورترای	نقاشي څیره
Post, die	دی،پوست	پست
Postamt, das	داس، پوست امت	پوسته خانه
Postfach, das	داس، پوست فاخ	پوستي صندوق
Postgebühren, die	دی، پوست گیبورن	ده پستې نرخ
Postkarte, die	دی،پوست کارته	پوستکارت
Postleitzahl, die	دی، پوست لایت سال	پستې کود
Poststempel, der	در، پوست شتیمپل	د پست مهر
praktisch adj.	برَکتِش	عملي
Präsentation, die	دی، پریزن تاتیون	خبري کول
Präsident, der	برزِدَنت	□□□□□ □□□
Präsidentschaftswahl, die	دي برازیدانت شافتس فال	ولسمشر ټاکنه
Preis, der	در، پرایس	قیمت
Preis, der	در، پرایس	نرخ
Pressefreiheit, die	دی،پریسه فرایهایت	د رسنیو آزادي
Privatisierung, die	دی، پریواتیزیرونگ	ملي کوونه
Privatschule, die	برِوَاتشُولَ	شخصي ښوونځی
proben	پروبن	تمرین کول
probieren	برُبِیرِن	خوند کتل

25. 1 Register Deutsch - Paschtu

آلمانی	تلفظ آلمانی	پښتو
Produktionsstätte, die	دی،پرودءکتیونس شتاته	د تولید ځاي
Produzent, der	در، پرودوسنت	تولید کوونکی
produzieren	پرودوتسیرن	تولیدول
Professor, der	برُفَسُر	پروفیسور
Profit, der	در، پروفیت	ګټه
Prognose, die	دي بْرُوغْنوزهْ	اټکل کول
Programm, das	داس،پروگرام	برنامه
Programmieren, das	پروگرامیرن	پروگرام کول
Projekt, das	داس،پرویکت	تنخوا
Propaganda, die	دی،پروپاگاندا	تبلیغات
Prophet, der	برُوفَات	پیغمبر
Prospekt, das	داس،پروس پکت	وړاندوینه
protestieren	بُرُتَسْتِرن	اعتراض کول
Protokoll, das	داس،پروتوکول	پروتوکول
Provinzregierung, die	برُونسرِگِیرُنگ	ولایتي دولت
Provision, die	دی،پرو ویزیون	د دلالي پیسې
Prozent, das	داس بروسانت	فیصدی
prozentual adj.	بروسنتُ آل	په سلو کې
Prozess, der	در،پروسیس	دعوا
Prüfung, die	برُوفُنگ	امتحان
psychisch adj.	بسوسِش	رواني
Psychologie, die	سِحُلُگِيْ	روحیات پېژندنه
Pubertät, die	بُوْبَرْتت	نوی ځوانی
Publikum, das	داس،پوبلیکوم	ننداره کوونکی
publizieren	پوبلیسیرن	انتشار کول
publizieren	پوپلیسیرن	نشر کونکی

آلمانی	تلفظ آلمانی	پښتو
Puder, das	داس بودر	پوډر
Pullover, der	پولوار	بنيان / جاکټ
Pumps, die	پومپس	ښځينه جګ بوټان
pünktlich adj.	بُونکتليش	په وخت
Putsch, der	بُتش	کوده تا
Quadrat, der	دِر کوادرات	مربع
quälen	کفالن	ربړول / ځورول
qualifiziert adj.	قوالی فيسيرت	د کارخانې کارکونکی
Quelle, die	دي کفالّهْ	چينه
Quitte, die	دي کفِيتّهْ	بهي
Quran, der	کُرآن	قرآن شريف
Rabatt, der	در، رابات	تخفيف
Rache, die	راخه	پور /غچ / انتقام
rächen	ريشن	بدل اخيستل
rachsüchtig adj.	رَحسُهتِگ	کسات اخيستل
radieren	رَدِيرِن	په پنسل پاک پاکول
radikal adj.	رَدِگال	افراطي
Radio, das	داس،راديو	□□□□□
Ramadan, der	رَمَضَن	روژه
Rasierapparat, der	دِر رازير أبّرات	د ږيرې ماشين
Rasiercreme, die	دي رازير کريمهْ	د ګيرې خرېلو کريم
rasieren, sich	رازيرن	خريل
Rat, der	در، رات	شورا
Rate, die	دی،راته	لنډ مهال
Ratschlag, der	رَتْشَلَكْ	نصيحت
Ratte, die	دي راتّهْ	خسک
Raubvogel, der	دِر راوب فوغل	غچۍ / توتکۍ

آلمانی	تلفظ آلمانی	پښتو
rebellieren	رَبَلیرنْ	یاغي توب
Rebellion, die	دي ربلْیون	بغاوت
Rebhuhn, das	داس ریْب هون	قمری
rechnen	رشنِن	حسابول
rechnen	رشنن	حسابول
Rechner, der	ریشنا	کمپیوټر
Rechnung, die	دی، ریشنونګ	حساب
Recht, das	داس، ربنت	حقوقي
rechtmäßig adj.	رشتماسیگ	قانوني
rechts	ریشتس	ښی خواته
Rechtsprechung, die	دی، رشت شپریشونګگ	د حکم د صادرولو صلاحیت
Rechtssystem, das	داس،رشتس زیستم	حقوقي نظام
rechtswidrig adj.	رشتس ویدریگ	غیر قانوني
Rechtswissenschaft(en), die	ن)ِرحتسوِسَنشَفت)	حقوق علوم
Recycling, das	داس رسیْك لنغ	انرژي
regelmäßig	ریگلمیسیگ	په اصول برابر
Regen, der	دِر راغن	باران / ورښت
Regenbogen, der	ریگن بوگن	شنه زرغونه
Regenschirm, der	ریگینشیرم	چترۍ / سایه وان
Regie, die	دی، ریگی	نمایشي مدیریت
Regierung, die	رِگیرُنگ	حکومت
Regionalregierung, die	رِگئُنَالرِگیرُنگ	محلي دولت
Registrierung, die	دي رَغِسْتریرونغ	نام ثبتول
Reh, das	داس ریْهْ	هوسۍ / غرځنۍ
reif adj.	رایف	سنځلې
Reisebüro, das	داس ریْزهْ بُورو	د سفر کولو دفتر

آلمانی	تلفظ آلمانی	پښتو
Reisepass, der	دِر رایْزهْ باس	پاسپورټ
Reiseversicherung, die	دي ريْزهْ فرزيشرونغ	د سفر بيمه
Religion, die	رِلِگيون	دين
religiöse Schule, die	رِلِگيوز شُولَ	مدرسه
rennen	رينن	ځغستل
Rente, die	رِنْتَ	تقاعد
Rentner, der	رِنْتْنَر	متقاعدي
reparieren	ريپاريرن	ترميم كول
reparieren	ريپاريرن	ترميمول
Republik, die	رِبُبلِيك	جمهوريت
Respekt, der	دِر،رِسْبَكْت	احترام
Ressourcen, die	د ی، ريسور سن	منبع
retten	راتّن	ژغورل
Rettich, der	دِر رتِّش	ملۍ
Reue, die	رُيْئَ	پښيماني
rezensieren	ريسن سيون	نقد كول
Rezension, die	نظرات	كتنه
Rezept, das	داس راسابت	□□□□
Rhabarber, der	دِر رابَرْبَرْ	رواش
Rhythmus, der	در،ريتموس	د سندري وزن
Richter, der	در، ريشتر	قاضي
richtig	ريشتيش	سم
richtig adj.	رِشْتِكْ	صحيح
Rind, das	داس رِنْد	غوا
Risiko, das	داس ريزيكو	دهوا بدليدل
Rock, der	روک	لمن

25. 1 Register Deutsch - Paschtu

آلمانی	تلفظ آلمانی	پښتو
Rohrzucker, der	دِر رور سوگر	گنې
Rohstoff, der	در،روهشتوف	اومه مواد
Rohstoff, der	دِر روهْ شتوف	بیا کار اخیستنه
Rolle, die	دی، رول	نقش
Roman, das	داس، رومان	رومان
Romantik, die	رُمَنتِك	رومانتیک
Röntgenbild, das	داس روینغن بیلد	رادیوگرافی
rosa-rot adj.	روزا روت	گلابي
Rosenkranz, der	رُوزَنْكرَنس	تسبیح
Rosine, die	دي روزینهْ	مهمیز
rösten adj.	روستن	سرخ کردن
rot adj.	روت	سور
Rübe, die	دي رُوبهْ	شلغم
Rubin, der	دِر روبین	یاقوت
Rücken, der	رُکَن	ملا
Rücken, der	رُکَن	شاه
Rückenschmerzen, die	دي رُوکن شمارسن	د ملا خوږ /درد
Rücksichtslosigkeit, die	رُکسِجتسلُوسِگگَیت	بې لحاظي
Rücktritt, der	در، روکتریت	استعفا
ruhig	روهیگ	هوسا
ruhig adj.	رُهِگ	آرام
ruhig adj.	رُهِگ	کرار
Rundfahrt, die	دي روند فارت	په ښارکی گرځیدل
Russisch	رُسِش	روسي
rutschen	روتشن	ښوییدل
Sachbuch, das	داس،زاخ بوخ	موضوعي کتاب

آلمانی	تلفظ آلمانی	پښتو
Säge, die	دی، زاگه	اره
sagen	زاگن	ویل
Sahne, die	دي زانهْ	پیروی
Sakko, das	زاکو	کورتۍ
Salz, das	داس زالس	مالګه
salzig adj.	زالسیغ	ډېره ماګه
Samen, der	در،زامن	تخم
sammeln	سَمَّلْن	ټولول
Sammlung, die	دی، زاملونگ	کلکسیون
Samstag, der	دِر زمستاغ	یوه نۍ /شنبه
Sandalen, die	زاندالن	چپلکې
sandfarben (beige) adj.	)زاند فاربن(باج	کریمی
Sandsturm, der	زاند شتورم	د ریګ سیلۍ
Sanitäter, der	دِر زانیتاتر	روغتیاپال
sanktionieren	زنکتسیونیرن	بندیز
Saphir, der	دِر زافیر	شین رنګه غمی
Satin, der	زاتان	نرم / پوست رخت
sauber	زاوبر	□□□
sauer adj.	زاوّر	تروش
Sauerkirsche, die	دي زاوّر کیرشهْ	الوبالو
Säugling, das	دَس،سُیْکِلینك	کوچنی
Schadstoff, der	دِر شادشتوف	ضرر رسونکي مواد
Schaf, das	داس شاف	پسه
Schäfer, der	در،شافر	شپون
Schaffner, der	دِر شافْنر	د ټکټ څارونکی
Schal, der	شال	د غاړې دسمال
Schälchen, das	شیلشن	وړوکي تلۍ

آلمانی	تلفظ آلمانی	پښتو
Schale, die	دي شالهٔ	پوستکی
schälen	شالن	سپینول
Schamgefühl, das	شَامْکِفُول	د شرم احساس
Schande, die	شَنْدَ	شرم
scharf adj.	شَرْف	تیز
Scharia, die	شَرِئَ	شرعي
Schatten, der	دِر شاتّن	سیوره
schätzen	شَتْزِنْ	په ښه سترګه کتل
Schatzmeister, der	در،شاتس مایستر	خزانه‌دار
Schaum, der	دِر شاوْم	ځګ
Schauspieler, der	در، شاوشپیلر	د فیلم هلک
Schauspielerin, die	دی،شاو شپیلرین	د فیلم نجلی
Scheidung, die	دِي،شَیْدُونْك	طلاق
scheinen	شَیْنَن	په خیال کي راوړل
Scheitel, der	دِر شایتل	ویښته بېلول
schenken	شنکن	تحفه ورکول
Schicksal, das	شِکْزال	قسمت
Schießen, das	شیسن	مرمی / ګولۍ اورول
schildern	شِلْدَرْن	بیان کول
Schildkröte, die	دي شیلد کرویْتهْ	مار
Schlacht, die	دي شلاخت	جګړه / غزا
Schlafanzug, der	شلاف انځوک	د خوب جامې /کالي
schlafen	شلافن	بیدېدل
schlafen	شلافن	خوب کول
Schlafsack, der	دِر شلاف زاك	د خوب بړستن /خلته
Schlafzimmer, das	داس شلاف سیمّر	د خوب کوټه

آلمانی	تلفظ آلمانی	پښتو
schlagen	شلاگن	وهل
Schlagzeile, die	دی،شلاگ سایله	سريزه
Schlange, die	دي شلانْغهْ	لړم
schlecht	شليشت	بد
schließen	شليسن	تړل
Schlinge, die	دي شلينغهْ	لومه
Schloss, das	داس شلوسّ	ماڼۍ
Schlüssel, der	دِر شلُوِسّل	کيلي
schlussfolgern	شُلُسْفُلْگَرْن	نتيجه اخستل
schmal adj.	شمال	نری
schmecken	شمَگَن	خوند کول
schmelzen	شمالسن	اوبه کېدل
Schmerz, der	شمَرْس	درد
Schmerz, der	دِر شمارس	خوږ /درد
Schmetterling, der	دِر شماتّرلنغ	چونگښه
schminken, sich	زيش،شمنکن	ډول ورکول/سينگار کول
schmoren	شمورَن	کبابول
schmutzig	شموتسيگ	□□□□
Schnalle, die	شناله	غېنډه
Schnecke, die	دي شناکّهْ	ستنيکي
Schnee, der	دِر شنيهْ	واوره
Schneesturm, der	شنی شتورم	د واورې سيلۍ
schneiden	شنايدن	پرې کول
Schneiderei, die	دي شنايْدَراي	خياطي
schneidern	شنايْدرن	کالی گنډل
schneien	شنايّن	واوره ورېدل
schnell	شنيل	ژر

آلمانی	تلفظ آلمانی	پښتو
Schnur, die	دی، شنور	بند
Schock, der	دِر شوکّ	شوک
schön	شون	ښايسته
Schraubenzieher, der	در،شراوبن سيهر	پيچکش
schreiben	شرايبن	ليکل
schreien	شرَيْأَن	چيغي وهل
Schriftsteller, der	در، شريفت شتيلر	ليکونکی
schüchtern	شوشتيرن	شرمناک
schüchtern adj.	شُهتَرن	بې جراته
Schuhe putzen	شوهه پوڅن	بوټان رنګول
Schuhgröße, die	شو ګروسه	بوټانو نمره
Schuld, die	شُلْد	ګناه
Schulden haben	شولدن هابن	پور لرل
Schulden, die	دی، شولدن	پور
Schüler, der	شُولِر	شاګرد
Schulleiter, der	شُولَّيْتَر	د ښوونځي مدير
Schulpflicht, die	شُولفلِشت،دي	جبری روزنه
Schulter, die	شُلتَر	اوږه
Schultergelenk, das	شُلتَرګَلَنك	اوږه
Schüssel, die	شوسل	کاسه / تلۍ
schützen	شوڅن	ساتل / حفاظت کول
Schützengraben, der	دِر شُوِسن غرابن	سنګر
schwach	شواخ	کمزوری
schwach adj.	شفاخ	کمزوری
Schwalbe, die	دي شفالبهْ	کرک
Schwamm, der	شوَم	تخته پاک
Schwan, der	دِر شفان	اوبو چرګه

آلمانی	تلفظ آلمانی	پښتو
Schwangerschaft, die	شِوَنْگَرْشَفْت	امیندواری
schwänzen	شوِنسَن	غیرحاضري کول
schwarz adj.	شفارس	تور
Schwarz fahren, das	داس شفارسفارن	د ټکټ نه بغیر ختل
Schwefel, der	در،شویفل	ګوګړ
Schwein, das	داس شفایْن	خوک
Schweiß, der	دِر شفایس	خولې
Schwellung, die	دي شفالّونغ	پړسېدل
Schwester, die	دِي ،سِجوِسْتَر	خور
Schwiegermutter, die	دِي،شِجویگَرْمُوتَرْ	خواښې
Schwiegervater, der	دِر،شِجویگَرْفَتَرْ	خسر
schwierig	شویریگ	سخت
schwindelig adj.	شِفندلِش	سر ګرځېدل
sechs	زاکس	شپږ
sechstens	زاکستنس	شپږم
sechzehn	زاشْسین	شپاړس
Seele, die	زَالَ	روح
seelisch adj.	زیلِش	□□□□
sehen	سَاهَن	لیدل
sehen	زِهَن	کتل
Sehenswürdigkeit, die	دي زیْهَنس فُوردیشْکایت	د لیدو وړ اثار
sehr	زهر	ډیر
Seide, die	دي زایْدهْ	وریښم
Seide, die	زایده	وریښم
Seife, die	دي زایفهْ	صابون
Seil, das	داس، زایل	طناب

آلمانی	تلفظ آلمانی	پښتو
sein	زاین	اوسیدل
seit	زایت	راهیسي
seit	زایت	راهیسي
Seite, die	زَیْتَ	صفحه
Sektor, der	در، زکتور	خصوصي کوونه
Sekunde, die	زیکونده	ثانیه
Selbstbestimmungsrecht, das	داس زالْبست بشتیمونغس رشت	خپلواکي حق
Selbstbewusstsein, das	سَلبستبَوُستسَیْن	په ځان اعتماد
Selbstdisziplin, die	سَلبستدِسِّبلِین	شخصي انضباط
selbstmord begehen	زَلْبستمُرد بَگاهَنْ	ځان وژل
Selbstmord, der	زَلبستمُرْد	ځان وژنه
Selbstmordattentäter, der	دِر زلبست مورد أتَن تاتر	ځان مرګی
selten	زیلتن	کم
Seminar, das	زَمِنَار	سمینار
Senator, der	زِنَاتُر	سناتور
senden	زندن	لیږل
Senf, der	دِر زنف	بادیان
senil adj.	زَنِیل	بوډا
Senior, der	زَنْیُر	مشر
servieren	زرفیرن	وړاندې کول
Sessel, der	دِر زسّل	چوکۍ
Shampoo, das	داس شامبو	شامپو
Show, die	دی، شوو	برنامه
sich bemühen adj.	سیش بیموهن	زحمت ورکول
sich blicken lassen	سِیشْ بِلِگّنْ لاَسَّنْ	نظر کول
sich gewöhnen an	سِح گَوُونَن أَن	عادت کېدل

آلمانی	تلفظ آلمانی	پښتو
Sicht, die	زِحت	ليدنه
sichtbar adj.	زِحتبَر	ښکاره
sieben	زيبَن	اوه
sieben	زيبن	پروېځل / غلبيلول
sieben	زيبَن	پروېځل
siebtens	زيبْتنس	اووم
siebzehn	زبسين	اوه لس
sieden	زيدن	ايشول
silber adj.	زلبر	سيلوري
Silber, das	داس، زيلبر	سپين زر
Silber, das	داس زلبر	سپين زر
singen	زينگن	سندري ويل
Sinn, der	زِن	حس
Sinn, der	زِنْ	معنا
Situation, die	زِتُوَتِيُن	وضعيت
Sitz, der	در، زيتس	مقعر
sitzen	زيتسن	کښېناستل
sitzen bleiben	سِتسَن بلَيبَن	□□□□ □□□□ □□□□□
Sitzplatz, der	دِر زيس بلاس	کېناستلو ځای / کښيناستلو ځای
Sitzung, die	دی، زيتسونگ	کښيناسته
Skepsis, die	سگَبْسِسْ	شک
Skizze, die	دی، سکيس	وړانديز
Skorpion, der	دِر سکوربيون	خا / خاپوړت
Skulptur, die	دی، سکولپتور	مجسمه
Slip, der	سليپ	ښځينه نېکر
Smaragd, der	دِر سماراغد	زمرد
sofort	زوفورت	ژر تر ژر

آلمانی	تلفظ آلمانی	پښتو
Software, die	سوفت وار	سوفتویر
Sohn, der	سُون،دِر	زوی
Soja, die	دي زُويا	سويا
Soldat, der	در،زولدات	سرباز
Soldat, der	دِر زُولدات	سرتېری
Solidarität, die	دِي،سُلِدَرِدِتْ	يو والي
Solidarität, die	دي زوليدا ريتايْت	پيوستون
Sommer, der	دِر زومّر	اوړی /دوبې
Sonderbotschafter, der	دِر زوندر بوت شافتر	ځانګړی سفير
Sonnenaufgang, der	زونن اوفگانگ	لمر ختل
Sonnenbrille, die	زونن بريله	د لمر عينکې
Sonntag, der	دِر زونتاغ	دوه نۍ /يکشنبه
Sorte, die	سُرْتِ	سوګند
Souvenir, das	داس زوفانير	ډالۍ /د سفر ډالۍ
souverän adj.	زوفَرايْن	مستقل
soweit	زو وايت	تر هغه ځايه
sowie	سو وی	په هره توګه
Soziale Netzwerk, das	شبکه اجتماعی	ټولنيځې شبکه
Sozialwissenschaft, die	زُسِيُلُگِيْ	ټولنه پيرندنه
Sozialwissenschaft(en), die	ن)َزُسِتّالوِسَنشَفت)	ټولنه پيژندنه
spannend adj.	شبنّند	هيجان‌انگيز
Spannung, die	دِي ,شبنُّونْگ	تشنج
sparen	شپارن	صرفه جوي کول
Sparkonto, das	داس،شپار كونتو	د پس انداز حساب
Spaß, der	شَبَسْ،دِر	مسخره
spät	شپيت	ناوخته

آلمانی	تلفظ آلمانی	پښتو
Speicher, der	شپایشا	د کمپیوټر حافظه
Speiseröhre, die	شبَیْزَرُورِ	مری
Spekulation, die	دی،شپیکولاتیون	تحلیلول
Sperling/ Spatz, der	دِر شبارْلینغ /شباس	بلبل / خاچوښی
spicken	شبِکَن	نقل کول
spielen	شپیلن	لوبه کول
Spinat, der	دِر شبینات	پالک
Spinne, die	دي شبینَهْ	ملخ
Spion, der	شپیون	جاسوس
Spionage, die	شپیوناژه	جاسوسي
spontan adj.	شُبُنْتَنْ	په خپل سر
Sport, der	شبُورت	ورزش
Sportschuh, der	شپورت شو	سپورټي بوټان
Sprache, die	شبرآخُ	ژبه
Sprecher, der	در، شپریش	خبري ویونکی
Sprechstunde, die	دي شبراش شتوندهْ	د خبرو وخت
Staat, der	در، شتات	دولت
Staatsbürgerschaft, die	شطَاتسبرُگرشَفت	□□□□□□
Staatschef, der	شطَاتسشَف	د دولت ریس
Staatsregierung, die	شطَاتسرِگیرُنگ	دولت
Staatswesen, das	داس، شتاتس ویزن	د مملکت نظام
Stadt, die	دي شتات	ښار
Stadtzentrum, das	داس شتاتسنتروم	د ښار مرکز
Stahlwerk, das	داس، شتال ویرک	د اوسپني کارگاه
Stall, der	در، شتال	غوجل
Stamm, der	دِر،شتَمْ	قوم
ständig	شتیندیگ	هر کله

آلمانی	تلفظ آلمانی	پښتو
amüsieren	دِر،أمُوسِيرِن	تفریح کردن
Ananas, die	دي أناناس	آنناس
anbauen (Pflanzen)	(انباون (فلانسن	زراعت کردن
anerkennen	ان يركنن	به رسمیت شناختن
Anerkennung, die	أنأركَنُنگ	شناسایی
Anfang, der	دِر أنفانغ	آغاز
Angebot und Nachfrage	انگبوت اوند ناخفراگه	عرضه و تقاضا
Angebot, das	انگیبوت، داس	عرضه
Angestellte, der	انگی شتلتر،در	کارمند
angewiesen	أنْكِفِسِن	وابسته
Angriff, der	دِر أنغريف	حمله
Anhang, der	انهانگ، در	پیوست
Anklage, die	انکلاگه، دی	اتهام
Ankunft, die	دي أنكونفت	ورود
Anleitung, die	أنلَيْتُنگ	راهنما
anmelden	أمْلدن	)ثبات نام کردن)ورود
Anmeldung, die	دي أمْالدونغ	نام‌نویسی
Annahme, die	أنَامَ	سنجش
annehmen	أمِّنْ	قبول کردن
anrufen	انروفن	زنگ زدن
anrufen	أنرُوفَن	زنگ زدن
Ansage, die	دي أنزاغه	اعلان / خبر
anschauen	أنْشَوَن	نگاه کردن
Anschein, der	أنْشَيْن	ظاهر
Anspruch, der	أنشبُرُخْ	ادعا

آلمانی	تلفظ آلمانی	پښتو
Standpunkt, der	شَتَندبُنْکت	دريځ
stark	شتارک	تکړه
statt	شتات	پر ځای
statt	شتات	پر ځای
Statue, die	دي شتاتوهْ	مجسمه / بت
Staudamm, der	دِر شتاو دام	د اوبو بند
stehen	شتهن	درېدل
Steinkohle, die	دی،شتاین کوله	د ډبروسکاره
Stellung, die	دی، شتلونگ	لاسته راوړنه
Stempel, der	دِر شتمبل	مهر /ټاپه
Steppe, die	دي شتابَهْ	بېديا
sterben	شتَرْبَنْ	مړ کېدل
sterben	شتاربن	مړکېدل
sterblich adj.	شتَربِلِچ	مرګيحاله
Steuer, die	دی، شتوير	ماليات
Steuer, die	دی،شتوير	ماليات
Steuerhinterziehung, die	دی،شتوير هينترسيهونگ	د ماليي ورکولو نه تيښته
Stewardess, die	دي ستيوارداس	□□□□ □□□□□□□ □ □□□□□□
Stichwahl, die	ديشتيشفال	د دوو کانديدانو څخه ټاکل
Stickerei, die	شتيکارای	ګلدوزي
Stiefel, der	شتيفل	موزې
Stier, der	دِر شتِير	غوڅکی /غوايی
Stift, der	شتِفت	خودکار
Stimme, die	شتِمً	آواز
Stimme, die	دي شتيمَهْ	رايه
Stirnbein, das	شتِرنبَيْن	تندی

آلمانی	تلفظ آلمانی	پښتو
Stockwerk, das	داس شتوك فارك	منزل / پوړ
Stoff, der	شتوف	رخت / ټوکر
Stofffetzen, der	دِر شتوف فاتْسن	ټوټې ټوټې
Stoffladen, der	دِر شتوف لادن	د رختنو / ټوکرانو پلورنځی
stolz sein	شتُلْس سَيْن	خوند
Storch, der	دِرشتورش	
Straftat, die	شتراف تات	جرم
Strand, der /	دِر شتراند / دي كُوسْتهْ	اوبې / سمندر غاړه
Straßenkampf, der	دِر شتراسَن کامبف	د کوڅو جنګونه
Strategie, die	ديشتراتَغي	استراتژی
Strauch, der	درِشتراوخ	بوته
Strauß, der	دِر شتراوس	وزر
Strecke, die	دي شتْرکهْ	لار
Streik, die	در،شترايک	ګمرک
Streit, der	شَترَيْت	اختلاف
Streitbeilegung, die	دي شترايت بيْلاغونغ	د شخړو د حل
strikt, streng adj.	شترِکت	سخت ګیر
Strumpf, der	شترومپف	جرابې
Stück, das	داس شتُوِك	ټوټه
Stück, das	داس شتُوِك	دانه
Student, der	شتُدَنت	محصل
Studiengebühren, die	شتُودِنْنگبُورِن	د پوهنتون فيس
Stufe, die	شتُوفَ	طبقه
Stuhl, der	شتُول	چوکی
Stunde, die	شتُندَ	ساعت
Stunde. die	شتونده	ساعت

آلمانی	تلفظ آلمانی	پښتو
suchen	زوخن	لټول
suchen adj.	جستجو کردن	لټول
Süden, der	دِر زُوِدن	سهیل
südlich adj.	زُوِدلیش	سهیلي
Südosten, der	دِر زُوِد أُوستن	سهېل ختیځ
Südwesten, der	دِر زُوِد فاستن	سهېل لوېدیځ
Summe, die	دي زومّهْ	ټول / مجموعه
Sumpf, der	دِر زومبف	ختې
Sünde, die	زُنْدَ	گناه
süß	زوس	خوږ
Szene, die	دی، سینه	عمل
Tafel, die	طَافَل	تخته
Tag, der	دِر تاغ	ورځ
Tagebuch, das	داس، تاگبوخ	ژوند لیک
Tagelöhner, der	در،تاگه لونر	روز مزد کارگر
Tageszeitung, die	دی، تاگس سایتونگ	ورځپانه
täglich adj.	تاغلیش	ورځینی
tagsüber adj.	تاگس اوبا	□□□ □□ □□□□ □
Taille, die	دي، تَیلل	ملا
Taktik, die	دي تاکتیك	تخنیک / چل
Talent, das	داس، تالنت	استعداد
Tanne, die	دي تانّهْ	درخت صنوبر
Tante, die (mütterlicherseits)	دِي،تَانْته	خاله
Tante, die (väterlicherseits)	دِي،تَانتَه	عمه
Tanz, der	در، تانس	نڅاه
Tasche, die	تَشِ	بکس

آلمانی	تلفظ آلمانی	پښتو
Taschentuch, das	تاشن توخ	د جیب دسمال
Tasse, die	تاسه	پیاله
Tastatur, die	تاستاتور	کیبرت / لیکونکی
Täter, der	تیتا	مجرم
Tätigkeit, die	تِتِیگګَیْت	فعالیت
Tau, der	تاو	پرخه
Taube, die	دي تاوْبهْ	بته
Tausendfüßler, der	دِر تاوزند فُوِسْلَر	ملخ
Technik, die	تَشِنِك	تکنیک
Technik, die	دی، تشنیک	تخنیک
Technische Hochschule, die	تَهنِش حُوهشُولَ	تخنیک فاکولته
Technologie, die	دی،تشنولوگی	تکنالوږی
Tee kochen	تیهْ کوخن	چای پخول
Teekanne, die	دي تیهْ کانّهْ	چاینکه
Teichhuhn, das	داس تایش هونْ	طوطي
Teig, der	دِر تایغ	لانده اوړه / خمیر اوړه
Teil, das	داس،تایل	پرزه
Teil, das	داس تایل	ویش / ونډه
teilnehmen	تَیْلِنمن	برخه اخیستل
teilnehmen	تایل نیمن	ګډون کول
Telefon, das	داس، تلفون	ټلفون
Telefonauskunft, die	تلفون اوسکونفت	د ټلفون اطلاعات
Telefonbuch, das	داس، تلفون بوخ	د تلفون دفتر
telefonieren	تلفونیرن	ټلفون کول
Telefonkarte, die	دی، تلفون کارته	د ټلفون کارت
Telefonnummer, die	تِلِفْنُنُمَّر	د ټلفون شمیره

آلمانی	تلفظ آلمانی	پښتو
Teppich, der	دِر تېّش	قلینه / دری / غالی
Termin, der	در، ترمین	وعده
Termin, der	دِر ترمین	د کتلووخت
Terrorist, der	دِر تاروریست	تروریست
teuer	تویر	گران
Teufel, der	تَیْفَل	شیطان
Text, der	در، تیکست	متن
Textverarbeitung, die	تیکست فیراربایتونگ	د کیکنو پروگرام
Theater, das	داس،تیاتر	تیاتر
Thema, das	تِیمَ	موضوع
Thymian, der	دِر تیمیان	شینشوبی
Tippen, das	تیپن	لیکل
Tippfehler, der	در، تیپ فیهلر	اشتباه ټیپول
Tischler, der	در، تیشلر	ترکاڼ
Tischler, der	در، تیشلر	ترکاڼ
Titel, der	در، تیتل	عنوان
Titelseite, die	دی، تیتل زایته	اوله صفحه
Tochter, die	دِي تُختَرْ	□□□
Toilettenpapier, das	تویلیتن پاپیر	د تشناب کاغذ
Toleranz, die	تُلَرَنس	رواداری
Tomate, die	دي توماتهْ	باجان رومي
Ton, der	تُون	ږغ
Ton, der	تون،در	سندره
Topas, der	دِرِ توباس	قیمتي غمی
Topf, der	دِر توبف	دېګ
Torte, die	دي تورتهْ	کېک
Tourist, der	دِر توریست	سېل کوونکی

آلمانی	تلفظ آلمانی	پښتو
tragen	تراغن	جامې /کالي اغوستل
tragen	تراگن	وړل
Tragödie, die	دی، تراگودی	فاجعه
transparent adj.	تَرَنْسبَرَنْت	روښانه
Traube, die	دي تراوبهْ	انګور
Trauer, die	تَرَوْؤَر	غم
traurig	تراوریگ	غم جن
traurig adj.	تَرَوْرِگ	خوابدي
Trauung, die	دِي ,تَرَوُنْك	نكاح
Trauzeuge, der	دِر،تَرَوْزُيْكَ	شاهد
treffen	تَرَفَّنْ	سره کتل
Treffen, das	داس، ترفن	ليدل
Treibhauseffekt, der	دِر تريْب هاوس أفَكْت	پاكه انرژي
Trennung, die	دِي,تَرَنُّونْك	جلا کېدل
Treppenstufe, die	دي ترابّن شتوفهْ	زينه
Treue, die	ترُيْئَ	وفاداري
trinken	ترينكن	څښل
trocken adj.	تروكّن	وچ
Trockenfrucht, die	دي تروكّن فروخت	وچه مېوه
Trommel, die	دی،ترومل	ډول
trotz	تروتس	پر ته له
trotz	تروتس	پر ته له
Truthahn, der	دِر تروتهان	فيل مرغ
Tschador, der	چادور	ټيکری / پوړنی
Tür, die	دي تُور	د ره /دروازه
türkis adj.	تُورکيس	پيروزه

آلمانی	تلفظ آلمانی	پښتو
über	درباره	په اړه
über	وبر	پر
überall	وبیرال	هر ځایی
Überblick, der	در،اوبربلیک	عمومي کتنه
überfahren	أوِبرْ فارن	لاندې نیول
Übergabe, die	دی، وبرگابه	سپارل
überleben	أوِبرلابن	ژوندی پاتې کیدل
überlegen	أوبَرْلَاگَن	خیال کول
übernehmen	وبر نهمن	په عهده اخیستل
überraschen	وباراشن	ګیرول
Übersetzen, das	داس، اوبر زیسن	ژباړنه
Überwachung, die	اوبار واخونگ	څارنه / مراقبت
überweisen	وبر وایزن	حواله کول
Überweisung, die	دی، اوبر وایزونگ	حواله
überzeugen	اوبرسویگن	قانع کول
überzeugen	وبر تسوگن	یو چا ته قناعت ورکول
Überzeugung, die	أُبَرْزُيْكُنْك	باور
Übung, die	أُوبُنگ	□□□□□
Ufer, das	داس أُوفر	غاړه
um	وم	پر
um Hilfe rufen	أوم هيلفهْ روفن	مرسته غوښتل
Umgang, der	أُمْكَنْك	رفتار
Umland, das	داس أُوملاند	د کلی سیمه
Umsatz, der	در، اومزاس	ګټه
Umwelt, die	دي أومفالت	چاپېریال
Umweltschutz, der	دِر أومفالت شوس	چاپیریال ساتنه

آلمانی	تلفظ آلمانی	پښتو
unbegabt adj.	أُنبِگَبْت	نا پوهه
unfähig adj.	أُنفاهِگ	بې توان
unfair adj.	أُنفِرْ	بې انصافه
ungekocht adj	أونغَكوخت	اومه / خام
ungerecht adj.	أُنكِرَشْت	ناحقه
Ungerechtigkeit, die	دی،ونگیرشتیگگ کایت	بې عدالتي
ungezwungen adj.	أُونْگِزْوُنْگَنْ	په ازاده
Universität, die	أُنِوَرزِتَات	فاكولته
Unkraut, das	داس أون كراوت	علف هرزه
unmöglich adj.	أُنْمُگْلِح	ناممكن
unordentlich adj.	أُنؤُردَنتلِح	بې نظمه
unpassend adj.	أونباسّند	بی ځایه
Unpünktlichkeit, die	أُنبُنكتلِجگَيت	پهٔ خپل اصلي وخت نه رسېدنه
Unschuld, die	دی، ونشولد	بې گناه
unten	ونتن	لاندی
unterbrechen	أُنْتَبرَشَنْ	غوڅول
Unterhaltung, die	دِي ,أُونْتَرْهَلْتُونگ	خبرې اترې
Unterhemd, das	اونترهمد	لاندینی بنیان
Unterhose, die	اونتر هوزه	نېکر
unternehmen	أُنْتَرْنِمَنْ	اقدام كول
Unternehmen, das	داس،اونتر نهمن	شرکت
Unterrichtstunde, die	أُنتَرِشتسشتُنْدَ	درسي ساعت
unterschiedlich	ونترشیدلیش	په بیله بیله توکه
unterschreiben	اونترشرايبن	دسخط كول
unterschreiben	ونترشرايين	امضا كول
unterstellen	أُنْتَرْشْتِلَّنْ	په يو چا تور لگول

آلمانی	تلفظ آلمانی	پښتو
untersuchen	أونتر زوخن	معاينه
untreu adj.	أُنترُيْ	وفا بی
Unwetter, das	اون ويتا	باد او باران
Unzuverlässigkeit, die	أنسُفَرلَسِگکَيت	بې اعتمادي
Urheberrecht, das	داس، اورهيبر ريښت	د طبع او نشر حق
Urteil, das	داس، ورتايل	حکم
Vater, der	دِرْ فَاتِر	پلار
verabreden	فَرْأَبْرِدنْ	وعده کول
verabschieden	فرابشيدن	خداي پاماني اخيستل
veraltet adj.	فر أَلْتَت	زاړه
verändern	فَرْأَنْدِرْن	تغير ورکول
verängstigen	فيرانگستيگن	ډارول / بېرول
Veranstaltung, die	دی، فرانشتالتونگ	محفل
Verband, der	دِر فرباند	پټۍ کول
verbessern	فَربَسَرن	بهتر کيدل
verbinden	فَرْبِنْدِنْ	وصلول
Verbindung, die	دِي،فَرْبِنْدُونْگ	ارتباط
Verbot, das	فَرْبُت	□□□□
Verbrechen, das	داس، فربرشن	جنايت
Verbrechen, das	فيربريشن	جنايت
Verdacht, der	فرْضَخْت	شک
Vereinten Nationen, die	دي فرأينتن ناتسيونن	سازمان ملل متحد
Vereinten Nationen, die	دي فرْ أيْنتن ناتسيونن	
verfahren	فرفاهرن	را تولیدنه
Verfahren, das	داس، فر فارن	د عمل طريقه
Verfassung, die	دی،فر فاسونگ	اساسي قانون
verfaulen	فرْفاوْلن	ورستيدل

آلمانی	تلفظ آلمانی	پښتو
verfügen	فَرفُكِن	درلودل
vergessen	فَرْگَسَّن	له یاده ویستل
Vergewaltigung, die	فیرگیوالتیگونگ	جنسی تیری
verhalten	فَرهلتَن	رفتارکول
verhalten,	فَرْهَلْتِن	وضع کول
Verhalten, das	فَرهَلتَن	رفتار
Verhalten, das	فَرْهَلْتِن	وضعیت
Verhältnis, das	فَرْهِلْتِنِس،دَسْ	حالات
verhandeln	فرْهَنْدِلْن	بحث کول
Verhandlung, die	دي فرهاندلونغ	د خبرو اترو
verhindern	فَرْهِنْدَرْن	مخنیوي
verkaufen	فرکاوفن	خرڅول
Verkäufer, der	در،فر کاوفر	خرڅونکی
Verkehrspolizei, die	فیرکیرس پولیڅای	ترافیک
verkürzen	فرکُورسن	لنډول
Verlag, der	در، فرلاگ	انتشاري
verlangen	فرْلَنْكِنْ	غوښتل
verlassen	فَرْلَسَّنْ	پرېښول
Verleger, der	در، فرلیگر	نشر کونی
verleihen	فرلایهن	قرض ورکول
Verletzung, die	دي فرلاسونغ	ټپ / زخم
verlieben	فَرْلِیبَنْ	پهٔ یو چا مینیدل
Verlobung, die	دِي,فَرْلُوبُونْك	کوژده
Verlobungsring, der	دِر،فَرْلُبُونْكُسْرِینْك	د کوژدې گوته
Verlobungsring, der	فیرلوبونگس رینگ	د کوزدې گوته
Verlust, der	در، فرلوسر	تاوان

آلمانی	تلفظ آلمانی	پښتو
Vernunft, die	فَرْنُنفْت	منطق
vernünftig adj.	فَرْنُنفْتِگ	منطقي
Veröffentlichung, die	دی،فروفنت لیشونگ	نشر
Verpflichtung, die	دی، فرفلیشتونگ	روزگار
verraten	فَرَّتِنْ	خیانت کول
verrückt	فرروکت	لېونی
verrückt adj.	فَرُّوکت	لیونی
versammeln	فرزاملن	نقش
Versammlung, die	دی،فرزاملونگ	ټولنه
Versammlungsfreiheit, die	دی، فرزاملونگس فرای هایت	د ټولني آزادي
Verschmutzung, die	دي فرشموسونغ	چټلي /خیرنتوب
versetzt werden	فَرسَتست وَاردَن	ارتقا کول
Versicherung, die	دی،فرزیشرونگ	پیسې اخیستل
Versöhnung, die	دي فرزاونونغ	پخلاینه
Verspätung, die	دي فرْشبیْتونغ	ناوخت کېدل
Verspätung, die	دي فرشباتونغ	ناوخته
versprechen	فَرْشبَرَخِن	وعده کول
Verstaatlichung, die	دی،فرشتاتلیشونگ	□□□□□□□ □□□□□
Verstand, der	فَرْشطَنض	پوهه
verständlich adj.	فَرْشَتَنْدّلِشْ	د قبلولو وړ
Verständnis, das	فَرْشتَنْدِنس	تفاهم
verstehen	فَرشتَاهَن	پوهېدل
verstehen	فرشتهن	پوهېدل
Verstopfung, die	دي فرْشتوبْفونغ	قبضیت
versuchen	فرزوخن	کوښښ کول
verteidigen	فَرْتَیْدِیگن	دفاع کول

آلمانی	تلفظ آلمانی	پښتو
Verteidiger, der	در، فرتای دیگر	مدافع وکیل
vertiefen	فَرتیفَن	ږور کول
Vertrag, der	در،فرتراگگ	قرارداد
vertrauen	فَرْتَرَوِنْ	باور کول
Vertrauen, das	فَرْتَرَوَن،دَسْ	اعتماد
Vertreter, der	در،فرتریتر	نماینده
Vertretung, die	دی، فرتریتونگ	نماینده گی
Vertrieb, der	در، فرتریب	خرڅول
verursachen	فرْأورزاخن	سبب گرزیدل
Verurteilung, die	دی، فرورتایلونگ	محکومیت
verwalten	فروالتن	مدیریت کول
Verwandte, die	دِي،فِرْوَنْدتِ	خپل
verwenden	فَرْوِنْدِنْ	په کار اچول
verzichten	فرسیشتن	په رسمیت پیژندنه
verzweifelt adj.	فَرْسِوَیْفَلْت	نا امیده کېدل
Vieh, das	داس، دی،فی	څارويِ
Viehzucht, die	فی سوخت	څاروی ساتنه
vielleicht	فِلَّیَخْت	گوندي
vier	فیر	څلور
vierte/r	فیرتهْ / فیرتر	څلورم
Viertelstunde, die	فیرتل شتونده	پنځلس دقیقی
vierzehn	فیرسین	څوارلس
violett adj.	فِیوُلیت	بانجني
Visitenkarte, die	دی، ویزیتن کارته	ویزیت کارت
Visum, das	داس فیزوم	ویزه
Vizepräsident, der	وِیسَبرِزِدَنت	د ریس جمهور معاون

آلمانی	تلفظ آلمانی	پښتو
Vogel, der	دِر فوغل	مرغۍ
Vogelnest, das	داس فوغل نست	ښکاري مرغی
Vokabel lernen	وُکَابَل لَرنَن	لغت ویل
Volk, das	داس ،فولک	خلک
Volksrepublik, die	فُلکسرِببُلِیك	د خلق جمهوري
Volkswirtschaft, die	فُلکسوِرتشَفت	ملي اقتصاد
vollkommen adj.	فُلْكُمَّنْ	پوره
Vollmacht erteilen	فول ماخت یرتایلن	وکالت خط ورکول
Vollmacht, die	دی، فول ماخت	وکالت
Vollversammlung, die	دي فولّ فرسامْلونغ	جلسه عمومی
Volumen, das	داس فولومن	حجم
von	فون	له
von	فون	له
vor kurzem, kürzlich	فور کورتسم،کورتسلیش	په دې وروستیو کې
vorbereiten	فرْبِرَیْتِن	تیارول
Vorbereitung, die	فُرْبِرَیْتُنْك	آمادگي
Vorgang, der	در، فورگانگ	جریان
Vorgehen, das	داس، فورگگهن	د عمل سبک
Vorhersage, die	فورهیرزاگه	وړاندوینه
Vorname, der	فُورنَامَ	نوم
vorschlagen	فُرْشَلَگِن	وړاندیز کول
Vorschule, die	فُرشُولَ	د آماده گي ښوونځي
vorsichtig	فورزیشتیگ	پاملر و نکی
vorsichtig sein	فورزیشتیگ زاین	پام کول
Vorspeise, die	دي فور شبایزهْ	مخکښني خواړه
vorstellen	فور شتلن	تصور کول

آلمانی	تلفظ آلمانی	پښتو
Vorstellung, die	فُرْشتَلُنگ	تصور
Vorteil, der	فُرتَیْل	فایده
Vorwahlnummer, die	فوروال نومر	د ټلفون کود
vorwerfen	فُرْفَرْفِنْ	تور لګول
Vorwort, das	داس، فوراورت	سریزه
Vorwort, das	داس، فور اورت	وړاندوینه
Vulkan, der	فولکان	اور غورزونکی
Vulkanausbruch, der	ولکان اوسبروخ	اور غورزونکی /اور شیندونکی
Vulkankrater, der	دِر فولکان کراتر	د اور غورزونکي کنده
Waage, die	واګه	تله
Wache, die	واخه	پیره / ټانه / پوسته / ساتونکی
wachsen	وَکسَن	غتېدل
wachsen	واکسن	غتېدل
Wachstum, das	داس،واکستوم	پرمختګ
Wachtel, die	دي فاختل	فیل مرغ
Waffe, die	دي فافّهْ	وسله
Waffenstillstand, der	دِر فافّن شتیلْ شتاند	اور بند
wagen	وَګِنْ	جرات کول
Wahl, die	وَال	انتخاب
wählen	فالن	ټاکنه
wählen	واهلن	انتخابول
Wahlen, die	وَالَن	ټاکني
Wahlkandidat, der	دِرفالکاندیدات	ټاکنې کاندید
Wahlkommission, die	دي فال کومیسْیُون	د ټاکنې کمیسون
Wahllokal, das	داس فال لوکال	درای ورکولو مرکز
Wahlrecht, das	داسفالرشت	ټاکنې حق
während	وارېند	کله چې

آلمانی	تلفظ آلمانی	پښتو
Waise, die	وَيْزَ	يتيم
Wal, der	دِر فال	وال / لوی کب
Waldgebiet, das	داس فالد غبيت	منطقه جنگلی
Waldsterben, das	داس فالد شتربن	چاپېريال ساتنه
Walnuss, die	دي فالنوسّ	مته‌ک / جوز
Ware, die	دی، اواره	جنس
warm adj.	فارم	گرم / تود
Wärme, die	ويرمه	تودوخه / گرمي
warten	وَرْتِنْ	انتظار کول
Warteraum, der	در،وارت راوم	د انتظار خونه
Wartezimmer, das	داس فارتهْ سيمّر	انتظارخونه
waschen	واشن	مينځل
waschen	فاشن	مينځل
Wasserfall, der	دِر فاسّر فال	ځړوبی / ابشار
Wassermelone, die	دي فاسر مِيْلونهْ	ايندوانه
Watte, die	دي فاتّهْ	پنبه
Wechseljahre, die	وَكسَلْيَارِ	د ښځې د شنډېدو کالونه
wechseln	وَكْسِلْن	□□□□□□□□
wegen	ويگن	په خاطر
wegnehmen	ويگ ن يمن	د يوچاسه يو شی اخيستل
wegwerfen	فغ فرفن	غورځول
Wehe, die	دي فيْها	ماشوم زيږدلوخوږ
wehen	فاهَن	رپېدل
wehen	وهن	باد لگيد
weiblich adj.	وَيْبلِح	ښځينه
weich adj.	فايْش	سره کول

آلمانی	تلفظ آلمانی	پښتو
Weide, die	دی، وایده	څر ځاي
Weinrebe, die	دي فاين رِيْبهْ	تاک
Weise, die	وَيْزِ	رقم
weiss adj.	فايس	سپین
weit	وایت	لېرى
weit adj.	فايت	لوى
weit entfernt	وایت ینتفرنت	ليري
weitermachen	فَيْتَرمَخِن	دوام ورکول
Wellensittich, der	دِر فالّن زيتّيش	لکلک
Weltbank, die	دي فالت بانك	بانک جهانی
Weltmarkt, der	در،ویلت مارکت	اعتصاب
weniger als	فينيغر ألس	لږ له
Werbung, die	دی،ویربونگ	اعلان
Werkstatt, die	دی، ویرکشتات	ترمیم گاه
Werktag, der	دِر فارك تاغ	رسمي ورځ
wertvoll	ويرتفول	قيمته
Wespe, die	دي فاسبهْ	غنه
Westen, der	دِر فاستن	لوېديځ
westlich adj.	فاستليش	لوېديځوال /لوېديځې
Wettbewerb, der	در، ویتبیورب	رقابت
Wetter, das	داس فاتّر	هوا
Wettrüsten, das	داس فاتْ ترُوِستن	وسلوا له سیالۍ
wichtig	ويشتيگ	مهم
wie	وی	لکه
Wiederholung, die	دی، ویدرهولونگ	تکراري
wiederkennen	وِيدَرْأَرْكَنّن	بیا پیژندل
willen	ویلن	له کبله

آلمانی	تلفظ آلمانی	پښتو
Wimper, die	دیگه،ویمپر	بانه
Wind, der	دِر فِند	باد / سیلۍ / شمال
Windel, die	ویندل	پمپر
windig adj.	ویندیش	بادي
Winter, der	دِر فینتر	ژمی
winterlich adj.	فینترلیش	د ژمی
Wintermantel, der	وینتر مانتل	د ژمي کوټ
Wirbelsäule, die	وِربَلزُیْلَ	د ملا تیر
wirklich	ویرکلیش	رښتیانی
Wirklichkeit, die	ویرکلیش کایت	واقعیت
Wirtschaft, die	دی،ویرتشافت	اقتصاد
Wirtschaftsembargo, das	داس فیرت شافتس إمبارغو	اقتصادي بندیز
Wirtschaftspolitik, die	دی،ویرت شافتس پولیتیک	اقتصادي سیاست
Wirtschaftspolitik, die	دی، ویرت شافتس پولیتیک	مالیات
Wissenschaft(en), die	ن)وِسَنشَفت)	علوم
Wissenschaftler, der	ویسنشافتلر،در	پوهیالي
wissenschaftlich adj.	ویسن شافتلیش	عملي
Witwe, die	دِي،وِیتْوَرْ	□□□□□
Woche, die	دي فوخهْ	اونۍ
wöchentlich adj.	فوخنتْلیش	اونیزه / اونۍ واره
Wohlbefinden, das	داس فول بافِندن	ښه احساس
Wohlgeruch, der	وُولگَرُح	ښه بوی
Wohnort, der	وُناُرت	د اوسېدلو ځای
Wohnzimmer, das	داس فون سیمّر	سالون
Wolf, der	دِر فولف	لیوه
Wolke, die	دي فولکهْ	اوریځ

آلمانی	تلفظ آلمانی	پښتو
wolkig adj.	ولکیش	وریځ لرونکی
wollen	وُلَّنْ	غوښتل
Wörterbuch, das	داس،اورتر بوخ	د لغتونو فرهنگ
Wörterregister, das	داس، اورتر ریگیستر	د لغتونو فهرست
Wunde, die	دي فوندهْ	پرهر /ټپ
wunderbar	وندربار	ډېر ښه
wünschen	وُنْشَن	ارمان لرل
Wurm, der	دِر فورم	گوجی
Wurzel, die	دي فورسل	ریشه
würzen	فُورِسن	مصاله اچول
Wüste, die	دي فُوِستهْ	دشت
Wut, die	وُتْ	خشم
wütend	وتینت	قهر جن
Zahl, die	دي سال	شمیر
zahm adj.	تْصام	کورني
Zahn, der	صَان	غاښ
Zahnbürste, die	دي سان بُورِستهْ	د غاښو برش
Zahncreme, die	دي سان کریمهْ	د غاښو کریم
Zähneputzen, das	څینه پوڅن	غاښونومینځل
Zahnschmerzen, die	دي تصان شمارسن	د غاښونو خوږ
Zange, die	دی، سانگه	انبور
Zebra, das	داس سیْبرا	گوره خر
Zecke, die	دي ساکّهْ	سپږه
Zecke, die	دي ساکّهْ	پالپونکه
Zehe, die	دیگه،زه	د پښې گوته
zehn	سیْن	لس

آلمانی	تلفظ آلمانی	پښتو
Zeitschrift, die	دی، سایت شریفت	مجله
Zensur, die	دی، سنزور	سانسور
Zentralheizung, die	دیسنترال هایسونغ	مرکز گرمي
Zentralregierung, die	سَنترَالرِگیرُنگ	مرکزي دولت
Zeremonie, die	دی، سرمونی	تشریفات
zerkleinern	تْسارکلاینرن	واړه کول
zerknittert adj.	سرکنیترت	بونجی
zerschneiden	سارشنایدن	واړه کول
zerstören	څیرشتورن	لمنځه وړل
zerstören	سرشتورن	خطر
Zeuge, der	در، سویگه	شاهد
Ziege, die	دي سیغهْ	وزه / بوزه
Ziegel, der	دِر سیغل	خښته
Ziel, das	زِلْ	هدف
zielen	سِیلَن	هدف لرل
Zimt, der	دِر سِمْت	زنجفیل
Zinn, das	داس سِنّ	□□□□
Zins, der	در، سینس	گټه
Zirkel, der	سِرگَل	دایره کښونکي
Zitat, das	داس، سیتات	نقل قول
Zitrone / Limone, die	دي سیترونه / لیمونهْ	لیمو
zivil adj.	سیفیل	ملکي
Zivilgesellschaft, die	دی، سیویل گیزلشافت	مدني ټولنه
Zivilgesellschaft, die	دي سیفیل غزال شافت	د مدني ټولني
Zivilopfer, die	دي سیفیل أوبفر	ملکي سرښندنه / قرباني
ZOB, der	دِرسنتراله أمنیبوس بان هوف	د موټرو تم ځای
Zoll, der	در،سول	د تولید وسیله

آلمانی	تلفظ آلمانی	پښتو
Zoll, der	دِر سولّ	گمرک
Zollamt, das	داس سولّ أمت	د گمرک اداره
zornig adj.	زُرْنِكْ	دردمند
zu	تسو	په
zu	تسو	پرلوري
Zu Ende bringen	زْ أَنْدِ بِرِنكِنْ	سرته رسول
zubereiten	سوبَرایتن	چوړ /تیار کول
zubereiten	سوبرایتن	تیاره ول
Zucchini, die	دي زوگّيني	شيرکدو
züchten	سوشتن	روزنه ورکول
Zuckerwürfel, der	دِر سوکر فُوِرْفل	د بورې دانه
Zufall, der	سُوفَل	نا ببره
zufrieden adj.	سُفرِيدَن	سر لوړي
Zug, der	دِر سوغ	رېل
Zugang, der	تسوگانگ	ننوتل
Zuhörer, der	در، سوهورر	اورېدونکی
Zulassung, die	سُلَسُنگ	د پوهنتون قبلول
zunehmen	سونهمن	ډېرېدل
Zunge, die	دي،زونگ	ژبه
zusagen	زُسَكِنْ	مثبت جواب ورکول
zusammen	تسوزامن	یو ځای
Zusammenarbeit, die	دِي،زُسمَّنْأرْبَيْت	یو ځای کار
Zusammenfassung, die	دی، سوزامن فاسونگ	لنډه خلاصه
zusammenstoßen	سوزامن شتوسن	جنگيدل /ټکر کيدل
zusätzlich zu	تسوزاتسليش تسو	مل، يضافي
zuschauen	سو شاون	کتل

آلمانی	تلفظ آلمانی	پښتو
Zuschauer, der	در، سوشاور	لیدونکی
zustellen	سوشتلن	سپارل
zustimmen	زُشتِیمَّنْ	موافقه کول
Zuverlässigkeit, die	سُفَرلَسِّگگَیت	باور
Zwang, der	څوانګ	په زور
zwanzig	سفانسیش	شل
Zweck, der	زِوَكْ	منظور
zwei	سفاي	دوه
zwei Wörter	تسوای ورتعر	دوه کلمه)تکي(
Zweite/r	تسفایتهْ / سفایتر	دویم / دوهم
zweiundzwanzig	سفاي أوندسفانسیش	دوه ویشت
Zwiebel, die	دیسفیبل	پیاز
zwischen	تسویشن	په منځ کې
zwischen	تسویشن	په منځ کي
zwölf	سفاولف	دولس
Zyniker, der	سِینِگَر	چا ته په سپکه سترګه کتونکی انسان

KAPITEL 25

ANHANG
REGISTER

25. 2 Register Paschtu - Deutsch   د پښتو لغتونو فهرست

آلمانی	تلفظ آلمانی	پښتو
bewusst adj.	بَوُسْت	آ گا هانه
Streit, der	شَتَرِیْت	اختلاف
benutzen	بِنُتْزِنْ	استعمالول
Hauptrolle, die	دی، هاوپت رول	اصلي رول
fliegen	فلیگن	الوتل
Schwangerschaft, die	شِوَنْگَرْشَفْت	امیندواری
Wahl, die	وَال	انتخاب
warten	وَرْتِنْ	انتظار کول
Größe, die	گرُوسَ	اندازه
Motiv, das	مُتِیف	انگېزه
auspressen	أوْس براسّن	اوبه ایستل
Schulter, die	شُلتَرَ	اوږه
Schultergelenk, das	شُلتَرگَلَنك	اوږه
wöchentlich adj.	فوخنتْلیش	اونیزه / اونۍ واره
siebzehn	زبسین	اوه لس
violett adj.	فِیوُلیت	بانجني
Wimper, die	دیگه،ویمپر	بانه
vertrauen	فَرْتَرَونْ	باور کول
Daumen, der	ضَوْمَن	بټه گوته
entschuldigen	انتشولدیگن	بخښل
böse adj.	بُوزَ	بد
Körper, der	كُربَر	بدن
Leib, der	لَیْب	بدن
Annahme, die	أنَّامَ	بر داشت
einschalten	اینشالتن	بلول
senil adj.	زَنِیل	بوډا
unfähig adj.	أنفاهِگ	بي توان

25. 2 Register Paschtu - Deutsch

آلمانی	تلفظ آلمانی	پښتو
neutrale Staat, der	در، نویټراله شتات	بې طرفه مملکت
Binde, die	دي بِندهْ	پټۍ
Versöhnung, die	دي فرزاونونغ	پخلاینه
kochen	کوخن	پخول
um	وم	پر
bis auf	بیس اوف	پر تر
gegen	گیگن	پر ضد
Größe (Umfang), die	(دي غروسهْ) أومفانغ	پراخ
Niere, die	نِیرِ	پښتورگی
in diesem Moment	ین دیسم مومنت	په دې شیبه کې
vor kurzem, kürzlich	فور کورتسم،کورتسلیش	په دې وروستیو کې
hinter	هینتر	په شاکي
hinter	هینتر	په شاکي
zwischen	تسویشن	په منځ کي
zwischen	تسویشن	په منځ کې
Pilz, der	دِر بیلس	پوڅکی
hinauf	هیناوف	پور ته
leihen	لَیْهِنْ	پور ورکول
heben	هیبن	پورته کول
Kenntnis, die	کَنتِنِس	پوهه
Verstand, der	فَرْشطَنض	پوهه
Prophet, der	برُوفَات	پیغمبر
türkis adj.	تُورکِیس	پیروزه
angewiesen	أَنْکِفِسِن	تړ لی
binden	بیندن	تړل
Rosenkranz, der	رُوزَنْکرَنس	تسبیح

آلمانی	تلفظ آلمانی	پښتو
fliehen	فليهن	تښتېدل
entscheiden	أَنْتشَيْدِنْ	تصميم نيول
fortsetzen	فُرْزَتْزَن	تعقيبول
gehen	گهن	تلل
Stirn, die	شتيرن،	تندی
organisieren	أُرْگِنِسِرِنْ	تنظيم کول
aggressiv adj.	أَگرِسيف	تهاجم
erwarten	أَرْوَرْتَن	توقع لرل
produzieren	پرودوتسيرن	توليدول
Brust, die	بروست،	تی
Invasion, die	دي إنفازيون	تيری / بريد /يرغل
faul adj.	فَوْل	ټنبل
ganz	گانتس	ټول
Zyniker, der	سِينِگَر	چا ته په سپکه سترګه کتونکی انسان
fett adj.	فَت	چاغ
rechnen	رشنن	حسابول
verkaufen	فرکاوفن	خرڅول
grau adj.	غراو	خړ
Entwaffnung, die	دي أنت فافْنونغ	خلع سلاح / بېوسلې کول
Hoden, der	هُودَن	خوټه
Egoismus	إِگُوِسْمُسْ	ځان خوښونکی
laufen	لاوفن	ځغستل
rennen	رينن	ځغستل
Jugendlichkeit, die	يُوگَنْدْلِهْکَيْتْ	ځواني
Jugend, die	يُوگَند	ځواني
einschleusen	اينشلوزن	څارنه

آلمانی	تلفظ آلمانی	پښتو
Überwachung, die	اوبار واخونګ	څارنه / مراقبت
trinken	ترينکن	څښل
vierzehn	فيرسين	څوارلس
draußen	دراوسن	د باندې
heraus	هيراوس	د باندې
ausgenommen	اوسګينومن	د باندې
außerhalb	اوسرهالب	د باندې
außerhalb von	اوسرهالب فون	د باندې له
adoptieren	أَدُبْتِيرِنْ	د بل اولاد خپلول
Erwachsener	أَرْوَكسَنَر	د ډېرعمر
Augenlid, das	دس،اوګنليد	د سترګو بانړه
Schamgefühl, das	شَامْکِفُول	د شرم احساس
Zollamt, das	داس سولّ أمت	د ګمرک اداره
innerhalb	ينرهالب	د ننه
Internist, der	دِر إنترنيست	داخله ډاکټر
Platanen, die	دي بلاتانن	درخت چنار
zornig adj.	زُرْنِكْ	دردمند
hier	هير	دلته
Grund, der	ګرُند	دليل
Nebel, der	دِر نابَل	دوړه
sehr	زهر	ډير
bringen	برينګن	راوړل
quälen	کفالن	ربړول / ځورول
Verhalten, das	فَرهَلتَن	رفتار
verhalten	فَرهلتَن	رفتارکول
Toleranz, die	تُلَرَنس	رواداری

آلمانی	تلفظ آلمانی	پښتو
erziehen	ارتسیهن	روزل
Ramadan, der	رَمَضَن	روژه
lernen	لرنن	زده کول
Erdbeben, das	ایرد بیبن	زلزله
Berberitze, die	دي برْبَرْیسهْ	زنکۍ
klingen	کِلنگَن	زنګ وهل
Neue hinzugefügt	به تازگی افزوده شده	زیاته کول
Asthma, das	داس أستما	ساه لنډی
Morgendämmerung, die	مورگن دیمارونگ	سباوون
hart	هارت	سخت
Zu Ende bringen	زْ أنْدِ بِرنِکنْ	سرته رسول
Lunge, die	لُنگَ	سږی
morgen	مورگن	سهار/ګهیځ
Süden, der	دِر زُودن	سهیل
fragen	فراگن	سوال کول
brennen	برینن	سوځېدل
Arterie, die	أرتَارِئَ	شا ه رګ
Rücken, der	رُکَن	شاه
sechzehn	زاشْسین	شپاړس
Ehefrau, die	دِي إِهیفَرَوْ	شځه
Zahl, die	دي سال	شمیر
Lärm, der	لَرم	شور ما شور
Lippe, die	دي ،لِبُّ	شونډه
Meise, die	دي مایزهْ	شیراکه / یو ډول مرغۍ
Teufel, der	تَيْفَل	شیطان

25. 2 Register Paschtu - Deutsch

آلمانی	تلفظ آلمانی	پښتو
hübsch adj.	هُبش	ښايسته
beerdigen	بَأرْدِگَنْ	ښخول
Beerdigung, die	بَأرْدِگُنْگ	ښخول
begraben	بَگرابَن	ښخول
Bestattung, die	بَشتَتُنْگ	ښخول
Frau, die	فرَوْ	ښځه
jagen	ياگن	ښکار کول
Vogelnest, das	داس فوغل نست	ښکاري مرغی
rutschen	روتشن	ښوييدل
sich gewöhnen an	سِح گَوُونَن أَن	عادت کېدل
Unkraut, das	داس أون کراوت	علف هرزه
handeln	هَنْدِلْن	عمل کول
Organ, das	أُرقان	غړی
melancholisch adj.	مَلَنکُولِش	غمجن
Guerilla, der	دِر غَريلْيَا	غير رسمی جنگ
bestellen	بشتلن	فرمايش ورکول
Tätigkeit, die	تِتِيکْگَيْت	فعاليت
denken	دنکن	فکر کول
Menge, die	دي مانغهْ	قدر
Gesichtsausdruck, der	گَسِجتسأوْسدرُك	قيافه
anschauen	أنْشَوَن	کتل
Pfanne, die	پفانه	کړايي /کټوری
Konflikt, der	دِر کونفليکت	کړکيچ / شخړه / لانجه
Dill, der	دِر ديلّ	کوکنار
helfen	هلفن	کومک کول
kratzen	کراتسن	گرول

آلمانی	تلفظ آلمانی	پښتو
Sünde, die	زُنْدَ	گناه
nähen	ناهن	گنډل
Gebet, das	گبَات	لمونځ
Laut, der	لَوْت	لوړ
Armut, die	دي أرموت	لوږه / غریبی
schreiben	شرایبن	لیکل
Niederlage, die	دي نیدر لاغهْ	ماته / ناکامی
Moschee, die	مُشَا	ماجت / مسجد
Kindheit, die	كِنْدْهَيْت	ماشومتوب
Gattin, die	دِي,گَتِين	مایِنه
Heranwachsende, der	هَرَنوَكسَندَ	مخ په بالغیدو هلک
gegen	گیگن	مخامخ /پر ضد
gegenüber	گیگنوبر	مخا مخ
Leichnam, der	لَيشنَام	مړی
Vernunft, die	فَرْنُنفْت	منطق
vernünftig adj.	فَرْنُنفْتِگ	منطقي
nett adj.	نَت	مهربان
Bildschirm, der	بیلدشیرم	مونیتور
verzweifelt adj.	فَرْسِوَيْفَلْت	نا امیده کېدل
Mädchen, das	مَدشَن	نجلی
nahe an	ناه ان	نږدې
Bauch, der	بَوْخ	نس
Gewebe, das	داس غفیبهْ	نسج
Ehevertrag, der	إهَ فَرْتَرَكْ،دِر	نکاح خط
heute Morgen	هوته مورگن	نن سهار
immer noch	یمر نوخ	نور هم

25. 2 Register Paschtu - Deutsch

آلمانی	تلفظ آلمانی	پښتو
neunzehn	نوینْسین	نولس
Opa, der	دِر أُبا	نیکه
Knochen, der	کنُخِن	هډوکی
Junge, der	یُنْگَ	هلک
Luftwaffe, die	دي لوفت فافَهْ	هوايي ځواک
Reh, das	داس ریْهْ	هوسۍ / غرڅنۍ
Entfernung, die	دي أنتْفارنونغ	واټن
Brüderlichkeit, die	دِي,برُودَرْلِیشْکَیْت	ورورولي
Seide, die	زایده	وریښم
tragen	تراگن	وړل
Situation, die	زِتُوَتِیُن	وضعیت
Treue, die	ترُیْئَ	وفاداري
Kopfhaar, das	دس،کپفهار	ویښتان
sagen	زاگن	ویل
vermissen	فَرْمِسَّن	یادول
zusätzlich zu	تسوزاتسلیش تسو	مل، یضافي
allein	الاین	یو اځې
Bahnhof, der	دِر بان هوف	رېل ستېشن) تم ځای)
Hirsch, der	دِر هیرش	)هوسۍ) نر
anständig adj.	أَنْشتَنْدِگ	آبرومند
Adresse, die	أَدرِسَّ	آدرس
befreien	بفراین	آذاده ول
ruhig adj.	رُهِگ	آرام
bitten	بِتَّنْ	آرزو
Marktwirtschaft, die	دی،مارکت ویرتشافت	آزاد بازار
Erprobung, die	دی، یرپروبونگ	آزمایش

آلمانی	تلفظ آلمانی	پښتو
Industriegebiet, das	داس،يندوسترى گيبيت	آزمويلي
Bekannte, der	دِر،بِكَنْتِ	آشنا
heiter adj.	هايتا	آفتابی
Akademie, die	أَكَدِمِيْ	آکاډمي
Deutsch	دُيْتش	آلماني
Vorbereitung, die	فُرْبِرَيْتُنْك	آمادگي
gewöhnen	گِوِنِنْ	آموخته کول
Antenne, die	دی، انتينه	آنتن
Kalk, der	در، کالک	آهک
magnetisch adj.	ماگ نيتيش	آهن ربايي
Stimme, die	شتِمً	آواز
bedeckt adj.	بيديكت	ابری
Allianz, die	دي أليانس	اتحاد
Einheit, die	دِي ,أيْنهَيْت	اتحاد
Bund, der	در،بوند	اتحاديه
Europäische Union, die	دي أويروبايِشهْ أونْيُون	اتحاديه اروپا
Arabische Liga, die	دي أرابشهْ ليغا	اتحاديه کشورهای عرب
achtzehn	أخسين	اتلس
achtens	أختنس	اتم
ein Achtel	أين أختل	اتمه برخه
Atomwaffe, die	دي أتوم فافهْ	اتمی وسله
acht	أَخت	اته
bewirken	بِوِرْكِنْ	اثر کول
Prognose, die	دي بْرُوغْنوزهْ	اټکل کول
Lizenz, die	دی، ليسنز	اجازه
Erlaubnis, die	أرْلوْبِنِسْ	اجازه

آلمانی	تلفظ آلمانی	پښتو
erlauben	أرْلَوْبِنْ	اجازه ورکول
ausführen	أوْسفُرَنْ	اجرا کول
Offenheit, die	أُفَنهَيت	اجلاص
Respekt, der	دِر،رِسْبَکْت	احترام
wahrscheinlich adj.	وَرْشَيْنلِح	احتمالات
Bedürfnis, das	بَدُرْفْنِس	احتیاج
Achtgeben	أخْتكِبَنْ	احتیاط
Empfindung, die	أَمْفِنْدُنگ	احساس
Gefühl, das	گَفُول	احساس
empfinden	أمْبِفِندن	احساس کول
fühlen, sich	زيش،فُولن	احساس کول
Emotion, die	أَمُتسِئُون	احساسات
emotional adj.	أَمُسِئُنَال	احساساتی
Erfindung, die	دی، يرفيندونگگ	اختراع
erfinden	أرْفِنْدَنْ	اختراع کول
Abkürzung, die	دی، ابکورسونگگ	اختصار
Option, die	أُبْسِؤُون	اختیار
Mahnung, die	مَنُنْك	اخطار
Charakter, der	كَرَكتَر	اخلاق
nehmen	نيمن	اخیستل
Empfänger, der	در،يمفانگر	اخیستونکی
Maximum, das	ماكسيموم	اخېري اندازه
Dienstzeit, der	دی، دینست سایت	اداري ساعتونه
Manier, die	مَنِيَ	ادب
Literatur, die	لِترَتُور	ادبیات
Anspruch, der	أنشبرُخْ	ادعا

آلمانی	تلفظ آلمانی	پښتو
Verbindung, die	دِي,فَرْبِنْدُونگ	ارتباط
versetzt werden	فَرسَتست وَاردَن	ارتقا كول
wünschen	وُنْشَن	ارمان لرل
Säge, die	دی، زاگه	اره
ausprobieren	أوس بروبيرن	ازمويل / کتل
betreffen	بِترِفّنْ	اړه لرل
Pferd, das	داس بفارد	اس
Verfassung, die	دی،فر فاسونگ	اساسي قانون
Gesandte, der	دِر غَزاندتهْ	استازي
Nachrichtendienst, der	ناخريشتن دينست	استخبارات
Strategie, die	ديشتراتَغي	استراتژی
ausruhen	اوسروهن	استراحت كول
Talent, das	داس، تالنت	استعداد
begabt adj.	بَقابت	استعداد لرونکی
Rücktritt, der	در، روكتريت	استعفا
Unabhängigkeit, die	دی،وناب هانگيگ کايت	استقلال
Islamwissenschaft(en), die	ن)إسلَاموِسَنشَفت)	اسلام پيژندنه
Islamische Republik, die	إسلَامِش رِببُليك	اسلامي جمهوري
islamische Recht, das	داس،يسلاميشه رشت	اسلامي حق
himmelblau adj.	هيمّل بلاو	اسماني شين
Durchfall, der	دِر دورش فال	اسهال
hinweisen	هِنْوَيْسِن	اشاره كول
Irrtum, der	إرْتُم	اشتبا ه
einen Fehler begehen	أيْنِنْ فِلَ بِكِن	اشتبا ه كول
Tippfehler, der	در، تيپ فيهلر	اشتباه ټيپول

آلمانی	تلفظ آلمانی	پښتو
Appetit, der	أَبَتِيت	اشتها
Besetzung, die	بَسَتسُنگ	اشغال
Besatzung, die (Militär)	بَصَتسُنگ	اشغال گر
Original, das	داس أورغينال	اصل
etwas verbessern	أتوَس فَربَسَرن	اصلاح کول
Hauptseite, die	صفحه اصلی	اصلي پاڼه
Kardinalzahl, die	دي كردنال سال	اصلي عدد
Herkunft, die	هَاركُنفت	اصليت
Ersatzwagen, der	دِر أرزاس فاغن	اضافګي موټر
Ersatzteile, die	دی، يرزاتس تايله	اضافه پرزه
Bescheid geben	بِشَيْد كِبَنْ	اطلاع ورکول
Daten, die	داتن	اطلاعات / اومتوک
Anzeige, die	دی، انسايگه	اطلاعيه
Einspruch, der	در،اين شپروخ	اعتراز
protestieren	بُرُتَسْتِرن	اعتراض کول
Weltmarkt, der	در،ويلت ماركت	اعتصاب
Vertrauen, das	فَرْتَرَوَن،دَسْ	اعتماد
Werbung, die	دی،ويربونگ	اعلان
Ansage, die	دي أنزاغه	اعلانول /خبر ورکول
anziehen	انتسيهن	اغوستل
anziehen (Kleidung)	أنسين) كلايدونغ(	اغوستل
Einweihung, die	دی،اين وايهونگ	افتتاح
einweihen	اين وايهن	افتتاح کول
Konto eröffnen	كونتو يروفنن	افتتاح کول
radikal adj.	رَدِگال	افراطي
Sage, die	دی، زاگه	افسانه

آلمانی	تلفظ آلمانی	پښتو
Wirtschaft, die	دی،ویرتشافت	اقتصاد
Wirtschaftsembargo, das	داس فیرت شافتس إمبارغو	اقتصادي بنديز
Wirtschaftspolitik, die	دی،ویرت شافتس پولیتیک	اقتصادي سیاست
unternehmen	أُنْتَرْنِمِنْ	اقدام کول
eingestehen	أَيْنكِشِتِن	اقرار کول
Klima, das	داس كليما	اقليم
Mehrheit, die	دي مار هايت	اکثريت
Mehrheit, die	دی،میر هایت	اکثريت
häufig	هويفيگ	اکثر
Album, das	آلبومها	البوم
Diamant, der	دِر ديامنت	الماس
Aluminium, das	داس ألومينيوم	المونيم
Pflaume, die	دي بفلاوْمهْ	الو
Sauerkirsche, die	دي زاوِّر كيرشهْ	الوبالو
Flugzeug, das	داس فلوغ سويْغ	الوتکه
Flugkarte, die	دي فلوغ كارتهْ	الوتکې ټکټ
Abflug, der	دِر أبفلوغ	الوتنه
Kartoffel, die	دي كرتوفّل	الوگان / کچالو
Mango, die	دي مانغو	ام
Emirat, das	إمِرَات	امارات
Krankenwagen, der	دِر كرانكن فاغن	امبولانس
Imperium, das	إمبَارِيُم	امپراتور
Imperialismus, der	دِر إمبرياليسموس	امپريالزم
Prüfung, die	برُوفُنگ	امتحان
befehlen	بفهلن	امر کول

آلمانی	تلفظ آلمانی	پښتو
unterschreiben	ونترشراِيبن	امضا کول
Möglichkeit, die	مَگْلِحْكَيْت	امکانات
diktieren	دِكتِيرن	املا ويل
Sicherheit, die	دي زيشر هايت	امنيت
hoffen	هُفَّن	اميد واريدل
Oma, die	دِر أُما	انا
Großeltern, die	دِي ,كْرُسأَلْتَرْن	انا او بابا
Granatapfel, der	دِر غرانات أبفل	انار
Zange, die	دی، سانگه	انبور
wählen	واهلن	انتخابول
publizieren	پوبليسيرن	انتشار کول
Verlag, der	در، فرلاگ	انتشاري
Wartezimmer, das	داس فارتهْ سيمّر	انتظارخونه
kritisieren	كِرتِسِرَنْ	انتقاد کول
Gemeinschaft, die	دی ،گماينشافت	انجمن
Ingenieurwesen, das	إنجَنِئيْروَازَن	انجينيري
Bilder, die	عکس‌ها	انځورونه
Maß, das	داس ماص	اندازه
Figur, die	فِگُور	اندام
Recycling, das	داس رسيْك لنغ	انرژي
Mensch, der	مَنش	انسان
Philantrop, der	فِلَنترُوب	انسان دوست
Installation, die	اينستالاتسيون	انستلېشن
Installieren, das	اينستاليرن	انستلېشن
Institut, das	إنستِتُوت	انستيتوت
Fairness, die	دی، فارنيس	انصاف

آلمانی	تلفظ آلمانی	پښتو
Disziplin, die	دِسِّبلِين	انضباط
Traube, die	دي تراوبهْ	انګور
Eindruck, der	أَيْندرُك	انګيرنه
Ananas, die	دي أناناس	اناناس
noch	نوخ	او نه
schmelzen	شمالسن	اوبه کېدل
Schwan, der	دِر شفان	اوبو چرګه
Strand, der /	دِر شتراند / دي كُوِسْتهْ	اوبې / سمندر غاړه
Brand, der	دِر براند	اور
Feuer, das	فويا	اور
Waffenstillstand, der	دِر فافّن شتيلْ شتاند	اور بند
Vulkan, der	فولكان	اور غورزونکی
Vulkanausbruch, der	ولكان اوسبروخ	اور غورزونکی /اور شيندونکی
Feuerstein, der	دِر فويّر شتاين	اور کانی
Wolke, die	دي فولكهْ	اوريځ
bewölkt adj.	بَفولكت	اوريځ کېدل
hören	هورن	اورېدل
Zuhörer, der	در، سوهورر	اورېدونکی
Sommer, der	دِر زومّر	اوړی /دوبې
Mantel, der	مانتل	اوږد کوټ
kurzfristig adj.	كورس فريستيگ	اوږد مهال
Länge, die	دي لانغهْ	اوږدوالی
jetzt	يتست	اوس
Eisen, das	داس، ايزن	اوسپنه
Gegenwart, die	گيگن وارت ,دی	اوسنيی
sein	زاين	اوسيدل

آلمانی	تلفظ آلمانی	پښتو
Kamel, das	داس کامال	اوښ
Titelseite, die	دی، تیتل زایته	اوله صفحه
ungekocht adj	أونغَکوخت	اومه / خام
Rohstoff, der	در،روهشتوف	اومه مواد
Woche, die	دي فوخهْ	اونۍ
sieben	زيبَن	اوه
siebtens	زيبْتنس	اووم
ein Siebtel	أين زيبتل	اوومه برخه
Idealist, der	إدَيَلِست	ایدیالیست
Aids	أيدس	ایډز
Bundesstaat, der	بُندَسشطَات	ایالتي دولت
Koalition, die	كُؤَلسيُون	ائتلاف
gründen	گروندن	ایجادول
Ideologie, die	دي إيديولوغي	ایډیالوژی
sieden	زيدن	ایشول
legen	لگن	ایښودل
Erdnuss, die	دي أرْد نوسّ	اینځر
Wassermelone, die	دي فاسر ميْلونهْ	ایندوانه
Geschwätz, das Plauderei, die	گَشوَتس / بلَودَرَيْ	بابولالي
Tomate, die	دي توماتهْ	باجان رومي
Wind, der	دِر فِند	باد / سیلۍ / شمال
Unwetter, das	اون ویتا	باد او باران
wehen	وهن	باد لگید
Mandel, die	دي ماندل	بادام
Gurke, die	دي غورکهْ	بادرنگ
windig adj.	ويندِيش	بادي

آلمانی	تلفظ آلمانی	پښتو
Senf, der	دِر زنف	بادیان
Regen, der	دِر راغن	باران / ورښت
Markt, der	در،مارکت	بازار
Falke, der	دِر فالْکهْ	باښه
Gärtner, der	درِ غارتنر	باغبان
erwachsen adj.	أَرْوَکسَن	بالغ
Erwachsene, der	أَرْوَکْسَنَ	بالغ
Okra, die	دي أوکرا	بامیه
Bank, die	دی، بانک	بانک
Weltbank, die	دي فالت بانك	بانک جهانی
Konto, das	داس،کونتو	بانکي شمیره
Überzeugung, die	أُبَرْزُیْکُنْك	باور
Zuverlässigkeit, die	سُفَرلَسِّگکَیت	باور
glauben	گلَوْبَن	باور لرل
Boykott, der	دِر بوي کوت	بایکاټ / پوځی او اقتصادی بندیز
boykottieren	بويْ کوتیرن	بایکاټول / بندیز لگول
Taube, die	دي تاوْبهْ	بته
Gespräch, das	دَسْ،گِشْبرِیخْ	بحث
verhandeln	فرْهَنْدِلْن	بحث کول
Ofen, der	دِر أوفن	بخاری
Erlass, der	در،یرلاس	بخشش
eifersüchtig	ایفرزوشتیگ	بخیل
schlecht	شلیشت	بد
häßlich	هاسلیش	بد رانگ
Gießkanne, die	گیس کانه	بد نی
Pessimist, der	بَسِمِست	بدبین

25. 2 Register Paschtu - Deutsch

آلمانی	تلفظ آلمانی	پښتو
begleiten	بِگْلَيْتِنْ	بدرگه کول
hässlich adj.	هَسلِش	بدرنگه
unattraktiv adj.	أُنوَتَرَکتِيف	بدشکله
misstrauen	مِسْتَرَوْؤَنْ	بدگمان بودن
Misstrauen, das	مِسْتَرَوْؤَنْ	بدگمانی
rächen	ريشن	بدل اخیستل
Gang, der	گانگ	بدماشانو ډله
ohne	ونه	بدون
darüber hinaus	داروبر هيناوس	بر سیره
gemäß	گيماس	برابر
Energie, die	دي أنَرْغي	برابرتیا
Abteilung, die	دی، ابتای لونگ	برخه
Aktie, die	دی، اکتیه	برخه
teilnehmen	تَيْلنِمن	برخه اخیستل
Bürste, die	بورسته	برس
Bohnermaschine, die	بوهر ماشینه،دی	برقي برمه
Blatt, das	داس بلات	برگ
Laub, das	داس لاوب	برگ درخت
Bohrer, der	در،بوهرر	برمه
Programm, das	داس،پروگرام	برنامه
Show, die	دی، شوو	برنامه
Messing, das	داس،میسینگ	برنج
Balkon, der	دِر بالوکن	برنډه
Bronze, die	دي برونسهْ	برونز
Angriff, der	دِر أنغريف	برید
elektrisch adj.	يليکتريش	بریښناي

آلمانی	تلفظ آلمانی	پښتو
elektronische Überwachung, die	ایلیکترونیشه اوبار واخونگ	برېښناي نظارت
Bauer, der	در، باور	بزګر
Agrar, das	داس، اګرار	بزګري
Keks, der	دِر کېْکس	بسکویټ
Rebellion, die	دي ربلْیون	بغاوت
Tasche, die	تَشِ	بکس
nächste	نیکستی	بل
Sperling/ Spatz, der	دِر شبارْلینغ /شباس	بلبل / خاچوبی
Nächste Woche, die	دي ناشستهْ فوخهْ	بله اونۍ
nächste Woche	نیکسته وخه	بله اونۍ/هفته
Jenseits, das	یَنْزَیتس	بله دنیا
Bombe, die	دي بومْبهْ	بم
Absatz, der	ابزاتس،در	بند
Artikel, der	در،ارتیکل	بند
Schnur, die	دی، شنور	بند
Gefängnis, das	ګفانګنیس	بندیخانه / محبس
sanktionieren	زنکتسیونیرن	بندیز
Dutzend, das	داس دوتْسنت	بنډل /درجن
Fundamentalismus, der	فُندَمَنطَلِسمُس	بنسټ پاله
Pullover, der	پولوار	بنیان / جاکټ
Feder, die	دي فیْدر	بڼکه
Armband, das	ارمباند	بنګړي / لاسبند
Figur, die	فیګور	بڼه / اندام
begeistern adj.	بَګَیسترْن	به هیجان آوردن
Ausrede, die	أوْسرِدَ	بهانه

آلمانی	تلفظ آلمانی	پښتو
verbessern	فَربَسَرن	بهتر کيدل
Fremdsprache, die	فِرمدشبرَاخُ	بهرني ژبه
Verstaatlichung, die	دی،فرشتاتليشونگ	بهرنی سوداگري
Devise, die	دي دفيزهْ	بهرنۍ پيسې /اسعار
Quitte, die	دي كِفِيتّهْ	بهي
Strauch, der	دِرشتراوخ	بوته
Distel, die	دي ديستل	بوته خار
Schuhe putzen	شوهه پوڅن	بوټان رنگول
Schuhgröße, die	شو گروسه	بوټانو نمره
Etat, das	در،يتات	بودجه
Laus, die	دي لاوْس	بورا
zerknittert adj.	سركنيترت	بونجی
Geruch, der	گَرُخ	بوی
durchaus	دورشاوس	بي له شکه
schlafen	شلافن	بيدېدل
heraus		بيرون ت
furchtbar	فورشتبار	بيروونکی
Atheist, der	أَتَئِست	بی خدایه
unpassend adj.	أونباسّند	بی ځایه
entwaffnen	أنْتفافنن	بی وسلی کول
untreu adj.	أُنترُيْ	وفا بی
wiederkennen	وِيدَرْأَرْكَنّن	بيا پېژندل
Rohstoff, der	دِر روهْ شتوف	بيا كار اخيستنه
schildern	شِلْدَرْن	بيان کول
gleichgültig adj.	گلَيْخگُلْتِگ	بیتفاوت
Horror, der	حُرُر	بيره

آلمانی	تلفظ آلمانی	پښتو
fürchten	فُرْختَن	بېريدل
Affe, der	دِر أفّهْ	بيزو
Notlandung, die	دي نوت لاندونغ	بيړنۍ ناسته
gefühllos adj.	گفُولسلُوس	بی‌عاطفه
desinteressiert adj.	دَسْإنْتَرِسيئَرْت	بی‌علاقه
krank sein	كرانک زاين	بيمار كيدل
langfristig adj.	لانگ فريستيگ	بيمه
Unzuverlässigkeit, die	أنسُفَرلَسِگگَيت	بې اعتمادي
unfair adj.	أُنفِرْ	بې انصافه
Drohne, die	دي درونَهْ	بې پيلوټه الوتكه
schüchtern adj.	شُهتَرن	بې جراته
bewusstlos adj.	بَفوست لوس	بې خوده / بی حاله
Ungerechtigkeit, die	دی،ونگيرشتيگگ كايت	بې عدالتي
Dummheit, die	دُمهَيْت	بې عقلي
Unschuld, die	دی، ونشولد	بې گناه
Rücksichtslosigkeit, die	رُكسِجتسلُوسِگگَيت	بې لحاظي
unordentlich adj.	أُنوُْردَنتلِح	بې نظمه
Steppe, die	دي شتابَهْ	بېديا
einreisen	أين ريْزن	بېرته راتلل
besorgt	بيزورگت	بېرجن
Spaten, der	در،شپاتن	بېل
Feige, die	دي فايغهْ	پاخه
Aufstand, der	دِر أوْف شتاند	پاڅون
Nationalpark, der	دِر ناتسيونال بارك	پارک ملی
düngen	دونگن	پارو وركول
Passkontrolle, die	دي باس كونترولّهْ	پاسپورت كنترل

آلمانی	تلفظ آلمانی	پښتو
Reisepass, der	دِر رایْزهْ باس	پاسپورټ
sauber	زاوبر	پاک
löschen	لوشن	پاک / ړنک کول
Treibhauseffekt, der	دِر تریْب هاوس أفَكْت	پاکه انرژي
Zecke, die	دي ساگهْ	پالپونکه
Spinat, der	دِر شبینات	پالک
achten	أَخْتَن	پام کول
vorsichtig sein	فورزیشتیگ زاین	پام کول
vorsichtig	فورزیشتیگ	پاملر و نکی
Kapital, das	داس، کاپیتال	پانگه
investieren	ین وستیرن	پانگه اچوونه
Investition, die	دی،ین ویس تیتیون	پانگه په گټه اچوونه
Fußnote, die	دی، فوس نوته	پانویس
Ende, das	داس أندهْ	پای
Hose, die	هوزه	پتلون
Geheimnis, das	گَهَیمِنِیسْ،دَسْ	پټ راز
Verband, der	دِر فرباند	پټۍ کول
ausstrahlen (Sendung)	)اوس شترالن) زندونگ	پخش کول
kochen	کوخن	پخلی کول
backen	باگن	پخول
Kochtopf, der	کوخ توپف	پخولو دېگ
auf	اوف	پر
über	وبر	پر
Defätismus, der	دِفِتِسْمُسْ	پر بري باور نه درلودر
außer	اوسر	پر ته
trotz	تروتس	پر ته له

آلمانی	تلفظ آلمانی	پښتو
trotz	تروتس	پر ته له
statt	شتات	پر ځای
statt	شتات	پر ځای
bearbeiten	بی ارباتن	پر یو څه شی کارکول
Breite, die	دي برایْتهْ	پراخوالی / پلنوالی
Tau, der	تاو	پرخه
Teil, das	داس،تایل	پرزه
zu	تسو	پرلوري
anstellen, (sich)	سیش انستیلن	پرمخ تګ
Errungenschaft, die	أَرُنْګَنْشَفت	پرمختګ
Fortschritt, der	در، فورت شریت	پرمختګ
Wachstum, das	داس،واکستوم	پرمختګ
Drucker, der	دروکا	پرنټر /چاپکونکی
Wunde, die	دي فوندهْ	پرهر /ټپ
Vermeidung, die	دي فرمایدونغ	پرهیز
Diät, die	دي دِي آت	پرهېز
Diät machen	دِي آت ماخن	پرهېز کول
vermeiden	فَرْمَيْدِن	پرهېز کول
Protokoll, das	داس،پروتوکول	پروتوکول
antworten	انت ورتن	پروژه
Professor, der	برُفَسُر	پروفیسور
Programmieren, das	پروګرامیرن	پروګرام کول
Gestern	غَسترن	پرون
gestern	ګیسترن	پرون
gestern Abend	ګیستان ابند	پرون
letzte Nacht	لیتست ناخت	پرون ماښام

آلمانی	تلفظ آلمانی	پښتو
sieben	زيبَن	پروېځل
sieben	زيبن	پروېځل / غلبيلول
genügen	كِنُكِن	پريمانه
abwaschen	أبفاشن	پريمينځل
schneiden	شنايدن	پرې كول
bestürzen	بَشْتُرْسَن	پرېشانول
aufhören	اوفهورن	پرېښودل
verlassen	فَرْلَسَّنْ	پرېښول
Nase, die	دی،ناز	پزه
Leopard, der	دِر لايوبارت	پړانگ
anschwellen	انشويلن	پړسول
Beule, die	دي بوئِلاهْ	پړسېدل
Schwellung, die	دي شفالّونغ	پړسېدل
dann	دان	پس
nach	ناخ	پس له
Post, die	دی،پوست	پست
Pistazie, die	دي بيستاسيه	پسته
pistaziengrün adj.	بيستاسيَنْ غرُوِن	پستهي زرغون
Porto, das	داس،پورتو	پستي قيمت
Postleitzahl, die	دی، پوست لايت سال	پستې كود
Frühling, der	دِر فرُوِلنغ	پسرلی / سپرلی
Schaf, das	داس شاف	پسه
Paschto	بَشتُ	پښتو
Bein, das	دس،بين	پښه
Fuß, der	فُوس	پښه
Reue, die	رُيْئَ	پښيماني

آلمانی	تلفظ آلمانی	پښتو
Fächer, das	فيشر	پکه
Vater, der	دِرْ فَاتِر	پلار
Plastik, die	دي بلاستيك	پلاستک
plastische Operation, die	دي بلاستيشهْ أوبراتسيون	پلاستکي عمليات
künstlich adj.	كُونستليش	پلاستکی
Plan, der	دِر بلان	پلان
neugierig	نويگيريگ	پلټونکی
Windel, die	ويندل	پمپر
Flüchtlinge, die	فلُشتلِنگَ	پناه اخيستونکی
Watte, die	دي فاتّهْ	پنبه
Gabel, die	گابل	پنجه
fünfzehn	فونفسين	پنځلس
Viertelstunde, die	فيرتل شتونده	پنځلس دقيقی
fünftens	فُونْفتنس	پنځم
ein Fünftel	أين فُونفتل	پنځمه برخه
fünf	فونف	پنځه
Hektar, der + das	دِر / داس هَكتار	پنځه جريبه
Mittwoch, der	دِر ميتفوخ	پنځه نۍ /چهار شنبه
dick	ديک	پنډ
Bleistift, der	بلَيْشتِفت	پنسل
Gepäck, das	داس غَباك	پنډه / بکس
ungezwungen adj.	أُونگِزْفُنْگُنْ	په ازاده
über	درباره	په اړه
regelmäßig	ريگلميسيگ	په اصول برابر
Auslandstudium, das	أَوْسلَندشتُودِئُم	په بهر کي تحصيل

آلمانی	تلفظ آلمانی	پښتو
unterschiedlich	ونترشيدليش	په بيله بيله توکه
radieren	رَدِيرن	په پنسل پاک پاکول
schnell	شنيل	په تراټ
ordnen	أردنن	په ترتيب ايښودل
bewegen	بِويکِنْ	په حرکت راوستل
eifersüchtig adj.	أَيْفَرسُهتِگ	په حسادت سره
halber	هالبير	په خاطر
wegen	ويگن	په خاطر
wegen	ويگن	په خاطر
spontan adj.	شْبُنْتَنْ	په خپل سر
automatisch adj.	اوتوماتيش	په خپل سر کارکول
im Gegensatz zu	يم گيگنزاتز تسو	په خلاف
scheinen	شَيْنَن	په خيال کي راوړل
Selbstbewusstsein, das	سَلبستبَوُستسَيْن	په ځان اعتماد
Narzissmus, der	نَرِسسمُس	په ځان مينتوب
freundschaftlich adj.	فْرُونْدشَفْتَليشْ	په دوستی
in letzter Zeit, neulich	نيوليش،ين ليتستر تسايت	په دي وختو کي
verzichten	فرسيشتن	په رسميت پيژندنه
interessant	ينتيرسانت	په زړه پورې
Attraktion, die	دي أتراکتسيون	په زړه پورې کتنه
Zwang, der	څوانگ	په زور
prozentual adj.	بروسنتُ آل	په سلو کې
friedlich	فريدلِش	په سوله / سوله ايیز
Rundfahrt, die	دي روند فارت	په ښارکی گرځيدل
schätzen	شَتْزِنْ	په ښه سترگه کتل
beunruhigen	بَئُنْرُهِگَن	په عضاب کول

25. 2 Register Paschtu - Deutsch

آلمانی	تلفظ آلمانی	پښتو
übernehmen	وبر نهمن	په عهده اخیستل
entlang	ینتلانگ	په غاره
ärgerlich	ارگالیش	په قهر
aktivieren	أَكْتِوِيرِن	په کار اچول
verwenden	فَرْوِنْدِنْ	په کار اچول
benutzen	بینوسن	په کار گمارل
Arbeitstag, der	در،اربایتس تاگ	په کار گمارل
vermieten	فرمیتن	په کریه ورکول
gehobenes Haupt	گهُوبَنَس هَوْبت	په لوړ سر
laut	لاوت	په لوړ غږ
infolge	ینفولگه	په نتیجه کښي
berücksichtigen	بَرُكْزِحْتِگَن	په نظر کي لرل
hinsichtlich	هینزیشتلیش	په نظر کی نیو لو سره
sowie	سو وی	په هره توگه
durch	دورش	په واسطه
pünktlich adj.	بُونكتليش	په وخت
In Erinnerung rufen	إن أَرِنْرُگ رُوفَن	په یاد راوړل
auswendig lernen	اوسویندیگ لرنن	په یادول
unterstellen	أُنْتَرْشِتِلَّنْ	په یو چا تور لگول
innerhalb	ینرهالب	په یوزدو کي
Unpünktlichkeit, die	أُنبُنكتلِجكَيت	پهٔ خپل اصلي وخت نه رسېدنه
einen Gefallen tun	أينًا گفلَّنْ تُونْ	پهٔ یو چا مهرباني کول
verlieben	فَرْلِيبَنْ	پهٔ یو چا مینیدل
gar adj.	غار	پوخ
Puder, das	داس بودر	پوډر
Schulden, die	دی، شولدن	پور

آلمانی	تلفظ آلمانی	پښتو
Schulden haben	شولدن هابن	پور لرل
Rache, die	راخه	پور /غچ / انتقام
oben auf	وبن اوف	پورته
vollkommen adj.	فُلْكُمُنْ	پوره
Postkarte, die	دی،پوست کارته	پوستکارت
Schale, die	دي شالهْ	پوستکی
Postamt, das	داس، پوست امت	پوسته خانه
Briefkasten, der	در، بریف کاستن	پوستي صندوق
Postfach, das	داس، پوست فاخ	پوستي صندوق
befragen	بِفرَكِنْ	پوښتنه کول
fragen	فراگن	پوښتنه کول
Grenze, die	دي غرنسهْ	پوله / سرحد
Polizei, die	پولیڅای	پولیس / څرندوي
Wissenschaftler, der	ویسنشافتلر،در	پوهيالي
verstehen	فَرشتَاهَن	پوهېدل
verstehen	فرشتهن	پوهېدل
finden	فيندن	پيدا کول
Zwiebel, die	دیسفیبل	پیاز
Tasse, die	تاسه	پیاله
Klavier, das	داس، کلاویر	پیانو
Eignung, die	أیْگنُنگ	پیاوړتیا
Wache, die	واخه	پیره / ټانه / پوسته / ساتونکی
Sahne, die	دي زانهْ	پیروی
Anerkennung, die	أنأرکَنُنگ	پیژندنه
Währung, die	دی،واهرونگ	پیسې
Versicherung, die	دی،فرزیشرونگ	پیسې اخیستل

آلمانی	تلفظ آلمانی	پښتو
Geld wechseln, das	داس غالد فکسلن	پيسې بدلول
kündigen	کونديگن	پيسې مصرف کول
Anfang, der	دِر أنفانغ	پيل / شروع
Pilot, der	دِر بيلوت	پيلوټ
Bündnis, das	داس بُونِدنيس	پيمان
Solidarität, die	دي زوليدا ريتايْت	پيوستون
Schraubenzieher, der	در،شراوبن سيهر	پېچکش
kennenlernen	كنّنلَرْنِنْ	پېژندل
Staatsbürgerschaft, die	شطَاتسبرُگرشَفت	تابعيت
Einfluss, der	در، اينفلوس	تاثير
einzahlen	اينسالن	تاديه کول
Faden, der	دِر فادن	تار
Faser, die	دي فازر	تار
Geschichte, die	گَشِشتَ	تاريخ
historisch adj.	هيستوريش	تاريخي /تېر سوي
dunkelblau adj.	دونکل بلاو	تاريکه شين /اسمانی
Aktualität, die	دی، اکتواليتات	تازه
frisch adj.	فريش	تازه
gründen	گروندن	تاسيسول
Weinrebe, die	دي فاين ريْبهْ	تاک
beteuern	بِتُيَنْ	تاکيد کول
Verlust, der	در، فرلوسر	تاوان
beschädigen	بيشاديگن	تاوان اړه ول
entschädigen	ينت شاديگن	تاوان ورکول
gutheißen	كُوتْهَيْسَن	تاييد کول
Kreide, die	كرَيْدَ	تباشير

آلمانی	تلفظ آلمانی	پښتو
Propaganda, die	دی،پروپاگاندا	تبليغات
Fieber, das (haben)	داس فيبر هابن	تبه
Geschäftsviertel, das	داس غَشافتس فيرتل	تجارتي سيمه
Stipendium, das	شتِبَندِئُم	تحصيلي بورس
schenken	شنكن	تحفه ورکول
Spekulation, die	دی،شپيكولاتيون	تحليلول
Ausdauer, die	دی، اوسداور	تحمل
Tafel, die	طَافَل	تخته
Schwamm, der	شوَم	تخته پاک
Ermäßigung, die	دی، يرماسيگونگگ	تخفيف
Rabatt, der	در، رابات	تخفيف
Samen, der	در،زامن	تخم
Taktik, die	دي تاكتيك	تخنيک / چل
Technik, die	دی، تشنيک	تخنيک
Technische Hochschule, die	تَهنِش حُوهشُولَ	تخنيک فاکولته
behandeln (medizinisch)	بهاندلن مديتسينش()	تداوي کول
Behandlung, die	دي بهاندلونغ	تداوي کول
Ausweis, der	دِر أوْس فايس	تذکره
bis	بيس	تر
hinten	هينتن	تر شا
soweit	زو وايت	تر هغه ځايه
Verkehrspolizei, die	فيركيرس پوليځای	ترافيک
Ordnung, die	دی، اوردنونگ	ترتيب
Tischler, der	در، تيشلر	ترکاڼ
Komposition, die (Lied)	دی،کومپوزيتيون	ترکيب

آلمانی	تلفظ آلمانی	پښتو
Werkstatt, die	دی، ویرکشتات	ترمیم گاه
reparieren	ریپاریرن	ترمیمول
reparieren	ریپاریرن	ترمیم کول
Instandhaltung, die	دی،ینستاند هالتونگ	ترمیمول
Terrorist, der	دِر تاروریست	تروریست
sauer adj.	زاوّر	تروش
Galle, die	قَل	تریخی
bitter adj.	بیتّر	تریخ
feurig adj.	فویْریش	تریخ لکه اور
schließen	شلیسن	تړل
Anhang, der	در،انهانگ	تړلی
förmlich adj.	فِرْملِیش	تشریفاتي
erklären	أَرکلَارِن	تشریح کول
erläutern	أَرلُیْتَرن	تشریح کول
beschreiben	بَشرَیبَن	تشریح کول
Zeremonie, die	دی، سرمونی	تشریفات
danken	دانکن	تشکر کول
Spannung, die	دِي ,شبنّونْگ	تشنج
motivieren	مُوتِوِیرِن	تشویق کول
entführen	اینتفورن	تښتول
besetzen	بزتسن	تصرف کول
Entscheidung, die	إِنْشَیْدُنْك	تصمیم
Entschlossenheit, die	أَنتشلُسَّنهَیْت	تصمیم نیوونه
Vorstellung, die	فُرْشتَلُّنگ	تصور
vorstellen	فور شتلن	تصور کول
Zeichnung, die	دی، سایشنونگ	تصویر

آلمانی	تلفظ آلمانی	پښتو
Erstaunen, das	أرْشَتَوْنِنْ	تعجب
erstaunen	أرْشَتَوْنِنْ	تعجب کول
Gebäude, das	داس غَبويْدهْ	تعمير
verändern	فَرْأَنْدِرْن	تغير ورکول
Verständnis, das	فَرْشتَنْدنِس	تفاهم
Pause, die	بَوْزَ	تفريح
Freizeit, die	دِي ,فَريزَيْت	تفريح
Nachfrage, die	دی، ناخفراگه	تقاضا
beantragen	بِأنترَكَن	تقاضا کول
Rente, die	رِنْتَ	تقاعد
in die Pension gehen	إنْ دي بَنْزِيُون گاهَنْ	تقاعد کول
in die Rente gehen	إنْ دِي رِنْتَ گاهَنْ	تقاعد کول
Fälschung, die	دي فالْشونغ	تقلب
Wiederholung, die	دی، ویدرهولونگ	تکراري
stark	شتارک	تکړه
Technologie, die	دی،تشنولوگی	تکنالوږی
Technik, die	تَشنِك	تکنيک
Waage, die	واگه	تله
Haltestelle, die	دي هالتهْ شتالهْ	تم ځای
Kontakt, der	دِر،كُنْتَاكْت	تماس
Konzentration, die	كُنسَنترَسِئُون	تمرکز
sich konzentrieren	زِه كُنسَنترِيرِن	تمرکز کول
Bau, der	در،باو	تمرين
Übung, die	أُوبُنگ	تمرين
proben	پروبن	تمرين کول
üben	وبن	تمرين کول

آلمانی	تلفظ آلمانی	پښتو
Projekt, das	داس،پرویکت	تنخوا
Stirnbein, das	شتِرنبَیْن	تندی
eng adj.	أنغ	تنگ
engstirnig adj.	أنگشتِرِننگ	تنگ نظره
Meerenge, die	دي مَیْر أنغهْ	تنگی
Baumstamm, der	درِ باوْم شتام	تنه درخت
Knopf, der	کنوپف	تنۍ
Erpressung, die	دي أرْبرَسّونغ	تهدید
erpressen	أربرَسّن	تهدید کول
drohen	دْرُهَنْ	تهدیدول
Anklage, die	دی، انکلاگه	تهمت
Beschuldigung, die	دی، بشولدیگونگ	تهمت
Einigung, die	أَيْنِگُنْك	توافق
fähig adj.	فَاهِگ	توان
Maulbeere, die	دي ماول بيْرَهْ	توت
Aufmerksamkeit, die	أَوْفمَركسَمكَيْت	توجه
Wärme, die	ويرمه	تودوخه / گرمي
schwarz adj.	شفارس	تور
Aubergine, die	دي أوْبرجينهْ	تور باجان
vorwerfen	فُرْفَرْفنْ	تور لگول
dunkelhäutig adj.	دُنکَلهُیْتِگ	تورپوستکی
erweitern	یروایترن	توسعه ورکول
expandieren	یکسپاندیرن	توسعه ورکول
empfehlen	إمْفِلِنْ	توصیه کول
darlegen	دَرلِکن	توضیح کول
Erwartung, die	أرْوَتُنْك	توقع

آلمانی	تلفظ آلمانی	پښتو
Flöte, die	دی، فلوته	تولکه
Handelspartner, der	در،هاندلس پارتنر	تولید
Hersteller, der	در، هرشتیلر	تولید کول
Produzent, der	در، پرودوسنت	تولید کوونکی
beleidigen	بِلَیْدِکِن	توهین کول
Theater, das	داس،تیاتر	تیاتر
fertig	فرتیگ	تیار
bereit adj.	بِرَیْت	تیار
dunkel adj.	دونکل	تیاره
zubereiten	سوبرایتن	تیاره ول
vorbereiten	فرْبِرَیْتِن	تیارول
scharf adj.	شَرْف	تیز
fortschreiten	فُرْتشتِرَیْتَن	تېرېدل
Sekunde, die	زیکونده	ثانیه
anmelden adj.	)ثبات نام کردن)ورود	ثپت کول
Vermögen, das	داس، فرموگن	ثروت
wählen	فالن	ټاکنه
Wahlen, die	وَالَن	ټاکني
Wahlrecht, das	داسفالرشت	ټاکنې حق
Wahlkandidat, der	دِرفالکاندیدات	ټاکنې کاندید
Verletzung, die	دي فرلاسونغ	ټپ / زخم
Geier, der	دِر غایّر	ټپوس / کجیر
Fahrkarte, die	دي فار کارتهْ	ټکټ
Kopftuch, das	کوپفتوخ	ټکری
Telefon, das	داس، تلفون	ټلفون
telefonieren	تلفونیرن	ټلفون کول

آلمانی	تلفظ آلمانی	پښتو
Fernseher, der	در، فرن زهر	ټلویزیون
faul	فاول	ټنبل
Stück, das	داس شتُوك	ټوټه
Stofffetzen, der	دِر شتوف فاتْسن	ټوټې ټوټې
husten	هوستن	ټوخېدل
Ausgabe, die	دی، اوسگابه	ټوک
durch	دورش	ټول
Summe, die	دي زومّهْ	ټول / مجموعه
Alle Freunde	دوستان‌همه	ټول ملګري
Gesellschaft, die	دی ،گیزل شافت	ټولنه
Versammlung, die	دی،فرزاملونگ	ټولنه
Sozialwissenschaft, die	زُسیُلگِيْ	ټولنه پیږندنه
Sozialwissenschaft(en), die	ن)زُسِئالوِسَنشَفت)	ټولنه پیژندنه
Soziale Netzwerk, das	شبکه اجتماعی	ټولنیځې شبکه
Massenmedien, die	دی، ماسن مدیهن	ټولنیزي رسني
aufräumen	أوْف روِمْن	ټولول
sammeln	سَمَّلْن	ټولول
Halbschuh, der	هالب شو	ټیټ بوټان
Tschador, der	چادور	ټیکری / پوړنی
Spion, der	شپیون	جاسوس
Spionage, die	شپیوناژه	جاسوسي
tragen	تراغن	جامې /کالي اغوستل
Kleidung, die	دي کلایدونغ	جامې /کالی
Schulpflicht, die	شُولفلِشت،دي	جبری روزنه
Front, die	دي فرونت	جبهه

آلمانی	تلفظ آلمانی	پښتو
ernst adj.	أَرْنست	جدی
Strumpf, der	شتروميف	جرابې
wagen	وَكِنْ	جرات کول
Chirurgie, die	دي شيروغي	جراحي
Delikt, das	داس، دليکت	جرم
Straftat, die	شتراف تات	جرم
Vorgang, der	در، فورگانگ	جريان
Detail, das	داس، ديتايل	جز ييات
Genuss, der	گَنُس	جزب سوې
Küken, das	داس کُوِکن	جزگی
Feier, die	فاير،دی	جشن
Höhe, die	دي هُوههْ	جگ
Gefecht, das	داس غفاشت	جگړه
Schlacht, die	دي شلاخت	جگړه / غزا
Trennung, die	دِي,تَرَنُّونْك	جلا کېدل
Vollversammlung, die	دي فولّ فرسامْلونغ	جلسه عمومی
addieren	اديرن	جمع کول
Freitag, der	دِر فرايْتاغ	جمه
Republik, die	رِبُبلِيك	جمهوريت
Kriminalität, die	كريميناليتات	جنايت
Verbrechen, das	داس، فربرشن	جنايت
Verbrechen, das	فيربريشن	جنايت
ein Verbrechen begehen	اين فربرشن بيگهن	جنايت کول
Jacke, die	ياكه	جنپر /کوټ
Paradies, das	بَرَدِيس	جنت
Geschlecht, das	گَشلَشت	جنس

آلمانی	تلفظ آلمانی	پښتو
Ware, die	دی، اواره	جنس
Geschlechtskrankheit, die	دي غشلشتْس کرانك هايت	جنسي ناروغي /ناچوړي
Vergewaltigung, die	فيرگيوالتيگونگ	جنسی تيری
kämpfen	کامبفن	جنگ
Kriegsherr, der	کرِيگسهَار	جنگ سالاران
zusammenstoßen	سوزامن شتوسن	جنگيدل /ټکر کيدل
Förster, der	درِ فورستر	بان‌جنگل
aufforsten	أوْف فورستن	جنگل‌سازی کردن
antworten	انت ورتن	جواب ورکول
Knospe, die	دي کنوسبهْ	جوانه
herstellen	هرشتيلن	جوړول
komponieren (Teile)	کومپونيرن	جوړول
Herstellung, die	دی،هرشتيلونگ	جوړونکی
passen	باسْسن	جوړېدل / برابريدل
Taschenbuch, das	داس، تاشن بوخ	جيبي کتاب
Waldsterben, das	داس فالد شتربن	چاپېريال ساتنه
Naturschutz, der	دِر نتور شوس	چاپېريال ساتونکي سيمه
Auflage, die	دی، اوفلاگه	چاپ
Druckerei, die	دی، دروکرای	چاپخانه
Umweltschutz, der	دِر أومفالت شوس	چاپيريال ساتنه
Umwelt, die	دي أومفالت	چاپېريال
Natur, die	دي ناتور	چاپېريال / طبيعت
Maßnahme, die	مَسْنَمِ	چاره
Messer, das	ميسا	چاړه
Besucher, der	در،بيزوخر	چاک چاکي کول

آلمانی	تلفظ آلمانی	پښتو
Einschalten, das	اينشالتن	چالانه کول
Tee kochen	تيهْ کوخن	چای پخول
dämpfen	دامبفن	چای جوشه
Teekanne, die	دي تيهْ کانّهْ	چاينکه
Latschen, die	لاتشن	چپلکې
Sandalen, die	زاندالن	چپلکې
Regenschirm, der	ريگينشيرم	چترۍ / سايه وان
entwerfen	أَنْتوَرْفَن	چټل نويس ليکل
Verschmutzung, die	دي فرشموسونغ	چټلي /خيرنتوب
Gottesanbeterin, die	دي غوتّس أنبيْترن	چرچرنی
Hahn, der	دِر هان	چرگ
Huhn, das	داس هون	چرگ
Henne, die	دي هيْنّهْ	چرگه
Küken, das	داس كُوكِن	چرگوړی
brüllen	برُوِلّن	چغېدل
Ausflug, der	دِر أوْس فلوغ	چکر /گرځيدنه
Hammer, der	در، هامر	چکش
Wiese, die	دی،ويزه	چمن
Erbse, die	دي أربسهْ	چنې / نخود
Kichererbse, die	دي كيشر أربسهْ	چنې / نخود
Holz, das	داس هولس	چوب
plündern	پلوندان	چورکول
zubereiten	سوبَرايتن	چوړ /تيار کول
Stuhl, der	شتُول	چوکی
Sessel, der	دِر زسّل	چوکۍ
Schmetterling, der	دِر شماتّرلنغ	چونگښه

آلمانی	تلفظ آلمانی	پښتو
schreien	شرَيْأَن	چيغي وهل
Jade, der+die	دِر + دي يادهْ	چينايي قيمتي غمی
Honig, der	دِر هونيش	چينجی
Quelle, die	دي كفالْهْ	چينه
fruchtbar adj.	فروختبار	حاصل خېزه
anwesend adj.	أنوِيزَند	حاضر
anwesend sein	أنوَازَند زَيْن	حاضر
Gedächtnis, das	كِدَشْتِنس	حافظه
Verhältnis, das	فَرْهِلْتِنسْ،دَسْ	حالات
Lage, die (Stimmung)	لَكِ	حالت
Pilgerfahrt / Wallfahrt, die	بِلْگَرْفَارْت / وَلْفَارت	حج
Volumen, das	داس فولومن	حجم
abschätzen	ابشاتسن	حدس وهل
einschätzen	أيْنشَتْزِن	حدس وهل
Buchstabe, der	بُوخشطَابَ	حرف
Partei, die	دی،پارتای	حزب
Sinn, der	زِن	حس
wahrnehmen	وَارنَامَن	حس کول
Rechnung, die	دی، ريشنونگ	حساب
rechnen	رشِنِن	حسابول
Allergie, die (sein)	دي ألارغي(زاين)	حساسيت لرل
beneiden	بَنَيْدَنْ	حسودی کردن
Brautgabe, die	دِي،بَرَوْتَكَابُ	حق مهر
Jurist, der	در،يوريست	حقوق دان
Rechtswissenschaft(en), die	(نَ) رِحتسوِسَنشَفت	حقوق علوم

25. 2 Register Paschtu - Deutsch

آلمانی	تلفظ آلمانی	پښتو
juristisch adj.	یوریستیش	حقوقي
Recht, das	داس، رښت	حقوقي
Rechtssystem, das	داس،رشتس زیستم	حقوقي نظام
realistisch adj.	رِیَلِسْتِشْ	حقیقي
Gebot, das	کِبُت	حکم
Urteil, das	داس، ورتایل	حکم
Regierung, die	رِگِیرُنگ	حکومت
Lösung, die	لُسُنْك	حل
baden	بادن	حمام کول
Überweisung, die	دی، اوبر وایزونگ	حواله
überweisen	وبر وایزن	حواله کول
entsetzt adj.	أنتزَتست	حیران
Skorpion, der	دِر سکوربیون	خا / خاپوړت
Eigenschaft, die	أیکِنشَفْت	خاصیت
Erinnerung, die	أرْئِنَرُّگ	خاطره
echt	أشت	خالص
kassieren	کاسیرن	خالص
Tante, die (mütterlicherseits)	دِي,تَاَنْته	خاله
Erosion, die	دي أروزْيون	خام مواد
Nachricht, die	پیام	خبر
Nachricht, die	دی، ناخ ریشت	خبر / پیغام
informieren	إنْفُرْمِرنْ	خبر ورکول
Journalist, der	در،جورنالیست	خبرنگار
Präsentation, die	دی، پریزن تاتیون	خبري کول
Sprecher, der	در، شپریش	خبري ویونکی
Unterhaltung, die	دِي ,أُونْتَرْهَلْتُونگ	خبرې اترې

آلمانی	تلفظ آلمانی	پښتو
plaudern	بَلَوْدِرْن	خبرې اترې کول
Verwandte, die	دِي,فِرْوَنْدتِ	خپل
Ego, das	إكُ	خپل ځان
	داس زالْبست بشتيمونغس رشت	خپلواکي حق
Hemd, das	همد	خت / کمیس
einsteigen	أين شتايغن	ختل
Osten, der	دِر أوستن	ختيځ
östlich adj.	أوستليش	ختيځوال /ختيځې
Honigmelone, die	دي هونيش ميْلونهْ	خټکی / خربوزه
Sumpf, der	دِر زومبف	ختې
Dattel, die	دي داتّل	خجورې /خرما
verabschieden	فرابشيدن	خداي پاماني اخيستل
Dienstleistung, die	دی،دينست لايستونگگ	خدماتي کار
Esel, der	دِر آزل	خر
kaputt machen	كَبُت مَخِنْ	خرابول
Handel treiben	هاندل تراين	خرڅول
Vertrieb, der	در، فرتريب	خرڅول
Verkäufer, der	در،فر کاوفر	خرڅونکی
Dattel, die	دي داتّل	خرما / خچورې
rasieren, sich	رازيرن	خريل
Geld ausgeben	گيلد اوس گين	خزاندار
Schatzmeister, der	در،شاتس مايستر	خزانه‌دار
Moos, das	داس موس	خزه
Schwiegervater, der	دِر,شِجويگرْفتَرْ	خسر
Ratte, die	دي راتّهْ	خسک
kneten	كنيتن	خشتکول

آلمانی	تلفظ آلمانی	پښتو
Mohn, der	درِ مون	خشخاش
Wut, die	وُتْ	خشم
Ziegel, der	دِر سیغل	خښته
Sektor, der	در، زکتور	خصوصي کوونه
Gefahr, die	گیفا	خطر
zerstören	سرشتورن	خطر
Lineal, das	لِنیَال	خطکش
handschriftlich, adj.	هاندشریفت لیش	خطي
öffnen	وفنن	خلاصول
aufmachen	اوفماخن	خلاصول
Kreativität, die	دی، کریاتیفی تیت	خلاقیت
Leute, die	دِي ,لُیْتِ	خلک
Volk, das	داس ،فولک	خلک
lachen	لاخن	خندا کول
nach	ناخ	خوا ته
traurig adj.	ترَوْرِگ	خوابدي
Beileid, das	بَیْلَیْد	خواخوږي
Empathie, die	أَمْبَتِ	خواخوږی
Bemühung, die	بَمُوهُنگ	خواري
arbeitsam adj.	أَربَیْتسَام	خواري کښ
Schwiegermutter, die	دِي,شِجویگَرْمُوتَرْ	خواښې
schlafen	شلافن	خوب کول
egozentrisch adj.	أَگُسَنتِرش	خود خواه
Füller, der	فُلِر	خود رنګ
Stift, der	شتِفت	خودکار
Schwester, die	دِي ,سِجوِسْتَر	خور

آلمانی	تلفظ آلمانی	پښتو
Nichte, die	دِي ,نِيشتَ	خورزه
essen	اسن	خوړل
Mahlzeit, die	دي مال سايت	خوړلو وخت
süß	زوس	خوږ
Schmerz, der	دِر شمارس	خوږ /درد
Kalb, das	داس كالْب	خوسی / گیلگی
Optimist, der	أُبْتِمِسْت	خوش‌بين
optimistisch sein adj.	أُبْتِمِسْتِش	خوشبينه ښكاريدل
froh adj.	فرُوه	خوشحال
Freude, die	فريدَ	خوشحالي
mögen	مُوگَنْ	خوښ لرل
Schwein, das	داس شفايْن	خوک
Mund, der	در،موند	خوله
Hut, der	هوت	خولۍ
Schweiß, der	دِر شفايس	خولې
Geschmack, der	گشمَك	خوند
stolz sein	شتُلْس سَيْن	خوند
genießen	گِنيسَّنْ	خوند اخيستل
genießen	گنيسَن	خوند اخيستل
probieren	برُبِيِرن	خوند کتل
schmecken	شمَكَن	خوند کول
Laune, die	لَوْنِ	خوی
Näherei, die	دي ناهَراي	خياطي
Schneiderei, die	دي شنايْدَراي	خياطي
Einsicht, die	أَيْنسِشْت	خيال
Mentalität, die	مَنتَلِتِت	خيال

آلمانی	تلفظ آلمانی	پښتو
Einbildung, die	أَيْنبِلْدُنگ	خيال پلو
überlegen	أُوبَرْلَاگَن	خيال كول
Hypochonder, der	هِبُكُندَر	خيالي
verraten	فَرَّتِنْ	خيانت كول
schmutzig	شموتسيگ	خيرن
Hefe, die	دي هيفهْ	خمېره
Feder, die	دي فيْدر	څاله
bemühen	بَمُوهَن	ځان ته تکليف ورکول
Anmeldung, die	نام‌نويسی	ځان ثبت کولوځای
Selbstmordattentäter, der	دِر زلبست مورد أتَن تاتر	ځان مرگی
duschen	دوشن	ځان مينځل
selbstmord begehen	زَلْبستمُرد بَگاهَنْ	ځان وژل
Selbstmord, der	زَلبستمُرْد	ځان وژنه
egoistisch	إكُوِسْتِشْ	ځانځاني
Facharzt, der	دِر فاخ أرست	ځانگړی ډاکټر
Sonderbotschafter, der	دِر زوندر بوت شافتر	ځانگړی سفير
Funktion, die	دی، فونكتيون	ځاي
installieren	ينستاليرن	ځای پر ځای کول
Platz reservieren	بلاس ريْزرفيرن	ځای رېزروېشن / ساتل
Wasserfall, der	دِر فاسّر فال	ځړوبی / ابشار
Schaum, der	دِر شاوْم	ځگ
glänzend	غلانساند	ځلانده
Land, das	داس لاند	ځمکی /مځکی
Erdbeere, die	دي أردبيْرهْ	ځمکې توت / ځمکې توت / مځکې توت
Gleichgewicht, das	داس غليْش غفيشت	ځنگل ختم کول

آلمانی	تلفظ آلمانی	پښتو
Knie, die	كنِيْ	ځنګون
jung	یونګ	ځوان
jung adj.	یُنْګ	ځوان
Jugendlichen, die	یُوګَندلِهَن	ځوانان
folgen	فُلْكَنْ	څارل
beaufsichtigen	بیاوف زیشتیګن	څارنه کول
Justiz, die	دی،یوستیتس	څارنوالي
Beobachter, der	دِر بَ أوباختر	څارونکی /کتونکی
Viehzucht, die	فی سوخت	څاروی ساتنه
Vieh, das	داس، دی،فی	څاروي
Leder, das	داس لیدر	څرمن
Weide, die	دی، وایده	څرځاي
Eigentümer, der	در،ایګن تومر	څښتن
probieren	بْرُبِرِن	څکل
vier	فیر	څلور
vierte/r	فیرتهْ / فیرتر	څلورم
ein Viertel	أین فیرتل	څلورمه برخه
Dienstag, der	در دینستاغ	څلورنۍ /سه شنبه
Kelle, die	کیله	څمڅه
Ellbogen, der	أَلبُوګَن	څنګل
Form, die	دی، فورم	څیره
Forschung, die	دی، فورشونګ	څېړنه
Vorschule, die	فُرشُولَ	د آماده ګي ښوونځي
Kommunikationswissenschaft(en), die	)کُمُنِکَسِئُونوِسَنشَفت نَ	د اړیکو علوم
Himmelsrichtung, die	دي هیملس ریشتونغ	د اسمان اړخونه

آلمانی	تلفظ آلمانی	پښتو
Horizont, der	هُرِزُنْت	د اسمان لمن
Börse, die	دی، بورزه	د اسهامو بازار
Kulturministerium, das	کُلتُورمِنستَارِئُم	د اطلاعاتو او کلتور وزارت
Afghanische Rothalbmond, der	دِر أفغانشهْ روتهالب موند	د افغانستان سره میاشت
Fluggesellschaft, die	دي فلوغ غَزالْ شافت	د الوتکې شرکت
Besatzung, die	دي بزاسونغ	د الوتکې کارکوونکي
Stewardess, die	دي ستیوارداس	د الووتکې خدمت کوونکي
Warteraum, der	در،وارت راوم	د انتظار خونه
Menschenverstand, der	مَنشَنفَرشطَنت	د انسان عقل
Staudamm, der	دِر شتاو دام	د اوبو بند
bewässern	بیواسرن	د اوبو لګول
Klimazone, die	کلیما څونه	د اوبواو هوا سیمه
Vulkankrater, der	دِر فولکان کراتر	د اور غورزونکي کنده
Stahlwerk, das	داس، شتال ویرک	د اوسپني کارګاه
Wohnort, der	وُنأُرت	د اوسېدلو ځای
Bankangestellte, der	در، بانک انگشتلتر	د بانک کارکونکی
Abteilungsleiter, der	در، ابتای لونگس لایتر	د برخي ریس
Elektrotechnik, die	أَلکترتَهِنك	د بریښنا تخنیک
Zuckerwürfel, der	دِر سوکر فُورْفل	د بورې دانه
Meinungsfreiheit, die	دی ،ماینونگس فرای هایت	د بیان آزادي
Hosentasche, die	هوزن تاشه	د پتلون جېب
Antiquariat, das	داس، انتی قواریات	د پخوانیو کتابونو پلورنه
Sparkonto, das	داس،شپار کونتو	د پس انداز حساب
Poststempel, der	در، پوست شتیمپل	د پست مهر
Zehe, die	دیگه،زه	د پښې ګوته

آلمانی	تلفظ آلمانی	پښتو
Notrufnummer, die	دي نوت روف نومّر	د پولیسو شمېره
Studiengebühren, die	شتُودِئنگبُورِن	د پوهنتون فیس
Zulassung, die	سُلَسُنگ	د پوهنتون قبلول
Geld abheben	گلد ابهیبن	د پیسو اخیستنه
Geldbeutel, der	گیلدبویتل	د پیسو پټوه / پټاکیدانه
Kriminalpolizei, die	کریمینال پولیڅای	د تحقیق پولیس
Toilettenpapier, das	تویلیتن پاپیر	د تشناب کاغذ
Fahrplan, der	دِر فار بلان	د تگ راتگ وخت / پلان
Telefonbuch, das	داس، تلفون بوخ	د تلفون دفتر
Aufmerksamkeit erregen	أوْفمَرکصَامکَیْت أَرِیگَن	د توجه گرځېدل
Temperatur, die	تیمپراتور	د تودوخې درجه
Produktionsstätte, die	دی،پروده‌کتیونس شتاته	د تولید ځاي
Zoll, der	در،سول	د تولید وسیله
Brustwarze, die	دیگه،بروستورز	د تیو سرونه
Wahlkommission, die	دي فال کومیسْیُون	د ټاکنې کمیسون
Schaffner, der	دِر شافْنر	د ټکټ څارونکی
Schwarz fahren, das	داس شفارسفارن	د ټکټ نه بغیر ختل
Telefonauskunft, die	تلفون اوسکونفت	د ټلفون اطلاعات
Klingelton, der	داس، کلینگل تون	د ټلفون زنگ
Telefonnummer, die	تِلِفُنُمّر	د ټلفون شمېره
Telefonkarte, die	دی، تلفون کارته	د ټلفون کارت
Vorwahlnummer, die	فوروال نومر	د ټلفون کود
auflegen	اوف لگن	د ټلفون گوشقه ایښودل
Versammlungsfreiheit, die	دی، فرزاملونگس فرای هایت	د ټولنې آزادي

آلمانی	تلفظ آلمانی	پښتو
Gesellschaftsordnung, die	دی،گیزلشافتس وردنونگ	د ټولني نظام
Pazifist, der	پسیفست	د جګړې مخالف
Juwelier, der	در، یو ویلیر	د جواهراتو خرڅول
Bestandteil, der	درِ بشتاند تایْل	د جوړښت مواد
Taschentuch, das	تاشن توخ	د جیب دسمال
Müllbeutel, der	مول بویتل	د چټلیو خلته
Lederschuh, der	لیدا شو	د چرمنې بوټان
auflösen (Konto)	)اوف لوزن) کونتو	د حساب حل کول
Rechtsprechung, die	دی، رشت شپریشونګګ	د حکم د صادرولو صلاحیت
Lösungsweg, der	لُسُکسوِكْ	د حل لاره
nachsichtig, die	نَخسِشتِګ	د حوصلې نه ډک
Fracking, das	داس فراكّنغ	د حیواناتو ساتنه
Cousin, der (mütterlicherseits)	دِر ,کُوزَنْ	د خاله /د ماما زوی
Cousine, die (mütterlicherseits)	دِي,کُوسِینُ	د خاله /د ماما لور
Verhandlung, die	دي فرهاندلونغ	د خبرو اترو
Sprechstunde, die	دي شبراش شتوندهْ	د خبرو وخت
Amtszeit, die	أمتسصَیت	د خدمت دوره
Alarm, der	دِر ألارم	د خطر اعلان
Volksrepublik, die	فُلکسرِبُبلِیك	د خلق جمهوري
Schlafsack, der	دِر شلاف زاك	د خوب بړستن /خلته
Schlafanzug, der	شلاف انځوک	د خوب جامې /کالي
Schlafzimmer, das	داس شلاف سیمّر	د خوب کوټه
Dessert, das / Nachspeise, die	داسداس دیسار / دي ناخ شبایزهْ	د خوړو نه وروسته خواږه

آلمانی	تلفظ آلمانی	پښتو
mitnehmen	مِتْنِمَنْ	د ځان سره وړل
Duschgel, das	داس دوش غال	د ځان صابون
Dusche, die	دوشه	د ځان مینځلو ځای
Ledermantel, der	لیدا مانتل	د څرمني کوټ
Doktorabschluss	دُکتُرأَبشلُس	د داکټري شهادت نامه
Bürogebäude, das	داس، بورو گیباوده	د دفتر بلاک
Provision, die	دی،پرو ویزیون	د دلالي پیسې
Staatschef, der	شطَاتسشَف	د دولت ریس
Stichwahl, die	دیشتیشفال	د دوو کاندیدانو ټاکل
Steinkohle, die	دی،شتاین کوله	د ډبروسکاره
Durand-Linie	دُرَند لِنيَ	د ډیورنډ خط
Leine, die	لاینه	د رخت ډول
Stoffladen, der	دِر شتوف لادن	د رختنو / ټوکرانو پلورنځی
Feiertag, der	در، فایرتاگ	د رخصتي ورځ
Pressefreiheit, die	دی،پریسه فرایهایت	د رسنیو آزادي
Pädagogik, die	بَدَگُوگِك	د روزني علوم
Vizepräsident, der	وِیسَبرِزِدَنت	د ریس جمهور معاون
Sandsturm, der	زاند شتورم	د ریگ سیلۍ
Bahnhofhalle, die	دي بان هوف هالّهْ	د رېل تم ځای کوټه
Geburtstag, der	در،گیبورتستاگ	د زیږیدلو ورځ
Geburtsort, der	گَبُرتسأُرت	د زیږېدنې ځای
Geburtsdatum, das	گَبُرتسدَاتُم	د زیږېدنې نیټه
Tür, die	دي تُور	د ره /دروازه
Rasierapparat, der	دِر رازیر أبّرات	د ږیرې ماشین
Wintermantel, der	وینتر مانتل	د ژمي کوټ
winterlich adj.	فینترلیش	د ژمی

آلمانی	تلفظ آلمانی	پښتو
Lebensende, das	لَابَنسأَنْدَ	د ژوند اخره
lebensbedrohlich adj.	لبنس بَدروليش	د ژوند ډار
Lebensweise, die	لَبَنْسْوَيْزَ	د ژوند رقم
Lebenszeichen, das	داس لابنس سايشن	د ژوند نښه
Augenarzt, der	دِر أوْغن أرست	د سترګو ډاکټر
Kopfschmerzen, die	دي کوبف شمارسن	د سر خوږ
Reiseversicherung, die	دي رِيْزهْ فرزيشرونغ	د سفر بيمه
Reisebüro, das	داس رِيْزهْ بُورو	د سفر کولو دفتر
Reiseführer, der	دِر رايْزهْ فُورر	د سفر لارښوونکی
Ebbe und Flut die, die	ايبه اوند فلوت	د سمندر سطح لوړېدل او ټيټېدل
Rhythmus, der	در،ريتموس	د سندري وزن
Handelsembargo, das	داس هاندلس أمبارغو	د سوداګرۍ بنديز
Bildungspolitik, die	بِلدُنگسبُلِتيك	د سياست ښوونه
Abendschule, die	آبَندشُولَ	د شپې ښوونځي
späte Abend, der	شپيته ابند	د شپې ناوخته
Streitbeilegung, die	دي شترايت بيْلاغونغ	د شخړو د حل
Beschwerdekommission, die	دي بَشفاردهْ کوميسيون	د شکايتونوکميسون
Lippenstift, der	دِر لِبّن شتِفت	د شونډو رنګ
Stadtzentrum, das	داس شتاتسنتروم	د ښار مرکز
Wechseljahre, die	وَكسَلْيَارِ	د ښځې د شنډېدو کالونه
Schulleiter, der	شُولَّيْتَر	د ښوونځي مدير
Didaktik, die	دِدَكتِك	د ښووني او روزني فن
Bildungsministerium, das	بِلدُنگسمِنستَارِئُم	د ښووني وزارت
Klassenlehrer, der	كلَسَنلِرَ	د صنف نګران
Urheberrecht, das	داس، اورهيبر ريښت	د طبع او نشر حق
Vorgehen, das	داس، فورگهن	د عمل سبک

آلمانی	تلفظ آلمانی	پښتو
Verfahren, das	داس، فر فارن	د عمل طريقه
Gewinnanteil, der	در،گيوين انتايل	د عوايدو برخه
Schal, der	شال	د غاړې دسمال
Zahnbürste, die	دي سان بُورستهْ	د غاښو برش
Zahncreme, die	دي سان كريمهْ	د غاښو کريم
Zahnschmerzen, die	دي تصان شمارسن	د غاښونو خوږ
Filz, der	فيلز	د فرشونو مواد
fachkundig adj.	فاخکونديگ	د فن خاوند
Schauspielerin, die	دی،شاو شپيلرين	د فيلم نجلی
Schauspieler, der	در، شاوشپيلر	د فيلم هلک
Gesetz ratifizieren	گيزتس راتی فيسيرن	د قانون تصويبول
Grabstein, der	قرَبْشتَيْن	د قبر ډبره
verständlich adj.	فَرْشَتَنْدّلِشْ	د قبلولو وړ
Gewaltenteilung, die	گَوَلتطَنتَيلُنگ	د قواو تفکيک
Bürotätigkeit, die	دی، بورو تاتيگگ کايت	د کار دفتر
Arbeitsmethode, die	دی،اربايتس ميتهود	د کار طريقه
Arbeitszimmer, das	داس أربايتس سيمّر	د کار کوټه
qualifiziert adj.	قوالی فيسيرت	د کارخانې کارکونکی
Kleidergröße, die	دي کلايدر غروسهْ	د کالو ناپ
Lieferant, der	در، ليفرانت	د کاليو راوړونکی
Einband, das	داس، اينباند	د کتاب ټوک
Termin, der	دِر ترمين	د کتلووخت
Umland, das	داس أوملاند	د کلی سيمه
Speicher, der	شپايشا	د کمپيوټر حافظه
Dach, das	داس داخْ	د کوټې سر
Kindersendung, die	دی،کيندر زندونگ	د کوچنيانو برنامه

آلمانی	تلفظ آلمانی	پښتو
Straßenkampf, der	دِر شتراسَن کامبف	د کوڅو جنګونه
Hausschuhe, die	هاوس شوهه	د کور بوټان
Currypulver, das	داس کوریي بولفر	د کورکومن پوډر
Verlobungsring, der	فیرلوبونګس رینګ	د کوزدې ګوته
Verlobungsring, der	دِر،فَرْلُبُونْګْسْرِينْك	د کوژدې ګوته
Mohnanbau, der	دِر مون أنباو	د کوکنارو کښت
Textverarbeitung, die	تیکست فیراربایتونګ	د کیکنو پروګرام
Rasiercreme, die	دي رازیر کریمهْ	د ګیرې خرېلو کریم
Bedienungsanleitung, die	دی،بدینونګس انلایتونګ	د لارښوني نه ګټه پورته کول
Badeanzug / Bikini, der	باده انڅوک	د لامبو جامې
unter	ونتر	د لاندی
Holzkohle, die	دی،هولس کوله	د لرګیو سکاره
Manschettenknopf, der	مانشیتن کنوپف	د لستوني غېنډه
Wörterbuch, das	داس،اورتر بوخ	د لغتونو فرهنګ
Wörterregister, das	داس، اورتر ریګیستر	د لغتونو فهرست
Sonnenbrille, die	زونن بریله	د لمر عینکې
Geschirrspüler, der	ګشیر شپولا	د لوښو پریمینځلو ماشین
Sehenswürdigkeit, die	دي زيْهَنس فُورديشْكايت	د ليدو وړ اثار
Briefumschlag, der	در، بریف ومشلاګ	د لیک پاکټ
Briefmarke, die	دی، بریف مارکه	د لیک د لیږد پستي قیمت
Briefpapier, das	داس، بریف پاپیر	د لیک کاغذ
Kinderlähmung, die	دي کندر لامونغ	د ماشوم ګوډيدل
Kinderarzt, der	دِر کیندر أرست	د ماشومانو ډاکټر
Steuerhinterziehung, die	دی،شتویر هینترسیهونګ	د مالیي ورکولو نه تیښته
Harnuntersuchung, die	دي هارن أونتر زوخنغ	د متیازو ازمویل

آلمانی	تلفظ آلمانی	پښتو
Zivilgesellschaft, die	دي سيفيل غزال شافت	د مدني ټولنې
Totenbett, das	تُوتَنْبَت	د مرګ بستر
Inhaltsverzeichnis, das	داس، ينهالتس فرسايش نيس	د مطالبو فهرست
Arztpraxis, die	دي أرست براكسيس	د معاينې خونه
Bergbau, der	در، برگ باو	د معدن کار
Magengeschwür, das	داس ماغن غشفُور	د معدې زخم
Wirbelsäule, die	وِربَلزُيْلَ	د ملا تير
Rückenschmerzen, die	دي رُوكن شمارسن	د ملا خوږ /درد
Nationale Einheitsregierung	نَتسِيُنَالَ أَينهيتسرِگيرُنگ	د ملي يووالي حکومت
Staatswesen, das	داس، شتاتس ويزن	د مملکت نظام
ZOB, der	دِرسنتراله أمنيبوس بان هوف	د موټرو تم ځای
diagnostizieren	دياغنوس تيتسيرن	د ناروغۍ پيژندل
Katastrophengebiet, das	كاتاستروفن گبيت	د ناورين سيمه
Ball, der	در،بال	د نڅا مجلس
drinnen	درينن	د ننه
innen	ينن	د ننه
innerhalb	ينيرهالب	د ننه
Innenstadt, die	دي إنن شتادت	د ننه په ښار کی
Eintrittskarte, die	دي أيْنتريتس كارتهْ	د ننوتلوټکټ
Nagellack, der	دِر ناغل لاك	د نوكانو رنګ
Maniküre, die	دي مانيكُورهْ	د نوكانو سينګار
Knochenbruch, der	دِر كنوخن بروخ	د هډوكو ماتيدل
Luftdruck, der	لوفت دروک	د هوا زور / دهوا فشار
Flitterwochen, die	دِي،فِلِيتِرْفُخُن	د واده اوله مياشت
Hochzeitskleid, das	داس هوخ تسايدس كلايد	د واده كالي

25. 2 Register Paschtu - Deutsch

آلمانی	تلفظ آلمانی	پښتو
Schneesturm, der	شنی شتورم	د واورې سیلۍ
tagsüber adj.	تاگس اوبا	د ورځې له خوا
Haarschnitt, der	دِر هار شِنِتّ	د وښتانو ډول
Bürgerrecht, das	داس، بورگر رش	د وطنداري حقوق
Pinsel, der	در،پینزل	د ویښتو قلم
Blutuntersuchung, die	دي بلوت أونترزوخنغ	د وینی ازموینه
Haarbürste, die	هار بورسته	د وېښتانو برس
Haarausfall, der	هار اوسفال	د وېښتانوتویدل
auswendig lernen	أوْسوَندِگ لَرنَن	د یاده کول
wegnehmen	ویگ ن یمن	د یوچاسه یو شی اخیستل
anmelden	امْلدن	داخلول
Außenhandel, der	در،اوسن هاندل	داخلي سوداگري
Import, der	در، یمپورت	داخلیدل
Pharmazie, die	فَرمَسِيْ	دارو سازي
Geschichte, die	دی، گیشیشته	داستان
Herd, das	هیرد	داش / تنور
Fenchel, der	دِر فانشل	دالچیني
Korn, das	داس، کورن	دانه
Stück, das	داس شتُوك	دانه
bewerben	بَوَربَن	داوطلب
Zirkel, der	سِرگَل	دایره کښونکي
Generalsekretär, der	دِر غنرال زکْرتار	دبیر کل
bedenken	بَدَنْگَنْ	در نظر داشتن
Drama, das	داس،دراما	درامه
Wahllokal, das	داس فال لوکال	درای ورکولو مرکز
Grad, der	گراد	درجه

آلمانی	تلفظ آلمانی	پښتو
Baum, der	دِر باوم	درخت
Judasbaum, der	دِر يوداس بوْم	درخت ارغوان
Tanne, die	دي تانهْ	درخت صنوبر
Echte Trauerweide	أشتهْ تراور فايدهْ	درخت مجنون بيد
Kiefer, die	دي كِيفر	درخت ناجو
Antrag, der	در، انتراگ	درخواست
Schmerz, der	شمَرْس	درد
Lehrplan, der	لَاربلَان	درسي برنامه
Unterrichtstunde, die	أُنتَرِشتسشتُندَ	درسي ساعت
Lehrbuch, das	لَاربُوح	درسي كتاب
haben	هابن	درلودل
verfügen	فَرفُكِن	درلودل
Medikament, das	داس مَديكامنت	درمل / دوا
Apotheke, die	دي أبوتيكهْ	درملتون
Dari	دَارِ	دری
Standpunkt, der	شَتَندبُنْكت	دريځ
Anzug, der	انځوک	دريشي
Dritte/r	دْريتهْ/ دْريتَر	دريیم / دريم
ein Drittel	أين دريتّل	دريیمه / دريمه برخه
drei	دراي	درې
Montag, der	دِر مونتاغ	درې نۍ /دوشنبه
stehen	شتهن	درېدل
anweisen	أنْوَيْسِنْ	دستور ورکول
unterschreiben	اونترشرايبن	دسخط کول
Wüste, die	دي فُوستهْ	دشت
Maus, die	دي موْس	دښتی موږک

25. 2 Register Paschtu - Deutsch

آلمانی	تلفظ آلمانی	پښتو
Prozess, der	در،پروسیس	دعوا
Einladung, die	دی، این لادونگ	دعوت
Hals-Nasen-Ohren-Arzt, der	دِر هالس نازَن أورَن أرست	دغاښونو - پوزې او غوږونو ډاکټر
verteidigen	فَرْتَيْدِيگن	دفاع کول
Büro, das	داس،بورو	دفتر
Minute, die	مینوته	دقیقه
argumentieren	أرگُمَنتِيرِن	دلایل ویل
Argument, das	أركُمَنْت	دلیل
argumentieren	أَرْكُمَنْتِرِن	دلیل راوړل
Gehirnwäsche, die	دي غهیرن فاشهْ	دماغزو مینځنه
Ausschalten, das	اوس شالتن	دند کول
anerkennen	ان یرکنن	دنده
Aufgabe, die	أَوْفقَابَ	دنده
Funktion, die	دی،ونکتیون	دنده
beauftragen	بیاوفتراگن	دنده ورکول
Oregano, der	دِر أوريغانو	دنیا / گشنیز
Nasenbein, das	نَاسَنبَيْنْ	ده پزی هډوکی
Postgebühren, die	دی، پوست گیبورن	ده پستې نرخ
Ferngespräch, das	داس،فرن گشپریش	ده لیرې ځاي ټلفون
Flur, der	دِر فلور	دهلېز
Risiko, das	داس ریزیکو	دهوا بدلیدل
weitermachen	فَيْتَرمَخِن	دوام ورکول
Hölle, die	هُلَّ	دوږخ
Freundschaft, die	دِي،فِرُونْدشَفْت	دوستی
Datei, die	دی،داتای	دوسیه
Staat, der	در، شتات	دولت

آلمانی	تلفظ آلمانی	پښتو
Staatsregierung, die	شطَاتسرِگیرُنگ	دولت
öffentliche Schule, die	أُفَنتلِش شُولَ	دولتي ښوونځی
zwölf	سفاولف	دولس
zwei	سفاي	دوه
zwei Wörter	تسوای ورتعر	دوه کلمه)تکي(
doppelgesichtig adj.	دُبُلکسِشْتِش	دوه مخي
Sonntag, der	دِر زونتاغ	دوه نۍ /یکشنبه
zweiundzwanzig	سفاي أوندسفانسيش	دوه ويشت
Zweite/r	تسفایتهْ / سفایتر	دويم / دوهم
dreizehn	درایسیْن	دیارلس
Diplomat, der	دِر ديبلومات	ديپلمات
Demokratie, die	دَمُکرَتِي	ديموکراسي
Religion, die	رِلِگيون	دين
Kamin, der	دِر کامین	ديولي بخاری
Topf, der	دِر توبف	دېګ
Elan, der	إلَنْ	ذوق
Igel, der	دِر إغال	ډار /دم
Bedrohung, die	بیدروهونگ	ډار /ډارونه
verängstigen	فیرانگستیگن	ډارول / بېرول
Souvenir, das	داس زوفانیر	ډالۍ /د سفر ډالۍ
Felsen, der	دِر فلْزَن	ډبره
Büchse, die	بوگسه	ډبلی
Fülle, die	دي فُولَهْ	ډک والی
ausfüllen	اوسفولن	ډکول
Massaker, das	داس مَصّاکر	ډله يزه وژنه / قطلي عام
dünn adj.	دُن	ډنګر

آلمانی	تلفظ آلمانی	پښتو
ertrinken	أرترينكن	ډوبيدل
Bäcker, der	دِر باگَر	ډوډۍ پخونکی
Brotstück, das	داس بروتشتُوك	ډوډۍ ټوټه
Gattung, die	دی، گاتونگ	ډول
Trommel, die	دی،ترومل	ډول
schminken, sich	زيش،شمنكن	ډول ورکول/سینگار کول
meist	مایست	ډیر
gelegentlich	گیلگنتلیش	ډیر کم
ausgezeichnet	اوسگیتسایشنیت	ډېر ښه
fantastisch	فانتاستیش	ډېر ښه
wunderbar	وندربار	ډېر ښه
salzig adj.	زالسیغ	ډېره ماگه
zunehmen	سونهمن	ډېرېدل
verfahren	فرفاهرن	را ټولیدنه
Beziehung, die	دِي،بزِيُونْك	رابطه
ökonomische Beziehung, die	دي أوكونومشهْ بَسيونغ	رابطه اقتصادی
Handelsbeziehung, die	دي هاندلس بتسيونغ	رابطه تجارتی
Radio, das	داس،رادیو	رادیو
Röntgenbild, das	داس روینغن بیلد	رادیوگرافی
ehrlich adj.	آرْلِخ	راستگو
seit	زایت	راهیسي
seit	زایت	راهیسي
Stimme, die	دي شتيمّهْ	رایه
wehen	فاهَن	رپېدل
Dienstgrad, der	دِينستگرَاد	رتبه
Stoff, der	شتوف	رخت / ټوکر

آلمانی	تلفظ آلمانی	پښتو
Ablehnung, die	أَبلَانُنگ	رد
ablehnen	أَبْلِنَنْ	رد کول
Absage bekommen	أَبصَاگَ بَکُمَن	رد کيدل
Zeichner, der	در، سايشنر	رسام
Medien, die	دی، مديهن	رسانه
Zeichnen, das	زيْشنَن	رسم کول
Werktag, der	دِر فارك تاغ	رسمي ورځ
Ankunft, die	دي أنكونفت	رسېدل
Ehrlichkeit, die	دِي إِرْلِيشْكَيْت	رشتياويونكي
Bestechung, die	دی، بيشتيشونگ	رشوت
bestechen	بشتيشن	رشوت ورکول
wirklich	ويركليش	رښتيانی
Umgang, der	أُمْگَنْك	رفتار
Wettbewerb, der	در، ويتبيورب	رقابت
konkurrieren	كونكوريرن	رقابت کول
Weise, die	وَيْزِ	رقم
Krampf, der	دِر كرامبف	رگ اوړيدل
Herde, die	دی،هرده	رمه
Farbe, die	دي فاربهْ	رنگ
farblich passen	فاربليش باسّن	رنگ برابرول
abfärben adj.	أب فاربن	رنگ ورکول
bunt adj.	بونت	رنگه
Anleitung, die	أنلَيْتُنگ	رهنما
Rhabarber, der	دِر رابَرْبَرْ	رواش
psychisch adj.	بسوِسش	رواني
Seele, die	زَالَ	روح

آلمانی	تلفظ آلمانی	پښتو
seelisch adj.	زیلِش	روحي
Psychologie, die	سِحُلُگِيْ	روحيات پېژندنه
Tagelöhner, der	در،تاگه لونر	روز مزد کارگر
Verpflichtung, die	دی، فرفلیشتونگ	روزگار
erziehen	أَرسِيهَن	روزنه
züchten	سوشتن	روزنه ورکول
fasten	فَسْتَن	روژه نیول
Russisch	رُسِش	روسي
hell adj.	هیلّ	روښانه
transparent adj.	تَرَنْسبَرَنْت	روښانه
hellhäutig adj.	هَلهُيْتِگ	روښانه پوستکی
erhellen	أَرْهِلّنْ	روښانه کول
Klartext, der	کَلَرْتکْس	روښانه لیک
klar adj.	کلار	روښن / څرگند
gesund adj.	گیزوند	روغ
Krankenhaus, das	داس کرانکن هاوس	روغتون
Gesundheit, die	دي غزوند هایت	روغتیا
Gemütszustand, der	گیموخ څوشتاند	روغتیا / صحت
Sanitäter, der	دِر زانیتاتر	روغتیاپال
genesen	غنیْزن	روغېدل
Roman, das	داس، رومان	رومان
Romantik, die	رُمَنتِك	رومانتیک
offensichtlich adj.	أُفْنسِشْتلِشْ	روڼ
Mathematik, die	مَتَمَتِيك	رياضي
Leiter, der	در،لایتر	ریس
Präsident, der	برزِدَنت	ریس جمهور

آلمانی	تلفظ آلمانی	پښتو
Wurzel, die	دي فورسل	ريشه
ernten	يرنتن	رېبل
mähen	ماهن	رېبل
Zug, der	دِر سوغ	رېل
Bahnsteig, der	دِر بان شتايغ	رېل ختلو ځای
veraltet adj.	فر أَلْتَت	زاړه
Fleiß, der	فلَيْس	زحمت
Leid, das	لَيْد	زحمت
Mühe, die	دی، موهی	زحمت
anstrengen	انشترنگن	زحمت كښل
anstrengen, (sich)	أَنْشَرِنْكِنْ	زحمت كښل
sich bemühen adj.	سيش بيموهن	زحمت وركول
Gold, das	داس غولد	زر
Giraffe, die	دي غيْرافَهْ	زرافه
grün adj.	غرُون	زرغون
Goldschmied, der	در، گولد شميد	زرگر
golden adj.	غولدن	زري / زرين
Fasan, der	دِر فازان	زرين مرغه
Herz, das	هَرس	زړه
brechen	برَشن	زړه بديدل
Herzanfall, der	دِر هرس أنفال	زړه حمله
Mitgefühl, das	مِتگَفُول	زړه خوږي
leidtun	لَيْدْتُون	زړه خوږيدل
Gutherzigkeit, die	گُوتهَرسِگکَيْت	زړه سواندي
altern	أَلْتَرْن	زړېدل
Safran, der	دِر زفْران	زعفران

25. 2 Register Paschtu - Deutsch

آلمانی	تلفظ آلمانی	پښتو
aushalten	أوسهَلْتَن	زغمل
Epoche, die	دی، يپوخی	زمانه
Smaragd, der	دِر سماراغد	زمرد
Zimt, der	دِر سِمْت	زنجفيل
Pinienkerne, die	دي بينْيَنْ كارْنَهْ	زنغوزي / نغورزي / جلغوزه
Klingel, die	دي كِلنْغل	زنګ
anrufen	انروفن	زنګ وهل
Gewalt, die	ګوالت	زور
alt adj.	أَلْت	زوړ
Erkältung, die	دي أركالتونغ	زوکام
Grippe, die	دي غريبّهْ	زوکام / رېزسش
Bräutigam, der	بْرُيْتِيګَم،دِر	زوم
Sohn, der	سُون،دِر	زوی
mehr als	ميْر أَلْس	زيات / ډېرله
normalerweise, in der Regel	نورماليروايزه،ين در ريګل	زياتره
Olive, die	دي أوليفهْ	زيتون
Essig, das	داس أسّيغ	زيره
Kümmel, der	دِر كُومّل	زيره
geboren werden	ګَبُورِنْ وَرْدَنْ	زيږيدل
Geburt, die	ګَبورْت	زيږېدل
Leiter, die	در، لايتر	زينه
Treppenstufe, die	دي ترابّن شتوفهْ	زينه
Geräusch, das	ګَرُيْش	ږغ
Gesang, der	داس،ګزانګ	ږغ
Ton, der	تُون	ږغ

آلمانی	تلفظ آلمانی	پښتو
Kamm, der	کام	ږمنځ
kämmen	کیمن	ږمنځول
vertiefen	فَرتیفَن	ږور کول
Bart, der	دِر بارت	ږیره
Übersetzen, das	داس، اوبر زیسن	ژباړنه
Sprache, die	شبرَاخُ	ژبه
Zunge, die	دي،زونگ	ژبه
schnell	شنیل	ژر
sofort	زوفورت	ژر تر ژر
Gelbsucht, die	دي غلب زوخت	ژړی
retten	راتّن	ژغورل
Winter, der	دِر فینتر	ژمی
Leben, das	لِبَنْ	ژوند
Lebensereignis, das	رویدادهای زندگی	ژوند پېښې
Lebensweise, die	دي لابنس فایزهْ	ژوند کول
Tagebuch, das	داس، تاگبوخ	ژوند لیک
überleben	أُوِبرلابن	ژوندی پاتې کیدل
gelb adj.	غلب	ژېړ
Bernstein, der	دِر بیْرن شتاین	ژېړ غمی
blass adj.	بلَس	ژېړرنګه
schützen	شوځن	ساتل / حفاظت کول
Leibwächter, der	لایب ویشتا	ساتونکی /بادیگارت
Konstruktion, die	دی ،کونستروک تیون	ساخت او ساز
Gebäude, das	گَبُیْدَ	ساختمان
Bauarbeiter, der	در، باو اربایتر	ساختماني کارګر
einfach adj.	أَیْفَح	ساده

25. 2 Register Paschtu - Deutsch

آلمانی	تلفظ آلمانی	پښتو
naiv adj.	نَئِیف	ساده
Organisation, die	دی، اورگانیزاتیون	سازمان
Vereinten Nationen, die	دي فرأینتن ناتسیونن	سازمان ملل متحد
Organisation der islamischen Konferenz,die	دي أورغانیزاتسیون دِر إیسلامیشن کونفارنتس	سازمان همکاری اسلامی
organisieren	ورگانیزیرن	سازمان ورکول
Konfiguration, die	کونفیگوراتسیون	سازونه
Kälte, die	دي کالتهْ	ساړه
Stunde. die	شتونده	ساعت
Stunde, die	شتُندَ	ساعت
amüsieren	دِر،أَمُوسِیرِن	ساعت تېرول
Wohnzimmer, das	داس فون سیمّر	سالون
Zensur, die	دی، سنزور	سانسور
Atembeschwerden, die	دي آتَم باشفاردن	ساه بندی
morgen Abend	مورگن ابند	سبا ماښام ته
Morgen	مورغن	سـبایي /سحر
verursachen	فرْأُورزاخن	سبب گرزیدل
Lieferung, die	دی،لیفرونگ	سپارل
Übergabe, die	دی، وبرگابه	سپارل
zustellen	سوشتلن	سپارل
Minze, die	دي مِنْسهْ	سپرکۍ
Marienkäfer, der	دِر مارین کافر	سپږه
Zecke, die	دي ساکّهْ	سپږه
leicht	لایشت	سپک
einstellen	این شتلن	سپکول
Sportschuh, der	شپورت شو	سپورټي بوټان

آلمانی	تلفظ آلمانی	پښتو
Silber, das	داس زلبر	سپین زر
weiss adj.	فایس	سپین
Platin, das	داس بلاتین	سپین زر
Silber, das	داس، زیلبر	سپین زر
schälen	شالن	سپینول
Hund, der	دِر هونْت	سپی
bewundern	بَوُنْدَرْن	ستایل
Auge, das	دس،اوگ	سترگه
Oberste Gerichtshof, der	داس،وبرسته گریشتس هوف	ستره محکمه
Libelle, die	دي ليبالّهْ	ستنیکي
Schnecke, die	دي شناكّهْ	ستنیکي
Hals, der	در،هالس	ستونی
schwierig	شویریگ	سخت
stur adj.	شتُور	سخت سری
strikt, streng adj.	شترِکت	سخت گیر
Kopf, der	كُبف	سر
Flaschenöffner, der	فلاشن اوفنا	سر خلاصوونکی
schwindelig adj.	شِفندلِش	سر گرځېدل
zufrieden adj.	سُفرِيدَن	سر لوړي
Blei, das	داس، بلای	سرب
Soldat, der	در،زولدات	سرباز
Soldat, der	دِر زُولدات	سرتېری
Gegenteil, das	كِگَنتَيْل	سرچپه
Grenze, die	دی،گرینسه	سرحد
Grenzpolizei, die	دي غرنسبوليساي	سرحدي پولیس

آلمانی	تلفظ آلمانی	پښتو
rösten adj.	روستن	سرخ کردن
Mohn, der	دِر مون	سرکه
Bestimmung, die	بَشتِمُنْگ	سرنوشت
bei	بای	سره
bei	بای	سره
Hitze, die	دي هيسهْ	سره ټکه / تودوخه
Gold, das	داس،گولد	سره زر
treffen	تَرَفَّنْ	سره کتل
braten	براتن	سره کول
gebraten adj.	غبراتن	سره کول
weich adj.	فايْش	سره کول
Einleitung, die	دی ، این لایتونگ	سریزه
Schlagzeile, die	دی،شلاگ سایله	سریزه
Vorwort, das	داس، فوراورت	سریزه
Entwurf, der	در،ینت وورف	سریزه لیکنه
Hüfte, die	هُفتَ	سرین
Mann, der	مَن	سړی
kidnappen	کیدناپن	سړی تښتول
Niveau, das	نِوُو	سطح
Botschaft, die	دي بوت شافت	سفارت
null	نولْ	سفر
Reisen, das	داس رايْزن	سفر
ausreisen	أوس ريْزن	سفر کول
Botschafter, der	دِر بوت شافتر	سفیر
Kohle, die	دی، کوله	سکاره
Kohle, die	دي کولهْ	سکاره

آلمانی	تلفظ آلمانی	پښتو
Königreich, das	کُونِگرَیش	سلطنتي مملکت
Begegnung, die	دی، بگیگ نونگ	سلوک
perfekt	پرفیکت	سم
richtig	ریشتیش	سم
Seminar, das	زَمِنَار	سمینار
Senator, der	زِنَاتُر	سناتور
Ölweiden, die	دي أویْل فایدن	سنجد
Einschätzung, die	أیْنشَتسُنگ	سنجش
abwägen	أبْوِگَن	سنجول
Pfau, der	دِر بفاو	سنځری
reif adj.	رایف	سنځلي
Ton, der	تون،در	سندره
singen	زینگن	سندري ویل
Schützengraben, der	دِر شُوسن غرابن	سنګر
morgen	مورگن	سهار
Frühstück, das	داس فرُوشْتُوك	سهر چای
südlich adj.	زُودِلیش	سهیلي
Südosten, der	دِر زُود أُوستن	سهېل ختیځ
Südwesten, der	دِر زُود فاستن	سهېل لوېدیځ
Handel, der	در،هاندل	سوداګري
Handelsvertrag, der	در، هاندلس فرتراگ	سوداګریز برخه وال
Binnenhandel, der	در،بینن هاندل	سوداګریزه توافقنامه
rot adj.	روت	سور
braten	براتن	سور کول
heiß adj.	هایس	سور /ګرم
kalt adj.	کالت	سوړ

آلمانی	تلفظ آلمانی	پښتو
Software, die	سوفت وار	سوفتویر
Sorte, die	سُرْتِ	سوگند
Frieden, der	دِر فریدن	سوله
Entzündung, die	أنسُوِندونغ	سوی
Soja, die	دي زُويا	سویا
Kaninchen, das	داس کانینْتشن	سویه
Flut, die	فلوت	سیل /داوبولوړپدل
Sturm, der	شتورم	سیلۍ /طوفان
Politik, die	بُلِتِيك	سیاست
Politik, die	دی،پولیتیک	سیاست
Politiker, der	دی،پولیتیکر	سیاست مدار
Diplomatie, die	دی، دیپلوماتی	سیاستمدار
politische Aktion, die	دی،پولیتیشه اکتیون	سیاسي اقدامات
Politikwissenschaft(en), die	)بُلِتِيكوِسَنشَفتَن)	سیاسي علوم
politische Macht, die	دی،پولیتیشه ماخت	سیاسي قدرت
silber adj.	زلبر	سیلوري
Draht, der	در، درات	سیم
Leitung, die	دی، لایتونگ	سیم
Gebiet, das	داس غابِيت	سیمه
Make-up, das	داس میك أب	سینګار
Kino, das	داس، کینو	سینما
Büstenhalter, der	بوستن هالتا	سینه بند
Schatten, der	دِر شاتّن	سیوره
Tourist, der	دِر توريست	سېل کوونکی
Ast, der	دِر أست	شاخه

آلمانی	تلفظ آلمانی	پښتو
Schüler, der	شُولِر	شاگرد
Shampoo, das	داس شامبو	شامپو
Trauzeuge, der	دِر،ترَوْزُيْك	شاهد
Zeuge, der	در، سويگه	شاهد
Zeuge, der	څويگه	شاهد
bezeugen	بيسويگن	شاهيدي ورکول
sechs	زاکس	شپږ
Donnerstag, der	دِر دونّرستاغ	شپږ نۍ /پنج شنبه
sechstens	زاکستنس	شپږم
ein Sechstel	أين زكستل	شپږمه برخه
Nacht, die	دي ناخت	شپه
Nacht, die	ناخت	شپه
Schäfer, der	در،شافر	شپون
Flugblatt, das	داس، فلوگ بلات	شپې پاڼه
nächtlich / abends	ناشتليش / آبندس	شپې مهال
Selbstdisziplin, die	سَلبستدِسِّبلِين	شخصي انضباط
Privatschule, die	برِوَاتشُولَ	شخصي ښوونځی
Kondition, die	دی،کونديتيون	شرط
Scharia, die	شَرِئَ	شرعي
Unternehmen, das	داس،اونتر نهمن	شرکت
Schande, die	شَنْدَ	شرم
schüchtern	شوشتيرن	شرمناک
Falle, die	دي فالَهْ	شرموښکۍ
Klang, der	کلَنگ	شرنګ
Gedicht, das	داس، گديشت	شعر
Gedicht lernen	گِدِشت لِرنَن	شعر ويل

آلمانی	تلفظ آلمانی	پښتو
Poesie, die	دی، پویزی	شعر ویل
Pfirsich, die	دي بِفرزيش	شفتالو
Skepsis, die	سكَبْسِسْ	شک
Verdacht, der	فرْضَخْت	شک
beschweren	بِشْوِرن	شکایت کول
Diabetes, der	دِر دياباتس	شکر ناروغي / ناجوړي
Blüte, die	دي بلُوِتهْ	شگوفه
zwanzig	سفانسيش	شل
Rübe, die	دي رُوِبهْ	شلغم
Norden, der	دِر نوردن	شمال
nördlich adj.	نوردليش	شمالي
Note, die	دی،نوته	شمیره
Nummer, die	دی،نومر	شمیره
Regenbogen, der	ريگن بوگن	شنه زرغونه
Abschluss, der	أبشلُس	شهادت نامه
als Märtyrer sterben	أَلْس مَرْتُيْرَر شتَرْبَنْ	شهید کیدل
Eidechse, die	دي أيْدَكْسا	شوبله / ځنځه
lärmen	لَرمَن	شور ما شور کول
Rat, der	در، رات	شورا
Sicherheitsrat, der	دِر زيشر هايتس رات	شورای امنیت
Eifer, die	أيْفَ	شوق
Schock, der	دِر شوكّ	شوک
Zucchini, die	دي زوكّيني	شیرکدو
Substanz, die	دي زوبستانس	شی /ماده
hübsch / niedlich / süß	هوبش/نيدليش/زوس	شیرین
Saphir, der	دِر زافير	شین رنگه غمی

آلمانی	تلفظ آلمانی	پښتو
der blaue Fleck	دِر بلاوّهْ فلاك	شین شوی بدن
Klimawandel, der	دِر کلیما فاندل	شین کوریزه غازونه
blau adj.	بلاو	شین،اسماني
Thymian, der	دِر تیمیان	شینشوبی
Masern, die	دي مازرن	شپری
Stadt, die	دي شتات	ښار
Bürgermeister, der	بُرْگرمَیْستَر	ښاروال
schön	شون	ښایسته
weiblich adj.	وَیْبلِح	ښځینه
Damenbekleidung, die	دي دامن بکلایدونغ	ښځینه جامې /کالی
Frauenarzt, der	دِر فراون أرست	ښځینه ډاکټره
Slip, der	سلیپ	ښځینه نېکر
Pumps, die	پومپس	ښځېنه جگ بوټان
Bluse, die	بلوزه	ښځېنه خت
Damenstiefel, der	دامن شتیفل	ښځېنه موزه
sichtbar adj.	زِحتبَر	ښکاره
hübsch	هوبش	ښکولی
gut	گوت	ښه
Wohlbefinden, das	داس فول بافِندن	ښه احساس
Wohlgeruch, der	وُولگَرُح	ښه بوی
Markierstift, der	در،مارکیر شتیفت	ښودونکی
Lehrer, der	لِرَ	ښوونکي
Ausbildung, die	أَوْسبِلدُنگ	ښوونه
Bildung, die	بِلدُنْگ،دي	ښوونه
ausbilden	أَوْسبِلدَن	ښوونه ورکول
Berufsausbildung, die	بَرُوفسأَوْسبِلدُنگ	ښوونه ورکونکی

آلمانی	تلفظ آلمانی	پښتو
glätten	گلاتن	ښویول
rechts	ریشتس	ښی خواته
Seife, die	دي زايفهْ	صابون
exportieren	یکسپورتیرن	صادر کول
Export, der	در،یکسپورت	صادرات
Applaus, der	در، اپلاوس	صحنه
richtig adj.	رِشْتِك	صحیح
Perfektionist, der	بَرفكتسِیُنست	صحیح کار
Ehrlichkeit, die	أرِلشكَيْت	صداقت
Gehalt, der	داس، گیهالت	صرفنظر کول
sparen	شپارن	صرفه جوي کول
loben	لُبِنْ	صفت کول
Buchseite, die	دی،بوخ زایته	صفحه
Seite, die	زَيْتَ	صفحه
kompetent adj.	كُمبَتَنْت	صلاحیت لرونكي
Industrie, die	دی،یندوستری	صنعت
industriell adj.	یندوستریل	صنعتي
montieren	مونتیرن	صنعتي سیمه
Management, das	داس، ماناجمینت	صنعتي کول
Klasse, die	كلَسَ	صنف
aufnehmen	اوف نهمن	ضبط کول
Schadstoff, der	دِر شادشتوف	ضرر رسونكي مواد
benötigen	بِنِتِگن	ضرورت لرل
dringend adj.	درینگگند	ضروري
garantieren	گَرَنْتِرَن	ضمانت کول
Flügel, der	دِر فلُوِغل	طاوس

آلمانی	تلفظ آلمانی	پښتو
Medizin, die	مَدِسِین	طبابت
Erdgas, das	داس،یرد گاز	طبعي غاز
Stufe, die	شتُوفَ	طبقه
planen	بَلَنِنْ	طرحه کول
Art und Weise, die	أرْت أُند وَيْزِ	طریقه
Scheidung, die	دِي,شَيْدُونْك	طلاق
Seil, das	داس، زایل	طناب
Teichhuhn, das	داس تایش هونْ	طوطي
Anschein, der	أَنْشَيْن	ظاهر
äußere adj.	أُيْسَرِ	ظاهر
Aussehen, das	أَوْسَّاهَن	ظاهري ښکارېدنه
Eilsendung, die	دی، ایل زیندونگ	عاجل لیږل
Gewohnheit, die	كِفُنهَيْت	عادت
Gerechtigkeit, die	دی،گیرشتیگ کایت	عدالت
Angebot, das	داس، انگیبوت	عرضه
Angebot und Nachfrage	انگبوت اوند ناخفراگه	عرضه او تقاضا
Handelsgesellschaft, die	دی، هاندلس گیزلشافت	عرضه کوونکی
Muskel, der	مُسكَل	عضله
organisch adj.	أورغانش	عضوي
Parfüm, das	بَرفُوم	عطر
Parfum, das	داس بارفُوِم	عطر /خوش بويي
Adler, der	دِر آدْلَر	عقاب / باز
Entgegnung, die	أَنتگاگُنْنگ	عکس العمل
Grund, der	كُرُنْد	علت
Wissenschaft(en), die	(ن)وِسَنشَفت	علوم

آلمانی	تلفظ آلمانی	پښتو
Szene, die	دی، سینه	عمل
Leistung, die	دی، لایستونگ	عمل کړنه
Einkommen, das	داس، اینکومن	عمل کول
handeln	هَنْدِلْن	عمل کول
praktisch adj.	برَکتِش	عملي
wissenschaftlich adj.	ویسن شافتلیش	عملي
Operation, die	دي أوبَراتسیون	عملیات
Tante, die (väterlicherseits)	دِي,تَانتَه	عمه
Überblick, der	در،اوبربلیک	عمومي کتنه
Titel, der	در، تیتل	عنوان
Gewinn, der	در، گیوین	عواید
ersetzen	أرسَتْزِنْ	عوض کول
Brille, die	بریله	عینکې
Augenzeuge, der	در،اوگن سویگه	عیني شاهد
Hals, der	حَلس	غاړه
Ufer, das	داس أُوفر	غاړه
Zahn, der	صَان	غاښ
Zähneputzen, das	څینه پوڅن	غاښونومینځل
aufwachsen	أَوْفْوَكْسَنْ	غټېدل
wachsen	وَكسَن	غټېدل
wachsen	واکسن	غټېدل
Raubvogel, der	دِر راوب فوغل	غچۍ / توتکۍ
Bulle, der	دِر بولّهْ	غڅکی / غویی
Berg, der	دِر بارغ	غر
Gebirge, das	داس غَبیرغهْ	غرنی منطقه / غرونه

آلمانی	تلفظ آلمانی	پښتو
Koriander, der	دِر کوریاندر	غرنۍ گندنه
Dieb, der	دیب	غل
falsch	فالش	غلط
Fehler, der	فِلَ	غلط
Druckfehler, der	در، دروک فهلر	غلط چاپ
Korrekturlesen, das	داس،کوریکتور لیزن	غلطي نیول
Getreide, das	داس، گیترایده	غله
Kummer, der	کُمَر	غم
Leid, das	داس لاید	غم
Trauer, die	ترَوْؤَر	غم
traurig	تراوریگ	غم جن
bemühen	بِمُوهِن	غمخواري کول
Wespe, die	دي فاسبهْ	غنه
Kuh, die	دي کوهْ	غوا
Rind, das	داس رِنْد	غوا
Stall, der	در، شتال	غوجل
Stier, der	دِر شتِیر	غوخکی /غوایی
unterbrechen	أُنْتَبرَشِنْ	غوخول
wegwerfen	فغ فرفن	غورځول
abstürzen (herunter)	أبشتُورسن) هر أونتر(	غورځیدل
bevorzugen	بَفُورْسُوگَن	غوره گڼل
Teller, der	تیلا	غوری
Haselnuss, die	دي هازل نوسّ	غوز /متباك
Heuchler, der	هُیْشلَر	غوره مال
Ohr, das	دس،أُر	غوږ
verlangen	فرْلَنْكِنْ	غوښتل

آلمانی	تلفظ آلمانی	پښتو
wollen	وُلَّنْ	غوښتل
Ameise, die	دي آمايزهْ	غومبسه / غالبوزه
Hügel, der	دِر هُوِغل	غونډۍ
abwesend, adj.	أبوِيزَند	غير حاضر
rechtswidrig adj.	رشتس ويدريگ	غير قانوني
schwänzen	شِونسَن	غيرحاضري كول
Schnalle, die	شناله	غېنډه
Tragödie, die	دی، تراگودی	فاجعه
Fakultät, die	فَكُلتَات	فاكولته
Universität, die	أُنِوَرزِتَات	فاكولته
Vorteil, der	فُرتَيْل	فايده
Bundesrepublik, die	بُندَسرِبُبلِيك	فدرالي جمهوري
Französisch	فرَنزُوزِش	فرانسوي
Gelegenheit, die	كِلِكِنْهَيْت	فرصت
Befehl, der	بِفِلْ	فرمان
befehlen	بِفِلِنْ	فرمان وركول
gehorchen	كِهُرْشَن	فرمانبرداري كول
Bestellung, die	دی، بيشتلونگ	فرمايش
absagen	ابزاگن	فسخ كول
Brutto	بروتو	فسخ كول
Kapitel, das	داس، كاپيتل	فصل
Lektion, die	لَكسِيون	فصل
Atomsphäre, die	اتموس فيره	فضا
geistig adj.	غايستش	فكر
Meinung, die	مَيْنُنْك	فكر
denken	دَنْكَن	فكر كول

آلمانی	تلفظ آلمانی	پښتو
geistiges Eigentum	گایستیگس ایگنتوم	فکري مالیکیت
faxen	فاکسن	فکس کول
metallisch adj.	میتالیش	فلزي
Metallindustrie, die	دی،میتال یندوستری	فلزي صنایع
Philosophie, die	فِلزُفِيْ	فلسفه
Index, der	در، یندیکس	فهرست
Inhaltsverzeichnis, das	داس، ینهالتس فرسایشنیس	فهرست
Fotokopie, die	دی، فوتو کوپی	فوتو کاپي
Physik, die	فِزِيك	فیزیک
Prozent, das	داس بروسانت	فیصدی
Elefant, der	دِرأليْفانت	فیل
Truthahn, der	دِر تروتهان	فیل مرغ
Wachtel, die	دي فاختل	فیل مرغ
Fernsehfilm, der	فرنزه مفیلم.در	فیلم
Kameramann, der	در،کامرا مان	فیلم اخیستونکی
Hebamme, die	دي هاب أمّهْ	قابله
Mörder, der	مُرْدَرْ	قاتل
Besteck, das	بیشتیک	قاشق او پنجه
Richter, der	در، ریشتر	قاضي
überzeugen	اوبرسویگن	قانع کول
Gesetz, das	داس،گیزتس	قانون
rechtmäßig adj.	رشتماسیگ	قانوني
Grab, das	گرَاب	قبر
Verstopfung, die	دي فرْشتوبْفونغ	قبضیت
akzeptieren	اکتسپتیرن	قبلول
annehmen	أَنَّمِنْ	قبلول

آلمانی	تلفظ آلمانی	پښتو
Mord, der	مُرْد	قتل
Gletscher, der	دِر غلاتشر	قدرتی یخوالی
Quran, der	کُرآن	قرآن شریف
Vertrag, der	در،فرتراگگ	قرارداد
Opfer, das	اوپفا	قربانی
Darlehen, das	داس، دارلهن	قرض
verleihen	فرلایهن	قرض ورکول
Kredit, der	در، کردیتی	قرضه
Schicksal, das	شِکْزال	قسمت
Metzger, der	در، میتسگگر	قصاب
Absicht, die	أَبْسِشْت	قصد
Palast, der	دِر بالاست	قصر /مانۍ
Kurzgeschichte, die	دی،کورس گشیشته	قصه
Zinn, das	داس سِنّ	قلعي
Teppich, der	دِر تبّش	قلینه / درۍ / غالی
Rebhuhn, das	داس ریْب هون	قمری
wütend	وتینت	قهر جن
Kraft, die	کَرَفْت	قوت
Stamm, der	دِر،شتَمْ	قوم
kräftig adj.	کرِفتِگ	قوي
Preis, der	در، پرایس	قیمت
kosten	کوستن	قیمت لرل
wertvoll	ویرتفول	قیمته
Mondstein, der	دِر موند شتاین	قیمتي غمی
Topas, der	دِرِ توباس	قیمتي غمی
Saphir, der	دِر زافیر	شین رنګه غمی

آلمانی	تلفظ آلمانی	پښتو
Turmalin, der	دِر تورمالین	قیمتي غمی
Opal, der	دِر أوبال	قیمتي کانی
Kabinett, das	کَبِنَت	کابینه
Kopie, die	دی، کوپی	کاپي
Fachmann, der	در، فاخمان	کار پوه
arbeiten	اربایتن	کار کول
Fabrikarbeiter, der	در،فابریک اربایتر	کار گاه
Industrieanlage, die	دی، یندوستریانلاگه	کارخانه
Mitarbeiter der	در، میت اربایتر	کارکونکی
Arbeiter, der	در، اربایتر	کارگر
Angestellte, der	انگی شتلتر،در	کارمند
geschäftlich adj.	گیشافتلیش	کاري
Schüssel, die	شوسل	کاسه / تلۍ
schneidern	شنایْدرن	کالی گنډل
Kanal, der	در، کانال	کانال
Kandidat, der	در،کاندیدات	کاندید
Kandidat, der	دِر کاندیدات	کاندید
grillen	غریلّن	کباب جوړول
gegrillt adj.	غَغْریلّت	کباب سوی
grillen	غریلّن	کباب کول
schmoren	شمورَن	کبابول
Buch, das	داس، بوخ	کتاب
Buchhandlung, die	دی، بوخ هاندلونگ	کتاب پلورنځی
Buchbinder, der	در، بوخ بیندر	کتاب خرڅونکی
Buchhändler, der	در، بوخ هاندلر	کتاب خرڅونکی
Bücherei, die	دی، بوشر رای	کتابتون

آلمانی	تلفظ آلمانی	پښتو
Heft, das	هَفت	کتابچه
Kattun, der	کاتون	کتان
anschauen	انشاون	کتل
sehen	زِهَن	کتل
zuschauen	سو شاون	کتل
Rezension, die	نظرات	کتنه
Bett, das	داس باتّ	کټ
Kürbis, der	دِر کُورِبس	کدو
ruhig adj.	رُهِگ	کرار
Mieten, das	داس میتن	کرایه کول
Schwalbe, die	دي شفالبهْ	کرک
Kohl, der	دِر کول	کرم
Landwirtschaft, die	لَندوِرتشَفت	کرهڼه
Landwirtschaft, die	دی، لاند ویرتشافت	کرهڼه
anbauen (Pflanzen)	)انباون) فلانسن	کرهڼه کول
Krokodil, das	داس کروکودیل	کروکودیل
Creme, die	دي کریمهْ	کریم / غوړ
Kristall, das	داس کریستالّ	کریسټال
sandfarben (beige) adj.	)زاند فاربن(باج	کریمی
Person, die	دی، پرسون	کس
rachsüchtig adj.	رَحسُهتِگ	کسات اخیستل
Kaschmir, der	درِ کاشمیر	کشمیره
Mitgliedsstaat, der	دِر مِت غلیدس شتات	کشور عضو
aufziehen	اوف سیهن	کشول
säen	زاهین	کښت
Konferenz, die	دی،کونفرنس	کښیناستنه

آلمانی	تلفظ آلمانی	پښتو
Sitzung, die	دی، زیتسونگ	کښيناسته
sitzen	زیتسن	کښېناستل
Gebäck, das	داس غَباك	کلچې
ernsthaft	یرنستهافت	کلک
Granit, der	دِر غرانیت	کلک کانی
Sammlung, die	دی، زاملونگ	کلکسیون
als	الس	کله چی
während	وارىند	کله چی
manchmal	مانشمال	کله کله
Jahrestag, der	در،یارس تاگ	کلیزه
Jubiläum, das	داس،یوبیلاوم	کلیزه
Klinik, die	دي کلینیك	کلینیک / روغتون
selten	زیلتن	کم
Gemeinheit, die	گَمَینحَیْت	کم عقلي
Knappheit, die	دی، کناپ هایت	کم یافته
Fähigkeit, die	فَاهِگْگَیْت	کمال
Rechner, der	ریشنا	کمپیوټر
Computerkenntnis, die	کومپیوتا کینتنیس	کمپیوټر بلدیا
blass adj.	بلاسّ	کمرنگه
schwach	شواخ	کمزوری
schwach adj.	شفاخ	کمزوری
Humanitäre Hilfe, die	دي هومانیتارهْ هیلفهْ	کمک‌های انسان دوستانه
Komödie, die	دی،کومودیه	کمیدي
Kommission, die	دی،کومیسیون	کمیسیون
Konzert, das	داس، کونسرت	کنسرت

25. 2 Register Paschtu - Deutsch

پښتو	تلفظ آلمانی	آلمانی
ګټه	لَيْستُنګ	Leistung, die
ګټه	در، پروفيت	Profit, der
ګټه	در، اومزاس	Umsatz, der
ګټه	در، سينس	Zins, der
ګټه اخيستل	يرلايشترن	erleichtern
ګذارش	در، بريشت	Bericht, der
ګذارش ورکول	بريشتن	berichten
ګډ ول	مِشًن	mischen
ګډون کول	تايل نيمن	teilnehmen
ګرانښت	ګَرْنحَابَن	gernhaben
ګرانښت	لِيبَن	lieben
ګرم / تود	فارم	warm adj.
ګزر	دي کاروتّهْ	Karotte, die
ګل بي	دِر بلومن کول	Blumenkohl, der
ګلابي	روزا روت	rosa-rot adj.
ګلدوزي	شتيکاراى	Stickerei, die
ګله کول	بِکَلَکِن	beklagen
ګلۍ	دِر هاغل	Hagel, der
ګمان	فَرْمُوتُنګ	Vermutung, die
ګمان کول	فَرْمُوتَن	vermuten
ګمرک	در،شترايک	Streik, die
ګمرک	دِر سولّ	Zoll, der
ګناه	شُلْد	Schuld, die
ګنډل / رغول	ناهن	nähen
ګنۍ	دِر رور سوګَّر	Rohrzucker, der

آلمانی	تلفظ آلمانی	پښتو
Massenproduktion, die	دی،ماسن پرودوکتیون	ګڼ شمیر تولید
Finger, der	فِنگَر	ګوته
Fingerabdruck, der	فینگا ابدروک	ګوتې چا
Die Krähe / der Rabe	دي كْرَيْها / دِر رابهْ	ګوتی / بوم
Wurm, der	دِر فورم	ګوجی
Garage, die	دي غَراجهْ	ګودام
Lähmung, die	دي لامونغ	ګوډېدو ناروغي
Zebra, das	داس سيْبرا	ګوره خر
Schlaganfall, der	دِر شلاغ أنفال	ګوزڼ / د مغز حمله
Elch, der	دِر ألْش	ګوزه
Locke, die	لوكه	ګوړګوتي / تاوسوي
Schwefel, der	در،شويفل	ګوګړ
vielleicht	فِلَّيَحْت	ګوندي
Heuschrecke, die	دي هويْشراكهْ	ګونګټه / کیک
Fuchs, der	دِر فوكس	ګیدړه
überraschen	وباراشن	ګیرول
Glas, das	گلاس	ګېلاس
lieb	ليب	ګران
teuer	توير	ګران
festnehmen	فست نهمن	ګرفتارول
Labor, das	داس، لابور	لابراتوار
Labor, das	داس لابور	لابراتوار
Distrikt, der	در،دیسترکت	لاپي ګر
Lobbyismus, der	در، لوبی یسموس	لاپي وهل
Lobbyist, der	در،لوبی یست	لاپي وهل
Lapislazuli, der	دِر لابيس لاسولي	لاجورد

AFGHANISTIK VERLAG EMPFIEHLT

BAURA HAQIQAT & FARID ZADRAN (HRSG.)

Das Willkommens- Gesprächsbuch auf Deutsch- Afghanisch / Paschtu

اريني او ازښناکه جملي د پناه غوښتونکو لپاره په الماني او ا تريش کې

Gesprächsratgeber für neue Mitbürger

- » 2000 Beispielsätze für 100 Alltagssituationen
- » Vorstellung der Grundwerte in leichter Sprache
- » Paschtu Transkription der deutschen Sätze
- » Kurzgrammatik mit Basiswortschatz

Seiten	368 S. S/W Abbild. 100 S.
Sprache	Deutsch / Paschtu
Einband	Softcover
ISBN	978-3-945348-1-6

Weitere Informationen und Leseproben auf www.afghanistikverlag.de